国家出版基金项目
NATIONAL PUBLICATION FOUNDATION

"十四五"时期国家重点出版物出版专项规划项目

突发公共卫生事件应急物流丛书

基于数字技术的应急物流配送中心规划

吴菁芃　著

中国财富出版社有限公司

图书在版编目（CIP）数据

基于数字技术的应急物流配送中心规划 / 吴菁芃著. --北京：中国财富出版社有限公司, 2024.11. --（突发公共卫生事件应急物流丛书）. -- ISBN 978-7-5047-8262-5

Ⅰ.F252.14

中国国家版本馆 CIP 数据核字第 2024VU4244 号

策划编辑	黄正丽	责任编辑	黄正丽	版权编辑	李　洋
责任印制	尚立业	责任校对	卓闪闪	责任发行	敬　东

出版发行	中国财富出版社有限公司		
社　　址	北京市丰台区南四环西路 188 号 5 区 20 楼	**邮政编码**	100070
电　　话	010－52227588 转 2098（发行部）		010－52227588 转 321（总编室）
	010－52227566（24 小时读者服务）		010－52227588 转 305（质检部）
网　　址	http://www.cfpress.com.cn	**排　版**	宝蕾元
经　　销	新华书店	**印　刷**	宝蕾元仁浩（天津）印刷有限公司
书　　号	ISBN 978-7-5047-8262-5/F·3757		
开　　本	710mm×1000mm　1/16	**版　次**	2024 年 11 月第 1 版
印　　张	23.75	**印　次**	2024 年 11 月第 1 次印刷
字　　数	296 千字	**定　价**	103.00 元

编　委　会

前　言

2020 年，一场突如其来的疫情向全人类发出了挑战，对全球产业链和供应链的冲击将在后期持续发酵。当今世界经济、中国经济正在发生巨大变化。如果说在 2020 年之前数字技术可以让企业发展得更好，那么现在数字经济已成为中国经济增长的新引擎，中国经济正由"工业化和信息化融合"升级为"数字经济和实体经济融合"。

在数字经济时代，数据作为核心生产资料，生产工具就是数字技术。人类社会能够不断向前发展，动力之源就是工业革命。人类工业史上的四次工业革命如下图所示。

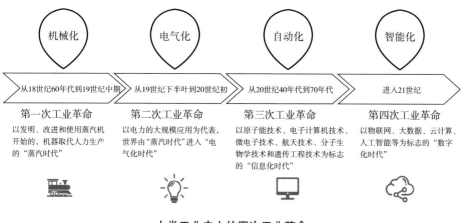

第一次工业革命
以发明、改进和使用蒸汽机开始的，机器取代人力生产的"蒸汽时代"

第二次工业革命
以电力的大规模应用为代表，世界由"蒸汽时代"进入"电气化时代"

第三次工业革命
以原子能技术、电子计算机技术、微电子技术、航天技术、分子生物学技术和遗传工程技术为标志的"信息化时代"

第四次工业革命
以物联网、大数据、云计算、人工智能等为标志的"数字化时代"

人类工业史上的四次工业革命

第一次工业革命，从 18 世纪 60 年代到 19 世纪中期，这一时期是以发明、改进和使用蒸汽机开始的，人类进入"蒸汽时代"。第二次工业革命，从 19 世纪下半叶到 20 世纪初，这一时期，科学与技术的结合推动了生产力的发展，人类由"蒸汽时代"进入"电气化时代"，一些发达资本主义国家的工业总产值超过了农业总产值。第三次工业革命，从 20 世纪 40 年代到 70 年代，这一时期，人类在原子能技术、电子计算机技术、微电子技术、航天技术、分子生物学技术和遗传工程技术等领域取得重大突破，标志着新的科学技术革命的到来，它带来了一种新型经济——知识经济，人类进入"信息化时代"。进入 21 世纪，人类意识到需要利用信息化产物——数据，人工智能、虚拟现实等数字技术促进了产业变革，人类开始进入"数字化"时代。

作为数字经济载体的数字技术，主要包括物联网、云计算、区块链、大数据、AI（人工智能）以及 5G（第五代移动通信）等技术，在数字经济的背景下，将创造一个巨大的数字市场，带动传统产业转型升级。所以，未来在数字经济层面的竞争核心将是数字技术、数字基础设施的竞争。2018 年，中国物流专家吴清一教授和笔者，提出了"数字物流"的概念。数字物流是以数据，即数字单元，为主要生产资料的物流形态。数字物流的本质是在一个信息和物流活动都数字化的全新系统，通过数据将实体物流与虚拟物流不断融合的过程。这里"不断融合"是关键，也就是说不依靠单一映射或者传统的单向仿真解决物流流程问题，而是数据不断地自我反馈，即从实体提取数据到虚拟系统，虚拟系统产生变量以后，随着约束条件的改变，主动反馈到实体系统，进一步完善实体系统的一个有机过程。在数字物流背景下，无论是物流产品还是物流服务，都有着巨大的数字化、自动化提升空间。数据链映射在我们的日常生活中，也不仅是自动驾驶、无人配送和智慧城市。近年来，物流设备的资产化也是大势所趋，如单元化器具、存取设备、新能源充电桩，甚至包括航运、铁路、多式联运的资产，都有证券化或资本化的可能。以上要素共同构建了中国新时代背景下的数字物流体系。

当今社会，数字技术与人类之间的关系发生了巨大变化。当人们面对自然灾害或重大公共卫生事件时，在数字技术的支持下，通过物流配送中心，既能满足急剧攀升的订单需求，又能保证配送流程的业务协同、安全与可视化，这也为现代物流企业提供了新的主攻方向和增长空间。商务部等八部门联合推进全国供应链创新建设的行政导向，使我们站在供应链的高度去理解"配送中心"的本质：由一连串供应商和采购商组成的供应链，以接力的模式，完成从原材料采购，到制成中间产品及至最终产品，然后将最终产品交付用户，这个过程伴随着由一系列设施和分布选择形成的网络，承载这个网络全部功能的功能集成体，就是配送中心。

本书主要从数字经济与数字技术、数字物流与应急物流、应急物流系统分析与规划的数学方法、应急物流配送中心规划资料分析、应急物流配送中心总体规划、应急物流配送中心的设备与设施、应急物流配送中心仓储作业系统规划、应急物流配送中心信息系统规划与设计共八个章节进行详细论述。虽然配送中心规划设计是一个经典研究领域，但是只有不断融合先进的数字技术，对数字物流系统概念层面进行逻辑重组，适当补充应急物流相关内涵及外延，才能弥补传统物流配送中心规划领域的不足。本书在编写过程中始终坚持科技创新引领、跨界涉猎广泛、经典体系传承和国家标准支撑四大科学维度，通过结合中国机械工程学会、中国电子学会和北京科技大学物流研究所的科研成果，以及北京昊鼎物流科技有限责任公司、北京帕莱特技术研究中心等知名物流公司与研发机构的数学工具软件、流程仿真软件、物流中心 EIQ 分析软件、三维图像仿真软件、立体仓库总体规划与布局软件、组合式货架参数化设计软件、立体库货架有限元分析软件和物流网络分析与规划系统软件等，同时结合应急物流系统、应急物流配送中心的相关规划与设计进行数据及技术层面分析，并提供理论与实务相结合的支持。

数字经济时代已经到来，数字技术成为当今社会发展的主要方向。作者通过对现代物流系统的理解，将数字物流这一概念进行深入研究，并结合应急物流体系进行联动论证。本书中某些理论甚至概念的提出均是建设性和探索性的，包括笔者将所学理学、工学、经济学及商学的心得体会相互交叉之后所产生的理论架构，可能存在尚需完善和加深的部分，希望读者朋友一起探讨并指正。

吴菁芃

2024 年 4 月

目　录

第一章　数字经济与数字技术

第一节　数字经济概述

一、数字经济概念与起源

数字经济概念最早可以追溯到 2016 年的二十国集团领导人第十一次峰会（G20 杭州峰会）上，当时中国作为峰会主席国首次将"数字经济"列为 G20 创新增长蓝图中的一项重要议题，通过了《二十国集团数字经济发展与合作倡议》。该倡议敏锐地把握了数字化带来的历史性机遇，为世界经济摆脱低迷、重焕生机指明了新方向，提供了新方案，带来了新希望。数字化的经济活动成为全球经济复苏和增长的重要驱动力，对于扩展新的经济业务水平、带动创新发展具有重要意义。

2016—2018 年连续三届 G20 峰会（二十国集团领导人峰会）的核心议题都是数字经济，表明数字经济在 G20 国家已经蓬勃发展。2016 年，美国数字经济规模为 10.8 万亿美元，占国内生产总值（GDP）比重为 57.4%；中国数字经济规模 3.4 万亿美元，占 GDP 比重为 30.3%。以信息通信技术（ICT）产业为主要内容的基础部分是数字经济发展的先导，但未来国际竞争的焦点在于数字与经济融合部分。数字技术与实体经济深度融合，不断驱动新模式、新业态的蓬勃发展，促进传统产业转型升级，创造新的就业模式，重塑社会治理格局，将成为各国经济焕发新活力的重要源泉。值得注意的是，第三产业态势较第一产业和第二产业好，而在第三产业的服务业中，金融服务业、研发和其他商业服务业、批发和零售业数字经济发展较快。但作为服务业中具有重要地位的物流业在这个融合洪流中并没有得到应有的重视。为打破现代化物流成本居高不下和供应链效率难以提升的"瓶颈"，为了给中国物流现代化发展建设出一条赶超世界先进水平的快车道，物流界必须开辟数字物流研究新领域。

二、国外数字经济发展分析

自美国20世纪90年代推广电子商务以来，特别是2008年国际金融危机爆发后，数字经济在传统经济的低迷中表现出旺盛的生命力，带来了巨大的经济效益。对中国而言，发展数字经济是创新经济增长方式的重要路径，既能为经济增长提供新动能，还有利于传统产业的转型升级。了解并学习国外数字经济的发展情况及经验，有助于中国数字经济快速发展。

根据杜克大学富卡商学院的报告显示，当前世界总数据量每两年翻一番，2013年达到4.4泽字节，2020年年底达到44泽字节，这意味着地球上每个人平均每分钟创造1.7兆字节的新信息，根据平滑曲线回归分析，到2035年全球数据总量接近2万泽字节。我们已经站在数字时代的洪流中，数据和大数据是数字化供应链的基石，更是学术和企业实现价值的唯一途径。伴随着第四次工业革命，许多尖端技术越来越依赖于移动网络，5G网络是机器、枢纽及管理者和设备之间即时数据传输的核心促进者。就工业物联网而言，5G网络的核心价值主张直接对应智能设备与人工智能机器之间的实时数据传输需求。德勤预测到2035年5G将在多个行业和领域实现12.3万亿美元的全球销售活动，尽管我们难以想象，但数据可访问性的提高将使公司能够以更快、可控的方式做出决策并对意外问题做出反应。

2019 年，美国数字经济规模遥遥领先，达到 12.34 万亿美元，占全球数字经济的 40.9%；中国数字经济规模为 4.73 万亿美元，与美国相比略有差距；欧盟国家数字经济总规模接近 1 万亿美元，位居世界第三。

三、我国数字经济发展概述

据中国信息通信研究院（简称中国信通院）测算数据，2019 年中国数字经济规模达 35 万亿元，占 GDP 比重为 35.5%，数字经济已成为中国经济增长的新引擎，中国经济正在由"工业化和信息化融合"升级为"数字经济和实体经济融合"。换言之，中国经济已经基本实现了新旧动能的有序转换，中国经济发展的新动能取决于数字经济的稳定增长。数字经济的稳定发展也是"中国经济未来长期向好、高质量增长的基本面不会改变"的重要原因。具体体现在以下几个方面。

（1）提高用户覆盖水平，以数字经济带动发展。截至 2023 年年底，中国网民已超过 10 亿人，但相比发达国家的使用者占总人口的比例，还有差距。无法上网的人群大多处在互联网基础设施尚未覆盖的农村。在数字经济时代，信息是生产力的重要组成部分，2020 年，我国为贫困地区建设互联网基础设施，增加互联网覆盖率，开发当地特色产业，以信息化助力精准扶贫、精准脱贫，最终实现了全面脱贫。

（2）借鉴发展战略，培养重点方向。在各国发展数字经济的战略中，发展数字文化创意和信息化服务是重点方向。前者是文化和数字化的交叉领域，产品的受众广泛，效费比高，有助于推广中国的"软实力"。在后者中，远程政府建设能促进政府高效透明；远程医疗的实施有助于提高基层医疗水平，促进健康知识普及；远程教育有助于让欠发达地区的青少年和其他人群获得先进、有用的知识，开阔视野，增加凝聚力。

（3）保护知识产权，促进创新动力。近年来，我国加大了打击侵犯知识产权行为的力度。但在打击网络侵权时，执法部门仍面临"违法所得难计算、违法成本低"等问题。为此我国应进一步完善制度体系，从法律层面切实做到保护数字知识产权，提高数字信息的安全水平，另外，也要积极采取防护措施，增强法律法规对知识产权权利人保护的及时性、有效性和便利性，从而鼓励知识创新。

（4）扩展应用领域，促进实体经济。分析英国、澳大利亚、日本等国的数字经济战略可以得出，它们对正在或可能受到数字化影响的领域及产业的关注和重视还远远不够，如以医疗设备、军工及运输为代表的工业控制领域，以及与智慧家庭、智慧工厂、智慧城市相关的物联网领域。美国的工业互联网、德国的工业4.0，在这方面已进行了一些探索。我国正在实施的"中国制造2025"通过"互联网+"的应用，实现了产业结构的变化和产量的增加。相比美国、德国的发展，我国具有自身特色，但也需要继续吸收和借鉴国外的先进经验。

第二节　数字经济与数字技术

通过数字技术和物流相互作用和融合，产生了数字物流的概念。数字物流理论体系的确立把现代网络技术、计算机技术有机地融入物流现代化进程中，使我国物流发展具有后发优势，为赶超世界先进水平提供了捷径。数字物流分为物理世界的真实物流系统和信息世界的虚拟物流系统两个层面。在数字物流系统的虚拟物流层中发挥作用的双网（互联网和物联网）技术、云计算技术、大数据技术、区块链技术、人工智能技术等都需要将信息元素转换成计算机语言，运用电子计算机进行运算和处理。也就是说，上述技术都属于数字技术，是数字物流的核心组成部分。

一、数字技术的概念

数字技术是指借助一定的设备将各种信息，包括图、文、声、像等，转化为电子计算机能识别的二进制数字"0"和"1"后进行运算、加工、存储、传送、传播、还原的技术。由于数字技术在运算、存储等环节中要借助计算机对信息进行编码、压缩、解码等，因此也称为数码技术、计算机数字技术等。数字技术具有以下特点。

（1）严格采用二进制运算。

（2）抗干扰能力强、计算精度高。

（3）数据便于长期储存，存储能力强。

（4）极强的安全性和私密性。

（5）标准化程度高，无界限通用原则。

数字技术是发展数字物流的核心基础和必要条件。其具体体现在三个方面：第一，数字技术对物流生产要素进行有机重组。物联网与互联网技术促使传统物流行业从人工分拣向自动化、智能化分拣方向快速发展；智能感知技术、信息传输技术和机器人、无人机等技术和智能硬件设备将在各个环节广泛应用。第二，数字技术对物流运作流程进行科学重构。云计算与大数据技术将实现对供应链、实体物流的数字化、智能化、标准化和一体化的综合管理，使数字物流的真实物流系统与虚拟物流系统实现完全同步，优化物流流程，实现货物优选入仓和配送，提升产业链效能。第三，数字技术创造全新的数字物流生态系统。通过人工智能技术真正实现智慧化多式联运、智能化无人仓库、数字化物流园区等一系列中国物流产业创新应用，打造一个集线上线下物流运输、仓储配送、商品交易、金融服务、物流诚信等业务于一体的一站式、全方位数字化物流生态系统，有效降低物流成本并提升物流服务质量。

二、数字技术的分类

数字技术早在 19 世纪中叶就伴随计算机一起出现了，但是直到2000 年，随着人类社会和互联网的发展，尤其是数据的大量积聚，数字技术才真正进入高速发展阶段，因此数据是数字技术的重要组成部分。数据是数字物流系统的技术核心，根据数字技术与数据相互作用的复杂程度，以及数字技术在数字物流中的不同应用水平，可以将数字技术主要分为物联网技术、云计算技术、大数据技术、区块链技术和人工智能及 5G 等层次。

作为数字经济核心载体的数字技术在数字经济的背景下，将创造一个巨大的数字市场，带动传统产业的转型升级。所以，未来数字经济层面国家之间的竞争核心将是数字技术和数字基础设施的竞争。

数字技术发展的五大阶段，以及五大数字技术相互作用的基本原理，如图1-1所示。

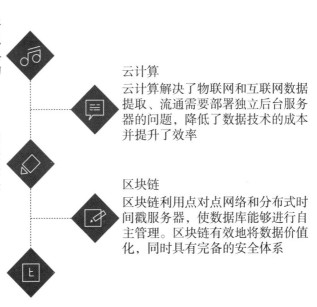

物联网
物联网与互联网的作用是将世界上全部的物质态和信息态进行联结，使数据之间具有关联性，进而实现能效的放大和价值的挖掘

云计算
云计算解决了物联网和互联网数据提取、流通需要部署独立后台服务器的问题，降低了数据技术的成本并提升了效率

大数据
指不用随机分析法（抽样调查），而是采用所有数据进行分析处理。对海量数据进行深入分析和价值挖掘，是大数据存在的目的

区块链
区块链利用点对点网络和分布式时间戳服务器，使数据库能够进行自主管理。区块链有效地将数据价值化，同时具有完备的安全体系

AI和5G
5G问世，AI才被激活。AI是研究、开发用于模拟、延伸和扩展人的智能的理论、方法、技术及应用系统的一门新的技术科学

图1-1 数字技术发展的五大阶段

三、数字技术的应用

第一层，双网（物联网与互联网）层面。物联网与互联网的作用是将全部的物质态和信息态进行联结，使数据之间具有关联性，进而实现能效的放大和价值的挖掘。互联网在现实的物理世界之外新建了

一个虚拟世界，物联网将两个世界融为一体。对于数字物流而言，物联网通过在各个物流设备中嵌入的传感器不断获取新数据并经过互联网流通，在这个过程中，通过选取有价值的信息完成数据的持续积累。例如，无锡新建的粮食物流中心将各种感知技术与粮食仓储配送相结合，实时了解粮食的温度、湿度、库存、配送等信息，打造粮食配送与质量检测管理的智慧物流体系。

第二层，云计算层面。2000 年之后，物联网和互联网产生了海量的数据，这些数据需要找一个容量足够大且相对安全的区域进行集中存储和简单处理，由此便诞生了云计算。云计算解决了物联网和互联网数据提取、流通需要部署独立后台服务器的问题，降低了数据技术的成本并提升了效率。

目前，云计算在物流领域的主要应用有车辆配载、运输过程监控、仓储智能管理等。未来在数字物流时代，云计算技术将为虚拟的数字物流系统提供监控可视化、空载率优化、智能仓库选址、整合数字物流单元等服务。数字物流的真实物流系统将分布在地球范围内的物流服务器、存储器和网络重新划分区域、机架、网段，利用数字物流的虚拟物流系统的数字技术进行资源的池化，实现基本可管理的资源池。云计算根据不同物流业务分配不同的数字物流虚拟化资源，进行部署和配置，通过数据中心自动化管理工具帮助快递业实现灵活的业务驱动，其中包括智能监控和自动化部署，把简单的软件堆叠，变为深层次的业务整合和流程整合，达到高度自动化的 IT 资源供给服务，真正实现云计算的价值。

第三层，大数据层面。云计算平台的发展，使海量数据的集中储存和简单处理变成了可能，这为大数据的发展提供了必要条件。对海量数据进行深入分析和价值挖掘是大数据存在的目的。

在数字物流中，虚拟物流系统依靠大量数据分析判断和规避风险。大数据技术可以取代传统意义上的仓储和运输抽样调查并实时获取数据，通过融合多个数据源的多维度信息数据，进行精准的数据分析并在分析基础上完成数据挖掘和智能决策。大数据的主要应用包括商品数据、供应商数据、承运商和货运数据，甚至天气、地形、道路、航空、海运的数据，还有"一带一路"沿线国家和地区的监管制度、政策法规等，将这些数据收集起来，用于数字物流系统进行高级预测和分析，进而优化整条供应链甚至多条产业链。

第四层，区块链层面。当大数据容量扩张到一定程度时，开始从专有数据库向区块链的共享数据层转移，当数据从私有系统转移到开放的区块链上时，数据量本身不再有竞争优势，而数据解析成为优势。在大数据时代，拥有越多数据的人就拥有越高的权利；而在区块链时代，权利将属于那些可以访问大多数数据并拥有最快、最优解析数据能力的人。

数字物流作为新崛起的概念，越来越引起人们的关注和重视，数据全球共享也为国际物流发展带来了前所未有的机遇。区块链技术可以将数字物流产业链上的多个环节有机结合，共同组建平台联盟，以分布式记账方式提高物流单元流通的安全性与可视化程度。未来数字物流涉及的虚拟产业链分布长且数据传递过程涉及大批量平台，信息安全存在极高的风险，信任成本会不断增加，此时区块链的去中心化、去信任等优势可以充分发挥出来。

第五层，人工智能层面。在区块链出现之前，全球化数据库几乎被国外的谷歌（Google）、脸谱网（Facebook）和国内 BAT① 等互联网行业的大企业垄断，阻碍了人工智能的发展。因为人工智能需要强大的数据库，而数据库的开放程度也影响着人工智能的发展，人工智能的能力完全取决于开放数据的质量。区块链代表着数据完全开放，进而创建了一个可以供人工智能充分使用和训练的开放的数据层环境，使人工智能技术和产品能够快速创新、中立可信、动机清晰。

人工智能技术在数字物流中的主要应用包括工程学方法和模拟法，从目前来说，工程学方法实现的人工智能技术已经在物流行业有所应用，如分拣机器人、搬运机器人、自动导引车（AGV）、3D 视觉拣选机器人等，都是按照预设的数据运算来实现人工智能。随着美国工业互联网、德国工业 4.0、中国"互联网+"战略的相继提出，利用模拟法实现人工智能成为未来数字物流领域的最高目标，这种方法无须对对象的活动规律做详细规定，适用于全球化数字物流网络、虚拟物流系统的设计完善、超精准库存管理等一系列复杂问题，相对于传统物流的无人化、智能化会得到很好的发展。

第三节　数字经济与应急物流

一、应急物流的概念

应急物流是指为应对严重自然灾害、突发性公共卫生事件、公共

---

① BAT 是中国互联网行业的三大企业——百度公司（Baidu）、阿里巴巴集团（Alibaba）和腾讯公司（Tencent）的首字母缩写。

安全事件及军事冲突等突发事件而对物资、人员、资金的需求进行紧急保障的一种特殊物流活动。应急物流与普通物流一样，由流体、载体、流向、流程、流量等要素构成，具有空间效用、时间效用和形质效用。应急物流在多数情况下通过物流效率实现其物流效益，而普通物流既强调效率又强调效益。应急物流可以分为军事应急物流和非军事应急物流（见图1-2），军事应急物流具有强指令性特点，核心目标是使军事利益最大化；非军事应急物流则是以利益化为根本目标（包括时间效益最大化和灾害损失最小化两个维度）。传统的应急物流包括应急物流组织机制的构建、应急技术的研发、应急物流专业人员的管理、应急所需资金与物资的筹措、应急物资的储存与管理、应急物流配送中心的构建、应急物资的运输与配送等内容。

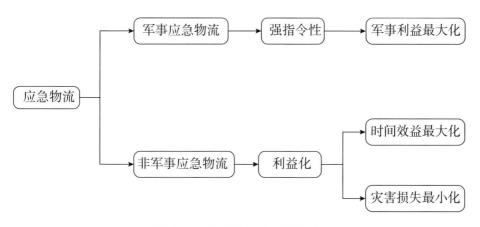

图1-2　应急物流分类及特点

从宏观层面看，从中国唐山大地震到美国"9·11"事件，从重症急性呼吸综合征（SARS）、禽流感到新型冠状病毒感染，人们在突发事件面前表现出的被动局面均暴露出现有应急机制、法律法规、物资准备等多方面的不足，在公共卫生设施、国家处理突发事件的经验等方面均存在诸多亟待改进的地方，因此急需对应急物流的内涵、规律、机制、实现途径等进行研究。

从微观层面看，一方面，由于企业决策所需的信息不完备以及决策者的素质限制等原因，任何决策者都无法确保所有决策均正确无误；另一方面，因道路施工、交通拥堵等使货物在途时间延长、交货期延长或因信息传递错误导致货物不能及时提取等也会产生应急需求，企业迫切需要对不可抗拒的和人为造成的紧急状况进行有效防范，以降低运输成本。

应急物流是现代物流体系中的特殊情况，其具有显著区别于普通物流的特点，具体如下。

（1）突发性和不可预知性：这是应急物流区别于一般物流的最明显特征。

（2）应急物流需求的随机性：应急物流是针对突发事件的物流需求，应急物流需求的随机性主要是由于突发事件的不确定性。

（3）时间约束的紧迫性。

（4）峰值性。

（5）弱经济性：一般物流既强调物流的效率，又强调物流的效益，而应急物流在许多情况下是通过物流效率来实现物流效益的。

（6）非常规性。

（7）政府与市场的共同参与性。

二、数字经济下的应急物流

关于物流的起源与发展，历来众说纷纭，有人认为原始部落就存在物流，如将猎取的猎物搬运回洞穴储存分配，这时的物流仅指完成一个动作或过程，是单一的、不具系统性的独立指令。从严格意义来讲，第三次工业革命之前的物流并不是现代物流，而只是基于潜意识支配的生产附加动作，这个阶段的物流是单一过程，不具备系统性。

第二次世界大战后，日本把从美军作战指挥布局中吸取的经验用于生产、服务行业的研究，作为现代物流逐渐从日本传入中国。现代物流更侧重系统（System）与战略（Strategy）层面，重点在于通过构建物流系统来完善物流战略，包括仓库选址、确定库存策略、设计订单录入系统以及选择运输方式，其中潜意识的动作因素减少，而依赖于不同物流理念和物流管理人员运营决策手段的因素大幅提升，现代物流能够影响企业战略，决定企业发展的成败。

从2016年开始，中国物流现代化出现"瓶颈"，物流成本长期居高不下，供应链效率提升也遭遇重重困难。发展数字经济倡议的提出，为我国物流现代化高速发展提供了机遇。为开辟"数字物流"时代，社会供应链优化必须提上日程。"数字物流"一词此前在文献中多次出现，但是在概念方面多有分歧，因此需要重新定义。2018年笔者和笔者的祖父吴清一教授，联合定义了数字物流：以数据（数字单元）为主要生产资料的物流形态，数字物流本质是一个信息和物流活动都数字化的、全新的系统，是通过数据将实体物流与虚拟物流进行不间断融合的有机过程。

"数字物流"是在仿真和虚拟现实、计算智能、计算机网络、数据库、多媒体和信息等支撑技术的支持下，应用数字技术对物流所涉及的对象和活动进行表达、处理和控制，具有信息化、网络化、智能化、集成化和可视化等特征的技术系统。数字技术是以计算机硬件、软件、信息存储、通信协议、周边设备和互联网络等为技术手段，以信息科学为理论基础，包括信息离散化表述、扫描、处理、存储、传递、传感、执行、物化、支持、集成和联网等领域的科学技术集合。

数字物流实际上就是对物流的整个过程进行数字化的描述，从而使物流系统更高效、可靠地处理复杂问题，为人们提供方便、快捷的物流服务，借此表现物流体系的精确、及时和高效特征，进而达到"物流操作数字化，物流商务电子化，物流经营网络化"。对于物流系统的要求有多种提法，但是本质上讲就是准确、快速、高效及个性化。

在新冠疫情防控期间，数字物流对于保障人民生活起到了巨大作用：为了规避聚集性接触的风险，越来越多的人从之前到线下门店购买水果蔬菜、肉蛋奶等生活必需品，转为线上购买，直接带来生鲜电商订单暴涨，传统超市的线上业务也快速增加，使"最后一公里"物流压力陡增。既要满足急剧攀升的配送服务需求，又要防止在配送中交叉感染，末端物流服务企业想方设法积极应变。无人车、无人机、智能机器人、快递柜、无人化仓储系统……我们始终尝试将互联网作为基础设施，其结果是惊人的。

基于数字物流的物流技术与物流装备对于疫情防控、应急配送中心物资调度、特殊场景如医院、隔离区的应用贡献巨大。未来，不管是物流产品还是物流服务，在我国数字经济引领产业结构调整的过程中，都有着巨大数字化、自动化的提升空间。数字物流将通过庞大的数据链映射在我们的日常生活中，当然不仅是自动驾驶、无人配送和智慧城市。在此次疫情之后，物流设备的资产化也将是大势所趋，单元化器具、存取设备、新能源充电桩、重卡甚至包括飞机、航运、铁路、多式联运的资产，都有证券化或资本化的可能。以上要素共同构建了中国新时代背景下的数字物流体系。

三、应急物流中的数字技术

"数字物流"是以数据为主要生产资料的物流形态，在这个系统中，数字技术被广泛应用并由此带来了整个环境和物流活动的根本变化，各种信息在计算机网络中以数字形式加以收集、处理、交换和传送，从而高质量、高速度地控制、实现和完成物流系统各个环节的功能的活动。

数字物流也可以说是数据物流，在数字经济时代，数据将成为继土地、能源之后最重要的生产资料。数字技术由电子计算机运行，能够用无穷多个"0"和"1"的数字组合，模拟出现实世界的任何现象和事物。虚拟世界出现的物体形象，也可以通过技术手段（如3D打印）转变成现实世界的物体，这种虚实转换，将为社会创造无穷的财富。

作为数字经济载体的数字技术，主要包括物联网、云计算、区块链、大数据、AI和5G等技术。在数字经济的背景下，将创造一个巨大的数字市场，带动传统产业的转型升级。所以，未来在数字经济层面，国家之间的竞争核心将是数字技术、数字基础设施的竞争。

当今社会，数字技术与人类之间的关系正在发生巨大变化，主要包括医疗变化、生产变化、消费变化、行政组织变化四个方面。

首先，数字技术应用于疫情防控主要体现为在新冠疫情暴发之初的数字化工具，如微信、支付宝支持的健康码对全国人员出行的追踪和人员健康体系的追溯。另外，火神山、雷神山医院能够短时间快速建成也归功于前期的数字规划、模拟和仿真。

其次，从疫情发生到逐渐平稳，最严峻的是企业复工问题，即企业修复经营性的现金流以及供应链的内在需求与实际操作能力之间的矛盾体现。我国通过数字技术平台的投入使用，有45%的企业基于互联网快速实现了复工复产。

再次，在新冠疫情防控期间，全国人民居家面临的最大问题就是吃穿用度等最基本的生活消费。数据显示，疫情防控期间全国95%的消费订单都是通过电商平台实现的，在2020年1月和2月，各级市场已经基本关闭，为避免生活物资不足造成恐慌，积累了10年的中国电商平台终于爆发了最惊人的能量，这也是我们能够顺利应对此次疫情的一个非常强而有力的工具。

最后，应对疫情冲击可以说是人类科技实力与病毒的一场战争。人类不得不处于防御位置。在防御战役中，各国实际比拼的是社会组织管理能力。通过数字化组织管理，有效控制局面，是中国此次战"疫"的亮点。特别是此次疫情防控期间，中国大批无人车、无人机以及配送机器人，在重点危险的高危区（如医院）应用率高达37%。

通过应用仿真模型，我们可以清楚意识到：在数字经济时代，单纯依靠历史数据和经验制订应急管理方案的方法，已经难以满足当前快速响应、准确应对、高效管控的应急管理要求。而利用这些强大的仿真工具，不但能快速准确解决上述一系列难题，还可以通过预判病原体的实时传播，帮助政府部门决策最终的应对方案。此外，在非疫情时期，仿真软件不仅可以用于医疗和急诊人员的培训，也可以用于优化治疗和疫苗分配等工作，甚至可以用于构建良好的公共卫生体系。

第四节　物流系统结构

一、物流系统的相关概念

物流活动是现代物流科学的核心问题，很多学者习惯用系统的观点来研究这一问题。系统工程是一门技术，它有一套方法，以这套方法处理系统问题，适用范围很广。它解决的问题涉及自然科学、社会科学以及一切能够形成系统的领域。系统思想和定量技术的发展，以及计算机技术的广泛应用，促使系统工程由一般的工程技术向软技术发展。因此，从这种意义上讲，系统工程是一项管理软技术，它运用系统的思想、现代化的科学管理方法和手段，将分散的、各自为政的局部利益，巧妙地连接成一个有机整体，使其发挥最大的效果，从而弥补了过去只注意局部设计，而忽略整体设计的缺点。它强调运用多学科知识，注重各个部分的组合，以及如何组合，以达到整体效益最佳。系统工程着眼于新系统的创造和改进，不存在以产品分析为中心的局限性。

物流系统分析是指在一定时间、空间内，把所从事的物流事务和过程作为一个整体来处理，以系统的观点、系统工程的理论和方法进行分析、研究，以实现其空间和时间的经济效应。在物流科学形成初期，物流系统的定义范畴只限于流通领域，后来扩展到企业的供应、生产、销售以及回收的全过程。从供应链的角度定义物流，认为物流是供应链的一部分，物流系统贯穿组成供应链的各个企业。虽然物流系统的边界不断扩大，但是定义物流系统的原则没有发生变化，组成物流系统的子系统仍然是运输、仓储、搬运装卸、包装、流通加工、配送和物流信息等。需要说明的是，早期配送活动比较简单，常附属于运输环节，被称为末端输送。初步了解各物流子系统，有助于对物流系统进行深入研究。

如前所述，物流系统是由运输、仓储、搬运装卸、包装、流通加工、配送等环节及物流信息所组成的，这些也称为物流的子系统。系统的输入是物流系统各环节（运输、仓储、搬运装卸、包装、流通加工等）所消耗的劳务、设备、材料等资源，经过处理转化，变成全系统的输出，即物流服务。整体优化的目的是使输入最少，即物流成本最低，消耗的资源最少，而输出的物流服务效果最佳。物流系统服务性的衡量标准可以列举如下。

（1）对用户的订货能很快地进行配送。

（2）接受用户订货时商品的缺货率低。

（3）在运送中交通事故少，货物损伤、丢失和发送错误的情况少。

（4）货物在保管中变质、丢失、破损现象少。

（5）具有能很好地实现运送、保管功能的包装。

（6）搬运装卸功能满足运送、保管的要求。

（7）能提供保障物流活动顺畅进行的物流信息系统，能够及时反馈信息，实现信息共享。

（8）合理的流通加工可以保证生产费、物流费最少。

二、物流网络结构

物流网络结构是指产品从原材料起点到市场需求终点的整个流通

渠道的结构。物流网络结构有多种模式可以选择，不同的模式分别适用于不同的物流环境。因此，物流网络结构需要从物流实施的环境出发选择合适的模式。

1. 单核心节点物流网络结构模式

在这种物流网络结构模式中，物流中心或配送中心是网络结构中的核心节点，在网络覆盖的区域，大部分物流活动都是通过这些核心节点来实现的，厂商与客户之间发生的物流活动也依赖核心节点来完成。核心节点还承担着物流信息中心的功能，所有的物流信息都汇集到核心节点统一处理和管理，这种结构模式适用于网络覆盖经济区域较小的物流系统。

2. 双核心节点物流网络结构模式

在这种物流网络结构模式中，存在两个核心节点。这两个核心节点具有同样的物流功能，都是物流业务和信息处理的调度指挥中心。厂商和客户的一切业务活动都通过其中的核心节点来统一管理，同时，核心节点还承担着物流信息中心的作用。这种物流网络结构模式与单核心节点物流网络结构模式相比，其网络覆盖的范围更大。因此随着物流业务的不断扩大，当单核心节点物流网络结构模式不能满足物流功能需求时，可以采用双核心节点物流网络结构模式。

3. 多核心节点物流网络结构模式

在大范围的经济区域或大企业的物流网络中，往往存在多个核心节点，其为了提高整个物流网络系统的效率，通常将物流与信息流分开，形成两个相对独立的物流网络平台和物流信息平台。厂商、客户的所有物流业务信息都必须发布到物流信息平台上，物流信息平台对所有信息进行统一处理，各个核心节点与信息平台之间可进行实时的信息交流，如图1-3所示。

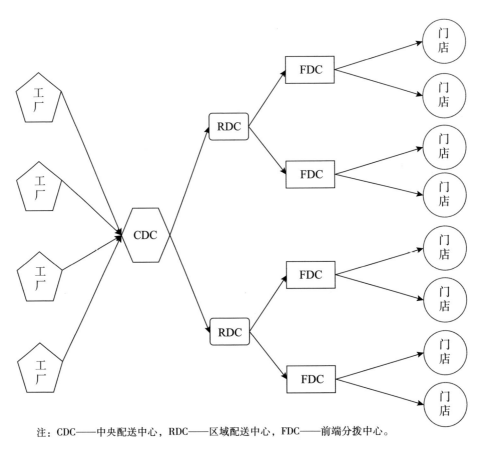

注：CDC——中央配送中心，RDC——区域配送中心，FDC——前端分拨中心。

图1-3　多核心节点物流网络结构模式

三、物流运营体系

物流运营体系是针对供应链管理的宏观层面来说的，它是在满足供应链系统需求的前提下，特定物流系统中对于物料及最终产品的运输及仓储管理的系统。物流运营体系包括物料、零件的采购、运送及仓储，并将制成品运至顾客处，期望能以最有效的方式，获得最大的效益。无论何种产业，完整的物流运营体系都包含下述三大子系统。

（1）物流配送管理系统。

（2）物流供给系统。

（3）企业内部存货转移系统。

应急物流运营体系区别于普通物流运营体系，完整的应急物流运营体系由专业人员、任务、设施、装备、信息技术等要素组成，其运作过程涉及物品品种、数量、线路、服务部门和时间等因素，是能够满足客户物流服务要求的由硬件和软件技术资源构成的有机整体，具体包括以下几点。

（1）物流设施。它是保证物流运营体系运行的物质基础，包括物流站、场，物流中心、仓库，物流线路，公路、铁路、港口等。

（2）物流装备。它是保证物流运营体系运行的条件，包括仓库货架、进出库设备、加工设备、运输设备、装卸机械等。

（3）信息技术（含信息网络）。它是掌握和传递物流信息的手段，包括通信设备及线路、传真设备、计算机及网络设备等。

（4）资金。交换是以货币为媒介的，实现交换的物流过程，也是资金运动的过程。物流服务活动本身也需要以货币为媒介，物流运营体系建设是资本投入的一大领域，离开资金这一要素，物流运作过程不可能实现。

（5）组织网络。它是物流运作的"软件"，起着连接、调运、运筹、协调、指挥其他各要素以保障物流系统目标实现的作用。

（6）专业人员。它是所有物流运营体系的核心要素。提高物流人员的素质，是建立合理化的物流运营体系并使它有效运转的根本。

四、物流信息系统

物流活动进行中必要的信息称为物流信息。所谓信息是指能够反映事物内涵的知识、资料、情报、图像、数据、文件、语言、声音等。信息是事物的内容、形式及其发展变化的反映。信息伴随着计算机技术的发展越来越受到重视，在人类社会当中，人们在日常的生活劳动当中，不断地、自觉与不自觉地了解、获取、收集各种不同方面的信息。随着社会的进步和经济的发展，人类社会活动的深度与广度不断增加，信息的获取、加工、处理变得越来越重要，并在各个领域得到广泛应用。自电子计算机诞生以来，信息的收集、处理手段随着计算机技术的发展逐渐由单一的、简单的方式向模块化、系统化演变，进而向网络化、集成化、协同化发展。大规模集成电路的发明又将计算机技术带入了一个崭新的阶段，即信息革命的时代。

我国国家标准《物流术语》（GB/T 18354—2021）对物流信息的定义："反映物流各种活动内容的知识、资料、图像、数据的总称。"物流系统是由多个子系统组成的复杂系统，物流信息和运输、仓储等各个环节都有密切关系，在物流活动中起着神经系统的作用。在网络时代，信息技术的重要性达到了新的高度。随着信息技术的商务应用向广度和深度发展，尤其是在互联网上的深度应用，物流企业面临的信息数量之大、种类之多、变化之快是前所未有的，市场要求物流企业有更高水平的信息管理能力。基于信息技术的物流信息管理以及物流信息系统的构建是现代物流的特征，及时而准确的物流信息管理是物流企业管理中不可缺少的组成部分。

物流信息系统是物流企业针对环境带来的挑战而做出的基于信息

技术的解决方案，它是物流企业按照现代管理思想、理念，以信息技术为支撑所开发的信息系统。该系统充分利用数据、信息、知识等资源，实施物流业务、控制物流业务、支持物流决策、实现物流信息共享，以提高物流企业业务的效率和决策的科学性，其最终目的是提高企业的核心竞争力。物流信息系统具有集成化、模块化、实时化、网络化和智能化等主要特点。随着社会经济的发展与科技的进步，物流信息系统正在向信息分类的集成化、系统功能的模块化、信息采集的在线化、信息存储的集中化、信息处理的智能化以及信息处理的可视化等方向发展。

物流系统的不同阶段和不同层次之间通过信息流紧密地联系在一起，因而在物流系统中，存在着对物流信息进行采集、传输、储存、处理、显示和分析的物流信息系统。它的基本功能可以归纳为以下几个方面：①数据的收集和录入。物流信息系统首先用某种方式记录下物流系统内外的有关数据，并将其集中起来转化为物流信息系统能够接收的形式输入系统。②信息的存储。数据进入系统之后，经过整理和加工，成为支持物流系统运行的物流信息，这些信息需要暂时存储或永久保存，以供使用。③信息的传播。物流信息来自物流系统内外有关单元，又为不同的物流职能使用，因而克服空间障碍的信息传输是物流信息系统的基本功能之一。④信息的处理。物流信息系统的基本目标，就是将输入的数据加工处理成物流信息。信息处理可以是简单的查询、排序，也可以是复杂的模型求解和预测。信息处理能力是衡量物流信息系统能力的重要方面。⑤信息的输出。物流信息系统的目的是为各级物流人员提供信息。为了便于人们的理解，信息输出的形式应力求易读易懂、直观醒目，这是评价物流信息系统的主要标准之一。

完善的物流信息系统能够为物流企业提供物流系统管理和运作的有关平台，包括物流运作协同平台、信息共享平台、决策支持平台。①物流运作协同平台。企业在该平台上可以运作完成各种运营流程。例如，物料的采购流程中询价、订购合同、收料、支付等活动可以在信息系统中完成，使企业内部操作人员、设计人员、财务人员和外部合作伙伴更好地、高效率地工作。②信息共享平台。企业内部的员工、外部合作伙伴在相关的控制机制下，获取所需要的信息，而不是通过电话，发纸质文件、信件获取信息，这可以解决信息沟通的一致性、及时性。例如，企业内部生产部门共享营销部门收集的市场需求信息、供应链上游共享下游的生产信息。在供应链中，企业实现信息共享，能够对市场快速反应，从而取得供应链管理与整合的最大效果。③决策支持平台。为物流企业决策提供了群决策的虚拟空间，使企业的决策者不在同一会议厅也能进行讨论和决策。

按垂直方向，物流信息系统可以划分为三个层次，即管理层、控制层和作业层；按水平方向，信息系统贯穿供应物流、生产物流、销售物流、回收和废弃物物流的运输、仓储、搬运装卸、包装、流通加工等各个环节。物流信息系统是物流领域的神经网络，遍布物流系统的各个层次、各个方面。其在垂直方向上还可以进一步划分，以满足物流系统中不同管理层次的物流部门或人员对不同类型物流信息的需要。一个完善的物流信息系统，应具有以下几个层次。

（1）数据层：将收集、加工的物流信息以数据库的形式加以存储。

（2）业务层：对合同、票据、报表等进行日常处理。

（3）运用层：包括车辆运输路径选择、仓库作业计划、库存管理等涉及当前运行的短期决策。

（4）控制层：建立物流系统的特征值体系，制定评价标准，建立控制与评价模型，根据运行信息监测物流系统的状况。

（5）计划层：建立各种物流系统分析模型，辅助高层管理人员制订物流战略计划。

第五节　物流系统工程

一、物流系统工程

物流系统工程又称物流工程，一般有以下三种定义逻辑维度：第一，可从系统工程维度研究物流；第二，可从工程维度研究物流系统的规划与落地；第三，可从物流系统的整体维度出发，进行综合组织管理活动分析。本书所指物流系统工程是指在整个供应链系统内，从物流系统整体出发，把物流和信息流融为一体，看作一个系统，把生产、流通和消费全过程看作一个整体，运用系统工程的理论和方法进行物流系统的规划、管理和控制，选择最优方案，以最低的物流费用、最高的物流效率、最好的顾客服务，达到提高社会和企业经济效益目的的综合性组织管理活动。

物流系统的功能要素：运输、仓储、搬运装卸、包装、流通加工等是物流系统所具有的基本能力，这些基本能力有效地组合、联结在一起，形成物流的总功能，合理、有效地实现物流系统的总目的。

物流系统的支撑要素：物流系统的建立需要多种支撑手段，尤其是处于复杂的社会经济系统中，需要确定物流系统的地位、协调与其他系统的关系等。其支撑要素主要包括：体制、制度，法律、法规，行政命令和标准化系统。

物流系统的物质基础要素：物流系统的建立和运行，需要大量技术和装备，这些技术和装备的有机联系对物流系统的运行有决定意义，构成物流系统的物质基础要素，这些要素对实现物流系统的整体功能是必不可少的。其物质基础要素主要有：①物流设施；②物流装备；③物流工具；④信息技术及网络；⑤组织及管理。

二、物流系统工程相关技术

物流系统工程是一门综合性的学科，旨在设计、规划、优化、管理和实施物流系统，以实现物流活动的高效率、低成本和可持续发展。它涉及物流系统的各个方面，包括物流规划、物流设施、物流技术、物流管理、物流信息化等。物流系统工程的主要任务是在不断变化的市场环境中，构建适应需求的物流系统。它需要运用多种技术和方法，下面针对应急物流系统工程相关技术进行分析。

（1）仿真技术。仿真技术是将物流系统建成模型，利用计算机软件进行模拟和分析，以评估和优化物流系统的运行效率和成本。其具体应用场景：第一，评估物流系统的性能和可靠性，对物流系统的各个环节进行模拟，验证不同方案的优劣；第二，预测物流系统的运营状况，通过模拟不同的场景，预测物流系统未来的运营状况；第三，模拟紧急情况下的应急物流响应，针对可能发生的突发事件进行应急演练，评估应急响应的效果。

（2）系统最优化技术。系统最优化技术是指对物流系统的各个环节进行数学建模和分析，以优化物流系统的运行效率和成本。其具体应用场景：第一，优化物流路线规划，通过分析货物的数量、种类和分布情况，优化物流路线规划，减少运输成本和时间；第二，最优库存管理，根据货物的种类、数量和需求，制定最优的库存管理策略，提高物流系统的效率和响应速度；第三，生产和运输计划优化，根据生产计划和客户需求，制订最优的运输计划，优化物流系统的运营效率和质量。

（3）分解协调技术。分解协调技术是将物流系统拆分成多个部分，然后对每个部分进行独立优化，并协调各部分之间的关系，以实现物流系统的整体优化。其具体应用场景：第一，建立物流系统分级管理模式，将物流系统按照地理位置、物流节点和服务对象等因素进行分级管理，对每个级别进行独立优化；第二，优化物流供应链管理，针对供应链中的各个环节进行独立优化，并加强各环节之间的协调，以实现物流供应链的整体优化；第三，制订物流资源共享方案，通过合理分配和利用物流资源，提高物流资源的利用效率，降低系统成本。

（4）智能算法技术。智能算法技术是指利用人工智能、模糊数学、神经网络等，以模拟人类智能为目标的算法技术。在物流系统规划中，智能算法技术可以用于优化调度和路径规划问题。例如，利用遗传算法和模拟退火算法优化配送路线和物流配送车辆的调度，可以降低配送成本和提高配送效率。智能算法技术也可以用于预测物流运输中的风险和异常情况，以便快速做出应急响应。其具体应用场景：在应急物流系统中，智能算法技术可以用于快速响应突发事件，如地震、洪水、交通管制等，以重新规划路线、优化车辆调度，从而保证物流运输的正常进行。

（5）人工智能技术（AI 技术）。人工智能技术是指基于人工智能理论和方法，以模拟人类智能为目标的技术。在物流系统规划中，AI 技术可以用于自动化、智能化、自主化地完成各种物流任务。例如，通过机器学习和深度学习对物流数据进行分析和预测，可以优化物流系统的决策和执行。机器人技术和无人驾驶技术也属于 AI 技术范畴，可以用于自动化仓储、拣选和配送等物流环节。其主要的应用场景：在应急物流系统中，AI 技术可以用于实现物流自主化和智能化，提高应对突发事件的能力。例如，无人驾驶车辆和无人机可以用于物资运输和救援行动、机器人可以用于自动化仓储和拣选等环节。另外，利用 AI 技术分析和预测突发事件的影响和趋势，可以提前做出应急响应，缓解突发事件的影响。

三、物流系统分析

物流系统是指物资及商品从供应、生产、流通到消费以及废弃的一个范围很广的系统。在供应链管理的时代，这个系统的范围扩大到一系列上下游企业所构成的整个供应链。由运输、仓储、装卸搬运、包装、流通加工、配送等环节和物流信息所组成的物流系统是多种不同功能要素的集合。各要素相互联系、相互作用，形成众多的功能模块和各级子系统，使整个系统呈现多层次结构，体现出固有的系统特征。对物流系统进行系统分析，可以了解物流系统各部分的内在联系，把握物流系统行为的内在规律性，进而可以对物流系统的设计、改善和优化做出正确决策。因此，对于物流系统来说，无论是从系统的外部、内部，设计新系统还是改造现有系统，系统分析都是非常重要的。

物流系统分析是从系统的最优出发，在选定系统目标和准则的基础上，分析构成系统的各级子系统的功能和相互关系，以及系统与环境的相互影响。运用科学的分析工具和方法，对系统的目的、功能、环境、费用和效益进行调研、收集、比较、分析和数据处理，并建立若干替代方案和必要的模型，进行系统仿真试验；把试验、分析、计算的各种结果同前期制订的计划进行比较和评价，找出使系统整体效益最佳和有限资源配备最佳的方案，为决策者的最后决策提供科学依据和信息。

物流系统分析的目的在于通过分析比较各种替代方案的有关技术经济指标，得出决策者形成正确判断所必需的资料和信息，以便获得最优系统方案。物流系统分析所涉及的范围很广，如搬运系统、系统布置、物流预测、生产-库存系统等，其对象可以是大的宏观物流系统，也可以是局部的一个子系统。由于系统分析需要的信息量大，为了准确地收集、处理、分析、汇总、传递和储存各种信息，需要应用多种数理方法和计算机技术对实现不同系统目标和采用不同方案的效果进行分析比较，为系统评价和系统设计提供足够的信息和依据。

物流系统分析是以系统整体效益为目标，以解决特定问题的最优策略为重点，运用定性和定量分析方法，给予决策者以价值判断，从而做出有利的决策。物流系统分析的特点是整体系统分析的核心要素，主要包括以下几个方面。

（1）以整体为目标。在一个系统中，处于各个层次的分系统都具有特定的功能及目标，彼此分工协作，才能实现系统整体的共同目标。比如，在物流系统布置设计中，既要考虑需求，又要考虑满足需求的运输、储存、设备选型等问题；在选择厂（库）址时，既要考虑造价，又要考虑运输条件、能源消耗、环境污染、资源供给等因素。只改善某些局部问题，而忽略其他分系统，系统整体效益将受到不利影响。因此，系统分析必须以发挥系统整体的最大效益为准则，不可只局限于个别部分，以免顾此失彼。

（2）以特定问题为对象。物流系统分析是一种处理问题的方法，有很强的针对性，其目的在于寻求解决特定问题的最佳策略。物流系统中的许多问题都含有不确定因素，而物流系统分析就是针对这种不确定的情况，研究解决问题的各种方案及其可能产生的结果。不同的系统需要分析解决的问题不同，即使相同的系统需要解决的问题也要进行不同的分析，制订不同的求解方法。所以，物流系统分析必须以能求得解决特定问题的最佳方案为重点。

（3）运用定量方法。解决问题，不应单凭想象、臆断、经验和直觉。物流系统分析应特别注重实践性，深入现场调查研究取得第一手数据至关重要。在复杂的情况下，需要有精确可靠的数字、资料，以作为科学决断的依据。如果利用数学模型难以解决，还要借助于结构模型解析法或计算机仿真模型。

（4）凭借价值判断。从事物流系统分析时，必须对某些事物做某种程度的预测，或者用过去发生的事实作为样本，以推断未来可能出现的趋势或倾向。由于所提供的资料有许多是不确定的变量，而客观环境又会发生变化，因此在进行物流系统分析时，还要凭借各种价值观念进行判断和选优。

物流信息系统常用的分析方法包括结构化分析法、数据流程图法、数据字典法等。

（1）结构化分析（Structured Analysis）法又叫 SA 法。其包括分

解和抽象、图表描述、模型转换三个组成部分，在软件工程中，控制复杂性的两个基本策略是分解和抽象。对于一个复杂的问题，由于人的理解力、记忆力所限，不可能一下子触及问题的所有方面及全部细节。为了将问题的复杂性降低到可以掌握的程度，可以把大问题分割成若干个小问题，然后分别解决，这就是分解；分解也可以分层进行，即先考虑问题最本质的属性，暂时把具体细节略去，以后再逐层添加细节，直至涉及最详细的内容，这就是抽象。如图1-4所示。

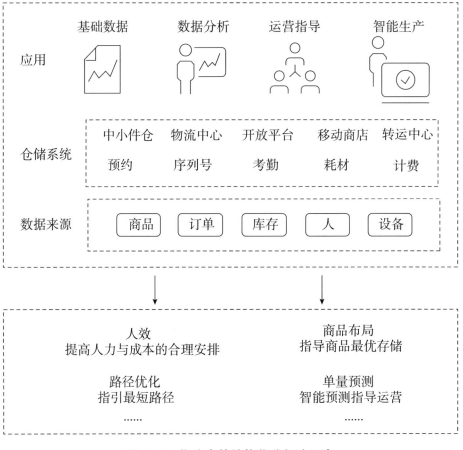

图1-4　物流中的结构化分析法示意

SA 法采用了自上向下层层分解的逻辑，找出各部分之间的数据接口，用抽象和分解的方法来剖析一个系统。这种方法实质上就是传统的"化整为零，各个击破"的思想，按照这一思想，无论系统多么庞大、多么复杂，分析工作都可以有条不紊地进行下去，系统功能都可以清晰地表述并处理。系统规模的大小，只是分解层数的多少而已。所以 SA 法有效地解决了系统的复杂性问题，同时提升了企业生产和物流效率。

（2）数据流程图（Data Flow Diagram，DFD）法。数据流程图法通常在单一系统分析中使用，该法可以完整说明系统由哪些部分组成，以及各部分之间的联系，可以描绘一个系统的整体框架，是理解和表达系统的关键工具。数据流程图描述数据流动、存储、处理的逻辑关系，因此也被称为"逻辑数据流程图"。图 1-5 所示为物流中的数据流程图法示例。

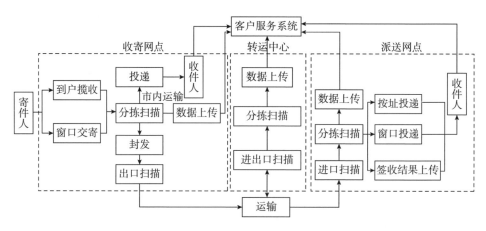

图 1-5　物流中的数据流程图法示例

（3）数据字典法。一般来说，在数据流程图法中，用数据流、文件和加工描述了一个系统的业务，但它仅是系统的框架结构，既没有表达具体细节，也无法掌握不同分类信息指数。因此数据字典法是为了描述数据流程图法中的细节与分类而建立的一套方法，它既是数据流程图的辅助资料，又对数据流程图与实际应用相结合有着重要作用。但是，单一一套数据流程图或单独的一本数据字典都无法表达系统的功能，都是没有任何意义的。

数据流程图的组成成分有数据源点/终点、数据流、文件、加工四种；数据字典按照条目索引可以分为数据流条目、文件条目、数据项条目与加工条目四大类（见图1-6）。

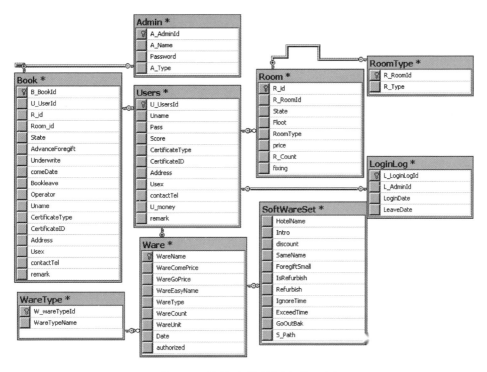

图1-6　物流中的数据字典示例

由图1-6可以清楚地看到，数据字典的内容是随着数据流程图自上向下，逐层扩展，不断充实完善的。因此数据流程图的修改与完善，数据字典也随之修改与完善，这才能保持数据字典的一致性和完整性。数据字典的建立有两种方式：一是由人工将有关内容随时建立在一叠数据卡片上，对卡片进行科学化的分类、排序，从而得到数据字典；二是使用自动化数据字典系统（现代的云计算存储结合大数据分析系统），由计算机代替人工。

第二章　数字物流与应急物流

第一届"一带一路"国际合作高峰论坛开幕式上提出的"数字丝绸之路",将数字化浪潮推向新的高峰。当前,中国物流界必须开辟"数字物流"研究新领域,为中国物流现代化发展建设一条快车道。时任《物流技术与应用》杂志主编、著名物流专家吴清一教授于20世纪80年代把"物流"一词率先引入中国,2013年提出"单元化物流"理念后,又系统地提出"数字物流"概念并做了深入阐述。吴清一教授认为,数字物流具有快捷性、融合性、自我增长性、边际效益递增性、可持续性(绿色物流)、对环境的亲和性和直接性,数字物流将对未来物流模式的塑造产生深远影响。

该倡议敏锐地把握了数字化带来的历史性机遇,为经济摆脱低迷、重焕生机指明了新方向、提供了新方案、带来了新希望。数字化的经济活动正在成为全球经济复苏和增长的重要驱动力,对于扩展新的经济业务水平、带动创新发展具有极为重要的意义。

数字物流和应急物流是供应链管理中的两个重要概念。数字物流涉及运用信息技术和数字化手段优化物流过程,提高效率和可见性;而应急物流则专注于处理突发事件和紧急情况,确保物资迅速、有序地运送到需要的地方。数字物流通过物联网、大数据分析和人工智能等技术,实现对供应链的实时监控、数据分析和优化,以提高整体运营效率;应急物流则强调在面临自然灾害、健康危机或其他紧急情况时,通过预案和紧急响应机制,迅速调动资源、协调运输,并确保物资及时到达。综合考虑数字物流和应急物流,可以构建更为强大、灵活的供应链体系，适应不断变化的商业环境和应对突发事件的挑战。

第一节　数字物流概述

一、数字物流起源

数字经济的兴起不仅改变了人们的生活方式和商业模式，也深刻影响着物流行业的发展。数字经济的发展促进了数字物流的崛起，将物流行业推向了一个全新的发展阶段。数字物流以其高效、智能、可持续的特点，为物流行业带来了巨大的发展机遇。

第一，数字物流的发展前景广阔。随着物流行业的数字化转型，传统的物流模式正逐渐被数字化、智能化的新模式取代。数字物流利用先进的信息技术和物联网技术，实现了对物流过程的实时监控、智能调度和精准管理，大大提高了物流效率和服务质量。未来，随着云计算、大数据、人工智能等技术的不断应用和发展，数字物流将进一步拓展其应用领域，为物流行业带来更多创新和突破。

第二，数字技术对于物流行业的重大促进作用不容忽视。数字技术的快速发展为物流行业提供了丰富的工具和手段，如物流信息系统、智能物流设备、智能运输工具等，极大地提升了物流运营的效率和质量。通过物联网技术，可以实现对货物、车辆和仓库的实时监测与管理，提高物流运输的可视化和透明度；通过大数据分析，可以对物流数据进行深度挖掘，发现潜在的优化空间和业务机会；通过人工智能技术，可以实现智能路线规划、智能调度和智能预测，提高物流运输的精准度和灵活性。这些数字技术的应用，将为物流行业带来更多的创新和发展机遇，推动整个行业向着数字化、智能化、绿色化的方向迈进。

综上所述，数字物流作为数字经济的重要组成部分，具有广阔的发展前景和巨大的发展潜力。随着数字技术的不断创新和应用，数字物流将为物流行业带来更多的机遇和挑战，成为推动物流行业转型升级的重要引擎。

二、数字物流概念

"数字物流"是以数据为主要生产资料的物流形态，在这个系统中，数字技术被广泛使用并由此带来了整个物流环境和物流活动的根本变化，各种信息在计算机网络中以数字形式加以收集、处理、交换和传送，从而高质量、高速度地控制、实现和完成物流系统各个环节功能的活动。数字物流是一个信息和物流活动以数字化呈现的全新系统，生产企业、用户、第三方物流企业和政府之间通过网络进行交易与信息交换。换句话说，整个社会供应链物流活动的过程就是以数字形式将该过程予以信息化的过程。

数字物流也可称为数据物流，在数字经济时代，数据将成为继土地、能源之后最重要的生产资料。数字物流与大数据技术息息相关，涵盖了大数据等新技术对物流系统各方面的影响和变革。

数字物流概念具有丰富内涵。从本质上看，数字物流建立在信息通信技术重大突破的基础上，以数字技术与实体物流融合驱动的物流系统梯次转型和创新发展为主引擎，在物流基础设施、物流系统要素、物流产业结构上表现出与传统物流显著不同的新特点；从构成上看，数字物流包括数字产业化和物流数字化两部分。数字产业化是数字物流的基础部分，即进入物流领域的信息产业，具体业态包括电子信息制造业、信息通信业、软件服务业等；物流数字化，是将物流系统各个要素以数据形式进行描述，形成相应的数字形式的虚拟物流系统，这部分内容也称为数字物流融合部分。

数字物流技术可以上溯到已经普遍应用的物流系统仿真技术。我们在进行某个物流系统的规划与设计之前，要先建立一个用计算机语言描述的数学模型，依据仿真运行的结果，确定该系统的最佳设计方案。在数字物流系统中，仿真的应用不是停留在设计阶段，而是扩展到物流系统的全生命周期，仿真形成的虚拟物流系统和物理世界的实际物流系统形成无缝对接。后者通过各种传感技术将自身运行的实际状况实时地传递给虚拟物流系统；而前者则依靠网络时代的新技术，对获取的所有信息数据在计算机世界中进行分析、整理、运算和预测，既可以实时对实际物流系统的运行进行指导、改进，制定发展战略与战术，也可以在虚拟系统中进行预演并加以验证，然后付诸实施。

在有关数字经济的一些文献中，一般用"数字（化）双胞胎"或"数字映象"和"数字孪生"来表述虚拟世界和物理世界两个系统之间的关系，但这种表述只取其形似的一面，不能反映其实质关系。也就是说，数字物流系统不只是有一个实际物流系统的数学模型，也不限于能够及时了解物流系统运行状况的物流可视化，数字物流系统应该是物理世界的实际物流系统和相应的虚拟物流系统两个层面血肉相连、相互作用、有机统一的整体。

三、数字物流的特性

（1）数字物流具有快捷性。物流活动没有空间边界，全球供应链物流活动范围极为广阔，难以及时了解物流系统的状况并进行控制。在数字物流系统中，互联网和物流系统深度融合，突破了空间距离，信息可以用光速传输，使远在天边的物流活动如同近在眼前一样实时地了解和处理。虚拟和现实深度融合的数字物流系统，减少了信息流动的结构性障碍，加速了物流系统资源要素流动，提高了供需匹配效率，使系统的快捷性进一步提升。此外，很多物流活动外在环境非常复杂，时常发生不可预料的变化，如交通事故和突发的自然灾害等，数字物流能够以其特有的优越性能做出快速反应，并制定出合理的对策。快捷性也意味着供应链库存的减少和物流装备使用效率的提高，从而使物流成本大大降低。当今时代是速度型经济时代，速度是市场竞争的关键要素，数字物流的快捷性将带来不可估量的经济价值。

（2）数字物流具有高度融合性。迅速发展的信息技术、网络技术，对于各行业具有引导和渗透的作用，使信息服务业迅速地向各行各业扩张，通过信息的纽带，强化了各种产业相互融合的趋势。物流行业和各类产业本来就具有天然的、千丝万缕的联系，通过信息纽带的作用更强化了这种联系，也加强了物流业对其他产业的服务性功能。数字物流本身就是数字化的全新系统，它具有的极强融合性必然产生两个方面的效果：一是与相关产业之间以及本行业和政府部门之间的沟通与融合加强，行业发展的外部环境与条件将变好；二是供应链物流各个环节之间，以及组成供应链的企业之间将形成和谐统一的整体，消除或减少整合与优化供应链的难度。

（3）数字物流具有很强的创新性。摩尔定律为：计算机硅芯片的处理能力每18个月就翻一番，而价格以减半数下降。这个定律表明计算机技术发展速度非常快，技术更新也是日新月异。在数字物流系统中，由于数字技术的深度融合，系统也具有了技术快速更新的特性。由于网络技术的发展、区块链技术的应用等，物流系统的组织结构趋向扁平化，处于网络端点的生产者与最终用户可直接联系，降低了传统的中间商与中间环节存在的必要性，从而降低了物流成本，提高了供应链的经济效益。数字技术的发展，让以极低成本收集并分析不同客户的资料和需求成为可能，数字物流系统的大数据技术，能够为用户提供灵活柔性的个性化、定制服务，大大提高了服务水平。即使在执行层面的技术装备，也具有创新的可能性。例如，具有强大分拣功能的 AGV 系统，由许多扁平的 AGV 和相应的小型货架组成。这种 AGV 与货架的组合最初是一种轻型的载运设备，但是和网络技术相结合以后，就能够在分拣领域发挥作用。

（4）数字物流具有自我增长性。数字经济学中的梅特卡夫定律为：一个网络的价值同其用户数量的平方成正比，就是说，网络规模增长10倍，其价值就增长100倍。数字物流同样适用上述规律，数字物流网络产生和带来的效益将随着网络用户的增加而呈指数形式增长。随着"一带一路"倡议的推进，"一带一路"物流体系将遍及各大洲，在此基础之上建立的数字物流网络其规模与效益是巨大的。此外，当新生的数字物流系统起步并发展时，由于人们的心理反应和行为惯性，在一定条件下，优势或劣势一旦出现并达到一定程度，就会产生不断加剧的趋势而自行强化，出现"强者更强，弱者更弱"的

"赢家通吃"的垄断局面，因此数字物流将促进中国物流业的超级龙头企业更快诞生。

第二节　数字物流系统结构

数字物流系统源于实体物流，物理世界的实体物流是构建数字物流系统的基础。数字物流系统是物理世界的实际物流系统和相应的虚拟物流系统两个层面相互作用、有机统一的整体。数字物流的研究内容包括数字产业化和物流数字化两大部分。信息产业化是进入物流领域的信息产业，而物流数字化是将物流系统各个要素以数据形式进行描述，形成相应数字形式的虚拟物流系统，这部分内容也称为数字物流融合部分。本书主要从物流数字化的角度讨论数字物流系统的构建问题。

构建数字物流系统有两种情况：一是从无到有，从建模开始，构建全新的系统；二是对原有系统进行数字化的提升，为此首先要对原有系统进行改造，贯彻标准化和单元化的原则，消除物流环节不协调、不匹配的缺陷，在此基础上再以被改进的物流系统为参照对象进行建模。

建立数学模型是仿真的第一步。仿真本质上是一种知识处理的过程，典型的系统仿真过程包括系统模型建立、仿真模型建立、仿真程序设计、仿真试验和数据分析处理等，它涉及多学科多领域的知识与经验。

仿真技术是模型（物理的、数学的或非数学的）的建立、验证和试验运行技术。仿真技术是以相似原理和系统技术、信息技术以及仿真应用领域的技术为基础，利用模型对系统（已有的或设想的）进行研究的多学科综合性的技术。计算机仿真技术，就是把现代仿真技术与计算机发展结合起来，将仿真模型的各个元素进行数字化处理，应用包括网络技术在内的计算机技术的最新成果，对数字仿真模型进行验证和试验运行，使其逐步优化达到理想状态。

一、实体系统结构

构建数字物流系统主要是应用计算机仿真技术，建立物流系统（存在的或设想中的）数学模型（虚拟物流系统），再以计算机为工具，以数值计算为手段，对这个虚拟物流系统进行分析研究以提供最佳的优化策略。

与传统的经验方法相比，计算机仿真的优点是：①提供计算机域内所有有关变量完整详尽的数据，并且能够应用大数据技术，从海量的数据中提炼有价值的数据；②及时掌控物流系统运行状况和系统环境的变化，及时预测变化发展过程和最终结果，并给出问题的解决方案。

初步建立物流系统数学模型仅是对物流系统进行了数字化的描述，构建数字物流系统还需要建立数学模型，即虚拟物流系统和实体物流之间的双向信息交流渠道，使两个部分相互融合，成为有机统一的整体。要以实体物流为对象进行数据采集，并且实时地传递给虚拟系统。比如目标物体在运输过程中的到达地点或者存储货架的货位等位置信息和温度、湿度、是否破损等状态信息。

二、虚拟系统结构

数据采集与传输，要依赖传感技术和多种传感器。传感技术和传感器的合理应用，是构建数字物流系统必须重视的技术内容。传感技术是从自然信源获取信息，并对之进行处理（变换）和识别的一门多学科交叉的现代科学与工程技术。它涉及传感器（又称换能器）、信息处理和识别的规划设计、开发、制造、测试、应用及评价改进等活动。在利用信息的过程中，先要解决的是获取准确可靠的信息，而传感器是获取自然和生产领域中信息的主要途径与手段。在研究自然现象和规律以及生产活动中从外界获取信息，仅靠人们自身的感官是远远不够的，必须借助传感器来完成。因此传感器是人类五官的延伸，又称为电五官。传感器是能感受被测量并按照一定的规律转换成可用输出信号的器件或装置，通常由敏感元件和转换元件组成。传感器的存在和发展，让物体有了触觉、味觉和嗅觉等感官，让物体变得活了起来。常见的传感器有测定温度、湿度、压力等参数的传感器。条码、二维码和相应的扫码器以及射频识别（RFID）技术与相应装置，都是普遍使用的数据采集技术。

数据传输技术也就是通信技术，在网络时代，无论是有线还是无线的信息传输技术、卫星定位技术都已经普遍应用。目前具有通信功能的智能传感器是模拟人的感官和大脑协调动作的一个相对独立的智能单元，它依靠软件可以使传感器的性能大幅提高。其智能单元要求具备通信功能，用通信网络以数字形式进行双向通信，这也是智能传感器的标志之一。智能传感器通过测试数据传输或接收指令来实现各项功能。构建数字物流系统，在满足功能要求的基础上，还应考虑价格因素，合理地选择各种传感器和通信设施，建立数据采集和双向通信的系统。

在数学模型基础之上建立的虚拟物流系统，本质上是由数字元素所组成的实体物流的映象，是和计算机世界本质元素融为一体的。也就是说，计算机世界或者网络时代的所有新技术和新的发展成果都可以无障碍地在虚拟物流系统中应用并发挥作用。大数据、云计算、边缘计算、区块链、以太坊（Ethereum）、软件定义网络（SDN）等新网络技术，实际上都是超高级的数字游戏，他们和虚拟物流系统都是数字世界的成员。

三、数字物流系统构建

数字技术在虚拟物流系统中的应用，实际上是数字家族成员之间的交流与合作，全面有效地应用最新网络技术是构建数字物流系统的核心内容。在虚拟物流系统中进行预测、分析和决策所得到的结论，再通过双向通信系统反馈给实体物流，从而使实体物流不断优化和改善，达到最优的运行状态。无论是管理层还是作业层，在虚拟物流系统的作用下，实体物流都会发生显著的改变，因此为适应数字物流的发展，要及时更新物流技术装备，提高其智能化水平。扁平化的物流管理系统、智能化的物流技术装备将随着数字物流的发展得到普遍应用。

数字物流系统的构建过程虽然具有同一性，但是由于物流系统的类型繁多，不同的对象要区别对待。例如，一个配送中心的物流系统，从订单开始，入库、存储、出库、分拣、配送，流程比较清晰，物流运作过程的干扰因素也比较少；又如，一条供应链的物流系统，从开始的发货方到最终的收货方，要经过许多环节，使用多种运输方式，运行中还可能发生许多不可预见的干扰因素。这两种不同类型的物流系统，数字化的目标显然不尽相同，因此应选择不同的网络技术来完成数字物流系统的作用。数字物流的亮点在于网络技术的应用，但是对于实体物流特性的把握仍然是构建数字物流体系的关键。

数字物流建立在信息通信技术重大突破的基础上，以数字技术与实体物流融合驱动的物流系统梯次转型和创新发展为主引擎，在物流基础设施、物流系统要素、物流产业结构上表现出与现行物流显著不同的新特点。这里的"梯次转型"是指构建数字物流系统是一个逐步发展的过程。无论是双向通信系统的建立还是大数据、区块链等技术的应用，都应该有一个从局部到全面、从低层次到高层次的过程，因此对于包含若干子系统的大型物流系统，也可以分步骤地改造子系统，直至全面完成。

"创新发展"表明数字物流系统构成的过程没有终点。社会经济永远处在发展的过程中，对物流领域不断提出各种新的要求，而作为服务行业的物流领域，必须对相关物流系统进行改造、加强和提高。此外，相关技术领域的发展，特别是网络技术的发展，也将促进数字物流系统不断强化和改进。所以社会需求的变化和相关领域的技术发展，是数字物流系统不断发展变化的动力。发展必须创新，创新引领发展，这就是数字物流开拓物流科学新时代必须具有的理念。

第三节　数字物流系统工程

数字物流系统工程是一种信息技术和物流管理理论相结合的现代物流模式，旨在提高物流效率和管理水平。数字物流系统工程主要包括物流信息系统建设、物流网络规划、物流资源整合、物流成本控制等方面。数字物流系统工程通过信息技术手段，实现物流过程中信息的共享和实时监控，使物流过程更加透明、高效、可控。同时，数字物流系统工程也注重对物流网络规划的研究，通过优化物流网络结构和节点布局，提高物流效率，降低物流成本。

在数字物流系统工程中，物流资源整合是一个非常重要的环节。通过对物流资源的整合和共享，可以最大限度地优化物流过程，提高物流服务水平和客户满意度。在此基础上，数字物流系统工程还注重物流成本控制，通过合理的成本控制手段，降低物流成本，提高企业盈利能力。数字物流系统工程是一个综合性的物流管理模式，其理论和实践价值逐渐被认可。

一、数字物流系统工程的概念

随着信息技术的不断发展和应用，数字物流已经成为物流业发展的重要趋势和方向。数字物流系统工程是指将物流信息与物流管理系统紧密结合，通过应用信息技术、智能算法等先进技术手段，实现物流信息的实时采集、处理、传输和利用，全面提高物流服务水平和运作效率的一种系统工程。

数字物流系统工程包括物流信息采集、处理、传输和应用等多个环节。其中，物流信息采集是数字物流系统工程的基础，通过物流信息采集设备和技术手段，对物流过程的各个环节进行实时监测和数据采集；物流信息处理是数字物流系统工程的核心，通过物流信息处理技术和算法，将采集的数据进行处理、分析和挖掘，形成物流数据的价值和应用；物流信息传输是数字物流系统工程的关键，通过物流信息传输技术和平台，实现物流信息的快速传输和共享；物流信息应用是数字物流系统工程的目的，通过物流信息应用技术和工具，将物流信息应用于物流管理和服务中，实现物流业务数字化和信息化的转型升级。

二、数字物流系统工程的要素

数字物流系统工程的发展与现代物流和信息技术的发展密切相关。随着物流需求的不断增长和物流业务的不断拓展，传统的物流管理和运作方式已经无法满足现代物流业务的需求。而信息技术的不断发展和应用，则为数字物流系统工程的发展提供了技术保障和支持。

数字物流系统工程的发展历程可以分为三个阶段：第一个阶段是物流信息化阶段，主要是将物流管理和运营过程中的基础数据进行数字化处理和管理；第二个阶段是物流智能化阶段，主要是通过应用人工智能、大数据、云计算等技术手段，实现物流数据的深度分析和应用，提高物流管理和运营效率；第三个阶段是物流数字化阶段，主要是将物流业务全面数字化，实现全流程的数字化和信息化，提高物流管理和运营的智能化水平。

三、数字物流系统工程的应用

数字物流系统工程的重要性在于提高物流服务水平和运营效率、降低物流成本、提高物流业务的竞争力和市场占有率。数字物流系统工程的应用范围广泛，包括电商物流、快递物流、仓储物流、海运物流等多个领域。一般来说，数字物流系统工程的应用主要包括以下几个方面。

（1）物流信息采集与处理。通过应用物联网、传感器、RFID（射频识别）等技术手段，实现物流信息的实时采集和处理。这些技术能够帮助物流企业了解货物的实时位置、运输状态、温度、湿度等情况，对物流运营过程进行实时监控和数据采集，为后续物流信息处理和应用提供基础数据。

（2）物流信息传输与共享。通过云计算、大数据等技术手段，实现物流信息的快速传输和共享。这些技术能够帮助物流企业将数据传输至云端，实现信息的共享和整合，提高物流信息的可靠性和实用性，促进物流企业间的合作和交流。

（3）物流信息分析与应用。通过人工智能、数据挖掘等技术手段，实现物流信息的深度分析和应用。这些技术能够帮助物流企业对物流信息进行预测、优化和决策，提高物流管理和运营效率，降低物流成本，提高物流服务质量和客户满意度。

（4）物流智能化与自动化。通过机器学习、自动控制等技术手段，实现物流智能化和自动化。这些技术能够帮助物流企业实现物流业务流程的自动化和智能化，提高物流服务水平和运营效率，降低人力成本，提高物流业务流程的竞争力和市场占有率。

第四节 数字物流与应急物流系统

一、数字物流对应急物流系统的作用

数字物流与应急物流系统的结合可以为应急物流行业带来许多益处，本节将探讨数字物流对应急物流系统的作用和应用。数字物流的构建，对于应急物流系统的发展有着以下积极作用。

首先，数字物流可以提高应急物流的响应速度。数字物流技术可以实现物流信息的实时采集、传输和处理，使应急物流系统能够快速响应突发事件，并对物流信息进行快速处理和反应。例如，在灾害救援中，可以通过数字物流技术实时监控受灾区域的道路情况、供应链状况等信息，从而快速响应救援需求，并提供准确有效的物流支持。

其次，数字物流可以提高应急物流信息的可靠性。数字物流技术可以实现物流信息的全流程可视化和智能化，提高应急物流信息的可靠性和准确性。例如，在疫情防控期间，可以通过数字物流技术实时监测医疗物资的库存量和运输情况等，从而提高疫情防控物资的供应链管理和调配效率。

再次，数字物流可以提高应急物流风险管理能力。数字物流技术可以实现物流信息的安全保障和风险管理，提高应急物流系统的风险管理能力。例如，在跨境应急物流中，可以通过区块链技术实现物流信息的可追溯和安全保障，从而提高跨境应急物流的安全性和可靠性。

最后，数字物流可以提高应急物流资源调配效率。数字物流技术可以实现物流资源的智能调配和利用，提高应急物流系统的资源调配效率。例如，在突发事件中，可以通过数字物流技术实时监测物流资源的利用情况和需求情况，从而优化物流资源的调配和利用，提高应急物流系统的效率和效益。

综上所述，数字物流对应急物流系统的作用和应用十分重要，可以提高应急物流系统的响应速度、信息可靠性、风险管理能力和资源调配效率，为应急物流行业的可持续发展和社会的进步做出重要贡献。

二、应急物流系统的概念

应急物流系统是指在自然灾害、突发事件、紧急救援等应急情况下，为了保障人民群众生命安全和基本生活需求而组建的一种特殊物流体系。其目标是在最短时间内有效组织物资运输、分配和调配，保障受灾地区人民的基本生活需求，恢复社会运转秩序，最大限度地减轻应急事件的损失。

应急物流系统通常由政府、企业、志愿者组成，其核心在于实现应急物资的快速调配和分配。这需要应急物流系统拥有完备的应急物资库存、快速响应的物流网络和配套的信息系统。在应急物流系统中，物流运作需要充分考虑道路交通状况、天气情况、交通管制等特殊因素，灵活应对各种突发情况。

应急物流系统的建设和发展对于提升国家的应急救援能力和维护社会稳定具有重要意义。在应对灾害、救援行动等应急事件中，应急物流系统能够发挥重要的支撑作用，确保应急物资快速到达受灾地区，最大限度地减轻灾害带来的影响和损失。

三、应急物流系统的构建

应急物流系统的构建逻辑包括应急预案制定、物资储备、物流网络建设、信息系统支持、组织协调和人员培训等方面。

（1）应急预案制定。应急预案是应急物流系统构建的基础。应急预案制定要根据灾害类型、程度和受灾地区情况制定，明确应急物资种类、数量、储备地点、调配流程和责任人员等信息。

（2）物资储备。物资储备是应急物流系统构建的核心。物资储备需要充分考虑应急物资的质量、数量、种类和存储条件等因素，同时要定期检查、更新和维护储备物资，确保其在应急情况下及时和有效地进行运输和分配。

（3）物流网络建设。物流网络建设是应急物流系统构建的重要环节。物流网络需要充分考虑应急情况下的物流路线、交通状况和物流节点等因素，同时要制订物流应急响应计划，确保应急物资能够快速到达受灾地区。

（4）信息系统支持。信息系统支持是应急物流系统构建的重要保障。信息系统需要实现应急物资的实时监控、调度和追踪，同时要建立与政府、企业和志愿者等应急物流组织的联系机制，实现信息共享和协同。

（5）组织协调和人员培训。组织协调和人员培训是应急物流系统构建的关键。应急物流组织需要充分考虑各方的利益和需求，加强沟通和协调，确保应急物资的快速调配和分配。同时，需要对应急物流人员进行培训，提高应急物流人员的素质和能力。

应急物流系统的应用范围广泛，包括自然灾害、公共卫生事件、安全生产事故、交通事故、反恐怖行动等各种突发情况。通过构建应急物流系统，可以有效提高应急救援的能力和效率，最大限度地减轻应急事件的影响和损失。

四、应急物流系统中的数字技术

在应急物流系统中，数字技术的应用可以有效提高应急救援的效率和准确性。主要的数字技术包括物联网技术、大数据技术、区块链技术和人工智能技术等，下面分别进行介绍。

（1）物联网技术。物联网技术可以实现物品与物品之间、物品与人之间的实时互联互通，提供物流过程中物流信息的实时监测和管理。应急物流系统中，物联网技术可以通过感知器、智能标签、无线传感器网络等手段实现应急物资的实时监控和追踪，帮助物流企业实现对应急物资的精准调配和分配，提高应急救援的效率和准确性。

（2）大数据技术。大数据技术可以对大量数据进行有效处理和分析，为应急物流系统提供决策支持和实时反馈。在应急物流系统中，大数据技术可以通过实时数据采集和分析，为应急物资的调配和分配提供精准的数据和决策支持，同时可以帮助物流企业预测应急物资的需求，提前储备物资，保障应急救援的效率和准确性。

（3）区块链技术。区块链技术可以实现去中心化的数据管理和交换，保障应急物流系统中数据的安全性和可信性。在应急物流系统中，区块链技术可以通过应急物资的全程追踪和数据共享，确保应急物资流通、分配的透明性和可追溯性，防止恶意操作和数据篡改等安全问题。

（4）人工智能技术。人工智能技术可以通过机器学习、自然语言处理、智能预测等手段，实现应急物流系统的自动化和智能化。在应急物流系统中，人工智能技术可以通过分析历史数据和实时数据，预测应急物资的需求和调配，提高应急救援的效率和准确性，同时可以通过自然语言处理技术实现对应急物资需求的智能识别和处理。

总之，数字技术在应急物流系统中的应用可以提高应急救援的效率和准确性，同时也可以保障应急物资的安全性和可信性，为应急物流系统的构建提供强有力的技术支持。在实际应用中，应急物流系统需要结合多种数字技术进行综合应用，以实现更高效、更安全、更可靠的应急救援。

例如，应急物流系统可以通过物联网技术实现应急物资的实时监控和追踪；大数据技术可以为应急物资的调配和分配提供精准的数据支持；区块链技术可以保障应急物资的安全性和可信性；人工智能技术可以提高应急救援的效率和准确性。通过多种数字技术的综合应用，可以为应急物流系统的构建提供全方位的保障和支持。

另外，数字技术的应用也需要与实际的应急物流场景相结合，因此在应急物流系统的构建中需要充分考虑实际情况和应用需求，避免技术落地不到位或无法满足实际需求的问题。同时，数字技术的应用还需要关注数据隐私和安全问题，保障应急物资的安全和可信度。

第五节　应急物流系统分析

应急物流系统是在应对突发事件或自然灾害等紧急情况时，进行物资和资源调配的一种系统。它是应急管理体系中重要的一部分，其结构设计和实施对于保障人民群众的生命和财产安全，以及保障社会的稳定具有非常重要的意义。

应急物流系统结构包括物资储备、物流保障、信息共享、指挥调度和应急救援五个主要组成部分。各部分之间紧密配合，相互支持，构成了一个完整的应急物流体系，以保障人民群众的生命和财产安全，确保社会的稳定和发展。这些组成部分按照功能模块可分为应急物资调度层、运输调度层、运输执行层、信息支撑层四个层级。

一、应急物流系统的结构

应急物流系统的结构按照功能模块可以分为以下四个层次。

（1）应急物资调度层。该层主要负责应急物资的调度和管理，包括应急物资需求的采集、统计和分析，物资储备的建立和管理，物资调配的计划和实施等。该层需要通过数字物流技术实现物资信息的实时监控和管理，确保物资调度的及时性和准确性。

（2）运输调度层。该层主要负责运输调度和管理，包括运输需求的分析和计划、运输方式和路线的选择、车辆和人员的调配、运输过程的监控和管理等。该层需要通过数字物流技术实现运输信息的实时监控和管理，确保运输的顺利进行和运输信息的可视化管理。

（3）运输执行层。该层主要负责运输执行和管理，包括运输过程的具体实施、货物的装载和卸载、车辆的维修和保养、驾驶员的管理和培训等。该层需要通过数字物流技术实现运输信息的实时反馈和管理，确保运输执行的安全、高效和可靠。

（4）信息支撑层。该层主要负责信息支撑和管理，包括信息的采集、传输、处理和反馈，信息的存储和管理，信息的应用和分析等。

该层需要通过数字物流技术实现信息的智能化采集和处理，实现信息的快速反馈和智能化分析，为应急物流系统的决策提供支持。

综上所述，应急物流系统的结构包括应急物资调度层、运输调度层、运输执行层和信息支撑层四个层次。在这些层次中，数字物流技术起重要作用，通过实现信息的实时监控和管理，提高物流系统的效率和效益，为应急物流系统的顺利运作提供支持。

二、应急物流系统的技术路线

应急物流系统的技术路线按照以下几个方向布局。

（1）物流信息技术的应用。物流信息技术是应急物流系统中至关重要的一部分，可以实现信息的实时共享和追踪，提高运输效率和准确率。在应急情况下，物流信息技术可以实现快速的调度和协调，提高响应速度。例如，运用卫星通信技术、移动通信技术等手段，建立应急物流信息系统，实时监控运输车辆、货物的位置、状态等信息。

（2）物流运输技术的应用。物流运输技术是应急物流系统中的关键环节，可以快速运输物资，提高响应速度和运输效率。例如，利用无人机、无轨电车、高速列车等先进的运输技术，实现快速的物资运输。

（3）物流设施建设和维护。物流设施是应急物流系统的基础，需要建设和维护一定数量和规模的物流设施。例如，应急物资仓库、应急物资储备中心、应急物资集散中心等。同时，需要采用智能化技术，实现设施的自动化管理和维护，提高效率和可靠性。

（4）物流资源的调配和管理。在重大突发事件和灾害应急情况下，物流资源需要进行合理的调配和管理，以保障应急物资的及时供应和分配。例如，可以采用物流资源智能调度系统，实现物资的快速调配和分配，提高物资利用率和运输效率。

应急物流系统技术路线需要综合运用物流信息技术、物流运输技术、物流设施建设和维护、物流资源调配和管理等多种技术手段，建立高效、可靠、安全的应急物流体系。

三、应急物流系统在未来的应用

应急物流系统在未来将会得到更广泛的应用，未来应急物流系统将会更加智能化、自动化、高效化，并且将会广泛应用于各个领域，为应对各种突发事件提供更加可靠、快速的物流支持。

首先，未来应急物流系统将会更加智能化和自动化，利用机器人、自动化物流设备等技术，提高物流效率和准确率，同时减少人员的风险和劳动强度。例如，无人车辆可以在应急情况下进行物资运输，机器人可以在应急场景中实现自动化的物资分类和包装。

其次，当前发展成熟的物联网技术可以实现设备之间的信息共享和协调，提高应急物流系统的效率和响应速度。例如，利用物联网技术，可以实现物资储备库存的实时监控和调度，实现更快速的物资分配和调配。

再次，人工智能技术可以帮助应急物流系统更好地应对突发事件，提高响应速度和精准度。例如，利用人工智能技术，可以快速地预测和分析应急情况，预测物资需求和运输路线等信息，提高应急物流系统的决策能力。

最后，空中物流在重大应急事件中将逐渐占据主要地位。未来应急物流系统可以更多地利用航空运输，快速运输物资到达灾区。例如，利用无人机或无人驾驶飞行器，实现远距离物资运输，快速到达灾区并投放救援物资。

第六节　应急物流系统规划设计概述

一、应急物流系统规划相关概念

应急物流系统规划是指在突发事件和灾害发生时，为了保障人民群众的生命和财产安全，保持社会稳定和经济发展，通过对物流资源、物流设施、物流信息和物流人员等方面的综合规划，构建具有应急响应能力的物流服务体系。应急物流系统规划包括应急物流基础设施建设规划、应急物资储备规划、应急物流服务网络规划、应急物流信息系统规划等。这些规划需要结合实际情况，考虑不同灾害类型和不同地区的特点，制订相应的应急响应计划和预案，以确保在灾害和突发事件发生时，能够快速、高效地响应和行动，为社会的稳定和人民的安全保驾护航。

二、应急物流系统规划原则

应急物流系统规划需要从多个方面进行综合规划和实施，其中要先明确规划原则，根据当前国内物流系统规划的总体方针和技术更新，笔者认为应急物流系统规划的实施需要遵循以下原则。

（1）综合性原则。应急物流系统规划需要从多个方面进行综合规划和实施，包括应急物资储备、物流设施建设、物流信息系统等多个方面，确保各个环节之间协调配合，形成有机整体。

（2）系统性原则。应急物流系统规划要具有系统性，要从整体上考虑应急物流系统的组成部分和相互关系，确保系统的稳定性和可靠性。

（3）实用性原则。应急物流系统规划要具有实用性，要根据实际需求和实际情况制订相应的规划方案，确保规划的可行性和有效性。

（4）先进性原则。应急物流系统规划要具有先进性，要借鉴国内外先进的经验和技术，推动应急物流系统的现代化建设，提高应急响应能力和水平。

（5）经济性原则。应急物流系统规划要具有经济性，要在保证服务质量和响应速度的前提下，合理控制投资和运营成本，实现效益最大化。

（6）灵活性原则。应急物流系统规划要具有灵活性，要根据不同灾害类型和地区特点，灵活制订相应的应急响应计划和预案，确保系统能够快速、高效地响应和行动。

（7）社会性原则。应急物流系统规划要具有社会性，要加强与政府和相关部门的协调和合作，形成合力，共同应对突发事件和灾害，为社会的稳定和人民群众的安全保驾护航。

（8）可持续性原则。应急物流系统规划要具有可持续性，要从资源利用、环境保护、社会责任等方面考虑，实现应急物流系统的可持续发展，为未来的应急响应提供坚实的保障。

（9）安全性原则。应急物流系统规划要具有安全性，要从安全风险评估、应急预警、危险品管理等方面考虑，确保应急物流系统的安全运营，保护人民群众的生命和财产安全。

（10）效率性原则。应急物流系统规划要具有效率性，要从物流运输、信息传递、资源调配等方面考虑，提高应急物流系统的响应速度和效率，确保及时、准确地为灾区提供物资和服务。

综合以上原则，应急物流系统规划需要从多个方面进行综合规划和实施，确保应急物流系统的稳定性、可靠性、安全性和效率性，为突发事件和灾害的应急响应提供坚实的保障。

三、应急物流系统规划的内容与流程

应急物流系统规划的核心目标是建立一个能够应对突发事件和灾害需求的物流服务体系，提高应急响应能力，减少灾害损失，保障人民群众的生命和财产安全，促进社会的稳定和发展。具体包括以下内容。

（1）确定应急物流系统规划目标。应急物流系统规划的目标是为应对突发事件、减轻灾害损失、维护社会稳定提供快速、高效、可靠的物流服务。根据不同应急情况的特点和要求，制定相应的物流规划目标，以确保应急物流系统在各种情况下都能够迅速响应和行动。

（2）收集应急物流系统规划信息。应急物流系统规划需要收集和分析有关灾害类型、地理环境、交通运输状况、物资储备和供应链等方面的信息。在此基础上，进行系统性分析和评估，确定应急物流系统规划方案。

（3）制订应急物流系统规划方案。根据收集的信息和评估结果，制订应急物流系统规划方案，包括应急物资储备、运输、物流服务体系建设、人员培训等方案，需要考虑不同灾害情况下的应急物流系统的建设和完善。

（4）实施应急物流系统规划方案。应急物流系统规划方案的实施需要依据实际情况，组织好物资储备、车辆、设备和人员等资源，建立应急物流指挥调度系统，确保应急物流服务及时、准确、高效地响应和行动。

（5）优化应急物流系统规划。应急物流系统规划需要不断优化和完善，以适应各种灾害情况的需要。通过对应急物流系统的评估和反馈，及时修正和更新应急物流规划方案。

（6）强化应急物流系统管理和监督。应急物流系统规划的管理和监督是保障应急物流系统正常运转的重要保障。因此要加强对应急物流系统的管理和监督，建立健全管理制度和流程，确保应急物流系统的有效性和可持续性。

（7）推进应急物流系统规划技术升级。应急物流系统规划技术升级是应对突发事件和自然灾害的必然趋势。需要不断引入新的技术手段和设备，提高应急物流系统规划的科技含量和智能化水平，以更好地服务于应急情况下的物流服务。

（8）建立应急物流系统应对机制。建立应急物流系统应对机制是应急物流规划的重要内容。需要根据灾害类型和应急物资储备情况，制订相应的应急响应计划和预案，提高应急物流系统的反应速度和应变能力。同时，需要加强与政府和相关部门的协调及合作，形成合力，共同应对突发事件和自然灾害。

（9）加强应急物流系统人员培训。应急物流系统规划的实施需要有专业化的物流人才，因此要加强应急物流系统人员培训，提高应急物流服务的水平和质量。培训内容包括应急物流系统操作流程、应急物资储备管理、应急物流调度等方面。

应急物流系统规划需要从多个方面进行综合规划和实施，以确保应急物流服务能够在各种情况下快速、高效地响应和行动，为社会的稳定和人民群众的安全保驾护航。

四、应急物流系统规划相关技术

数字经济时代已经到来，在各种技术迭代更新的大背景下，应急物流系统规划层面主要涉及的技术包括传统物流技术和数字物流技术两大类，以下详细介绍两类技术的分类与功能。

第一大类：传统物流技术，包括运输管理技术、仓储管理技术、计划调度技术、自动化技术和物流软件技术。

（1）运输管理技术。运输管理技术是指物流运输过程中的各种技术手段，如运输路线规划、运输方式选择、车辆调度、运输安全管理等，能够提高物流运输效率和质量。

（2）仓储管理技术。仓储管理技术是指对物流仓储过程进行计划、组织、指挥、控制和监督的各种管理技术，包括仓储设备的选择、仓库的布局设计、库存管理、出入库管理等，能够提高物流仓储的效率和质量。

（3）计划调度技术。计划调度技术是指在物流系统运营中对物流运输和仓储等环节进行统一的计划、调度和协调，提高物流运输和仓储的效率与质量。

（4）自动化技术。自动化技术是指利用计算机、机械、电子、传感器等技术手段，实现物流运输和仓储的自动化、智能化，提高物流运输和仓储的效率和质量。

（5）物流软件技术。物流软件技术是应急物流系统规划中的重要技术，它包括物流软件系统的开发、运营和维护等多个方面。在应急物流系统中，软件技术可以用于物流管理和决策支持，如物流信息系统、智能调度系统等。

综合运用以上传统物流技术，可以实现物流系统规划中的各项任务和目标，提高物流运输和仓储的效率与质量，同时为物流系统的可持续发展奠定坚实的基础。

第二大类：数字物流技术，包括物联网技术、大数据技术、区块链技术、人工智能技术、5G 通信技术、无人驾驶技术。

（1）物联网技术。物联网技术是应急物流系统规划中的前沿技术，它可以实现物流系统中各种设备和物品之间的互联互通，实现物流信息的自动采集和传输。在应急物流系统中，物联网技术可以用于物资的实时监控、物流设备的自动化控制等。

（2）大数据技术。大数据技术是指用于处理、存储和分析大规模数据集的一系列技术和工具。

（3）区块链技术。区块链技术可以实现物流信息的安全存储和共享，提高信息的可信度和透明度，避免信息被篡改和泄露。

（4）人工智能技术。人工智能技术是应急物流系统规划中的新兴技术，可以应用于物流信息处理和决策支持等多个方面。在应急物流系统中，人工智能技术可用于应急响应决策支持、物资需求预测等。

（5）5G 通信技术。5G 通信技术是应急物流系统规划中的通信技术，它可以提供更高速的数据传输和更稳定的通信连接。在应急物流系统中，5G 通信技术可以用于物流信息的实时传输和物流设备的远程控制等。

（6）无人驾驶技术。无人驾驶技术可以实现物流车辆的自动驾驶和无人驾驶，尤其在特定的高危环境下，可以提高物流运输的安全性和效率。

以上数字技术在应急物流系统规划中扮演了重要角色，它们的应用将推动应急物流系统的现代化建设和发展，提高应急响应能力和水平，为灾害应急救援提供有力支持。应急物流系统规划需要综合考虑以上技术的应用和协调，构建全方位、多层次、多元化的应急物流系统。同时，在规划应急物流系统的过程中，还需要考虑物流网络的布局、设施建设、人员培训等多个方面，实现物流系统的高效、稳定、可靠和可持续发展。

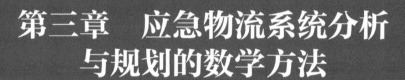

第三章　应急物流系统分析
与规划的数学方法

　　当人类面对重大突发事件或自然灾害时，为保障人民生命安全和基本生活需求，维护社会稳定，需要加速布局生产线和物流网络设施，完善物流系统建设以及信息平台融合，这就要求不仅要考虑常规时期 3~5 年的物流系统建设规划方案模式，而且要考虑突发应急情况以及 5~10 年的更长期循环发展的战略布局。因此，物流企业要准确把握市场发展趋势，通过柔性化供应链增加物流系统的耐力和适应性。合理地组织物流系统，并应用各种现代科学方法和技术手段，而数量分析方法是现代科学方法中的一项重要内容。物流系统研究中应用的数量分析方法主要包括解析方法和模拟方法。解析方法是指运用运筹学中的线性规划和动态规划理论，解决物流系统中运输配送问题、仓库或物流中心选址问题、物流资源分配问题以及新基建背景下供应链中物流、资金流、信息流网络的构建问题。

第一节　物流需求预测方法

　　为了准确确定配送中心关联方的未来发展趋势，必须根据市场发展趋势、运营历史数据以及行业发展规律，依赖正确的需求预测方法，才能预测出未来 3~5 年甚至 5~10 年的物流业务发展水平，进而估算出未来物流系统需求曲线，确保配送中心相关物流系统建设项目的成功。时间序列预测方法是最为常用的物流需求分析与预测的方法，它是一种历史资料延伸预测，也称为历史引申预测法，是以时间序列所能反映的社会经济现象的发展过程和规律性，进行引申外推，预测其发展趋势的方法。这类预测分析法常用于配送中心所关联的宏观业务数据发展研究、供应链发展战略目标预测等领域。

一、时间序列预测步骤

（1）收集历史资料，加以整理，编成时间序列，并根据时间序列绘制成统计图表。时间序列分析通常是把各种可能发生作用的因素进行分类，传统的分类方法是按各种因素的特点或影响效果分为长期趋势（倾向变动）、季节变动、循环变动、偶然变动四大类别。

（2）分析时间序列。时间序列中每个时期的数值都是由许多不同的因素同时发生作用后的综合结果。

（3）求出时间序列的长期趋势、季节变动和偶然变动的情况，并选定近似的数学模型来代表它们。对于数学模型中的诸多未知参数，使用合适的技术方法求出其值。

（4）利用时间序列资料建立长期趋势、季节变动和偶然变动的数学模型后，就可以利用它们来预测未来的长期趋势值 T 和季节变动值 S，在可能的情况下预测偶然变动值 I。然后用以下模型计算出未来的时间序列的预测值 Y。

加法模型：

$$Y = T + S + I$$

乘法模型：

$$Y = T \times S \times I$$

如果偶然变动的预测值难以求得，只求长期趋势和季节变动的预测值，以两者相加之和或相乘之积为时间序列的预测值。如果经济现象本身没有季节变动或不需预测分季、分月的资料，则长期趋势的预测值就是时间序列的预测值，即 $T=Y$。但要注意这个预测值只反映现象未来的发展趋势，即使很准确的趋势线，在按照时间顺序的观察方面所起的作用本质上也只是一个平均数的作用，实际值将围绕着它上下波动。

二、时间序列预测方法

时间序列预测法可用于短期、中期和长期各种条件约束下的预测。根据数据分析方法的不同，又可分为简单序时平均数法、加权序时平均数法、简单移动平均法、加权移动平均法、指数平滑法、季节性趋势预测法、市场寿命周期预测法等。

（1）简单序时平均数法也称为算术平均法，是把若干历史时期的统计数值作为观察值，求出算术平均数作为下期预测值。这种方法给予下列假设："过去这样，今后也将这样"，把近期和远期数据等同化和平均化，因此适用于事物变化不大的趋势预测。如果事物呈现某种上升或下降的趋势，则不宜采用此法。

（2）加权序时平均数法是把各个时期的历史数据按照近期和远期影响程度进行加权，求出平均值，可直接作为下期预测值。

（3）简单移动平均法是按数据点的顺序逐点推移，求出若干个数的平均数作为下期预测值。

（4）加权移动平均法是将简单移动平均数进行加权计算。在确定权数时，近期观察值的权数应该偏大，远期观察值的权数应该偏小。

以上四种方法相对简单，能迅速求出预测值，但由于没有考虑整个社会经济发展的新动向和其他新兴因素的影响，所以准确性相对较差。因此应根据新的情况，用指数加权的方法进行实际预测，具体方法列举如下。

（1）指数平滑法是根据历史资料的上期实际数和预测值，用指数加权的办法进行精准预测。此方法由加权移动平均法演变而来，优点是只要有上期实际数值和上期预测值，就可以计算出下期预测值，这样可以节省大量数据和处理、分析的时间成本，减少数据的存储量，方法简便，是欧美广泛使用的一种短期预测方法。

（2）季节性趋势预测法由经济学理论演变而来，主要依托经济环境下事物每年重复出现的周期性季节变动指数，预测其季节性变动趋势。推算季节变动指数可采用不同的方法，常用的方法有两种：第一种，季（月）别平均法，是用各年度同季（月）平均值，除以各年季（月）的总平均值，得出各季（月）指数。这种方法一般用来分析生产、销售、原材料储备、预计资金周转需求量等方面的经济事物的季节性变动。第二种，移动平均法，即应用移动平均数来计算比例求得典型季节指数。

（3）市场寿命周期预测法是对产品市场寿命周期的分析研究。例如，对处于成长期的产品预测其销售量，最常用的一种方法是根据统计资料，按照时间序列画出曲线，再将曲线外延，即可得到未来销售发展趋势。最简单的外延方法是直线外延法，适用于耐用消费品的预测，这种方法具有简单、直观、易于快速掌握的特点。

三、物流系统常用的时间序列预测方法

配送中心相关联的物流系统常用的时间序列预测方法，主要包括

确定型时间序列预测方法和随机型时间序列预测方法两种。

1. 确定型时间序列预测方法

确定型时间序列预测方法的基本步骤：首先，确定时间序列的成分；其次，正确选择预测方法；最后，进行预测方法的评估。针对不同的研究方向，确定型时间序列预测会选择与之相匹配的方法。

（1）平滑法预测。当序列中既不存在趋势成分，也不存在季节成分时，会使用平滑法进行预测。平滑法主要包括简单平均法、移动平均法和指数平滑法。

①简单平均法。用已有的观察值的平均值作为下一时期的预测值：

$$F_{t+1} = \frac{Y_1 + Y_2 + \cdots + Y_t}{t} = \frac{1}{t}\sum_{i=1}^{t} Y_i$$

简单平均法适合对较为平稳的时间序列进行预测。该方法将远期和近期的数值看得同等重要，但从预测角度上看近期的数值要比远期的数值有着更大的作用力，所以预测结果不精准，尤其是当序列中存在趋势量或明显季节波动时。

②移动平均法。这种预测模型是对简单平均法的一种改进方案，通过对时间序列逐期递移求取平均值作为预测值分析。移动平均法包括简单移动平均法和加权移动平均法。简单移动平均法是使用最近的 k 期平均值作为下一期的预测值的方法：

$$F_{t+1} = \overline{Y_t} = \frac{Y_{t-k+1} + Y_{t-k+2} + \cdots + Y_{t-1} + Y_t}{k}$$

其实，简单移动平均法对每个观察值都给予相同的权数，每次计算时间间隔都为 k，主要适合对较为平稳的序列进行有效预测。加权移动平均法对于近期和远期的观察值赋予不同的权重值。当序列波动较大时，近期赋予较大的权重，远期赋予较小的权重；当序列波动较小时，各个时期观察值则无限趋近。当权重值均为 1 时，即为简单移动平均法。但该方法的移动间隔和权重的选择一般需要通过均方误差预测精度来进行调整。

③指数平滑法。这种方法是加权移动平均法的一种特殊形式，观察值的权重随时间由近至远而递减。主要有一次指数平滑、二次指数平滑、三次指数平滑等。该方法可表示为：

$$F_{t+1} = \alpha Y_t + (1 + \alpha) F_t$$

式中：Y_t ——第 t 期的实际观察值；

F_t ——第 t 期的预测值；

α ——平滑系数，$0 < \alpha < 1$。当序列变动较小时，选择小

α；当序列变动较大时，选择大 α。

该方法的主要问题是平滑系数 α 的选择，一般通过选择最小预测误差的 α 值进行有效预测。

（2）趋势预测法。当序列中存在趋势成分，不存在季节成分时，选择趋势预测法。趋势是指序列具有持续向上或持续向下的状态或规模。

①线性模型法。

$$Y_t = a + bt$$

式中：a ——趋势线在 Y 轴上的截距；

b ——趋势线的斜率，用最小二乘法求解。

②非线性模型法。非线性模型法包括二次曲线、指数曲线等方法。

二次曲线：

$$Y_t = a + bt + ct^2$$

指数曲线：

$$Y_t = ab^t$$

修正指数曲线：

$$Y_t = K + ab^t$$

广义的线性回归曲线：

$$Y_t = \frac{1}{K + ab^t}$$

一般来说，选择模型时需要先通过观察散点图确定模型的趋势成分，再用相应的曲线进行拟合，求取模型参数，对比拟合的误差。

（3）季节性预测法。

季节多元回归模型：

$$Y = b_0 + b_1 Q_1 + b_2 Q_2 + \cdots + b_n Q_n + b_{n+1} t$$

2. 随机型时间序列预测方法

随机型时间序列这样定义：时间序列 $\{X_n \mid n = 0,\ \pm 1,\ \pm 2,\ \cdots,\ \pm N\}$ 中，每一个 n 、X_n 都是一个随机变量。随机型时间序列模型主要包括以下五种模型。

（1）自回归 ［AR（p）］ 模型。该模型反映了系统对自身过去状态的记忆。

$$X_n = \varphi_1 X_{n-1} + \varphi_2 X_{n-2} + \cdots + \varphi_p X_{n-p} + \varepsilon_n$$

（2）移动平均 ［MA（q）］ 模型。该模型主要反映系统对于过去进入系统噪声的记忆。

$$X_n = \varepsilon_n - \theta_1 \varepsilon_{n-1} - \theta_2 \varepsilon_{n-2} - \cdots - \theta_q \varepsilon_{n-q}$$

在这个公式中，明显 $\{\varepsilon_n\}$ 是白噪声序列。

（3）自回归移动平均 $[ARMA (p, q)]$ 模型。该模型主要反映系统对自身过去状态和噪声的依赖性，模型如下。

$$X_n = \varphi_1 X_{n-1} + \varphi_2 X_{n-2} + \cdots + \varphi_p X_{n-p} + \varepsilon_n$$

$$X_n = \varepsilon_n - \theta_1 \varepsilon_{n-1} - \theta_2 \varepsilon_{n-2} - \cdots - \theta_q \varepsilon_{n-q}$$

$$\phi_p(B) X_n = \Theta_q(B) \varepsilon_n$$

（4）求和自回归移动平均模型。该模型适用于齐次非平稳时间序列，其主要思想就是通过差分转化为齐次平稳时间序列，再运用 AR-MA 模型进行拟合。

（5）季节性模型。对于有季节性周期的非平稳时间序列，如存在年度波动的情况，则令 $Y_n = (1 - B^{12}) X_n$，可构造出季节性模型。

$$\varphi_p(B) \nabla^d \nabla_{12} X_n = \Theta_q(B) \varepsilon_n$$

当随机干扰项也与季节有相关性时，则有：

$$\varphi_p(B) \nabla^d \nabla_{12} X_n = \Theta_q(B) \nabla_{12} \varepsilon_n$$

第二节　物流 EIQ 分析方法

众所周知，物流系统是一个十分复杂的系统，不仅需要人们在宏观层面应用时间序列预测方法研究预测物流系统中的业务规模，也需要在微观层面研究物流系统的作业规律，即需要通过实际作业层面的大数据收集、分析与整理，才能正确把握与配送中心相联系的物流系统的规划设计需求，也才有可能在进一步的系统规划设计中得出正确的设计方案。EIQ 分析方法是物流设施规划过程中最为常用且最为有效的科学分析方法。

　　EIQ 分析就是利用"E""I""Q"三个物流系统中的核心要素，从客户订单的品类、数量与订购次数等数据出发，进行物流系统业务特征的定量分析。EIQ 分析用来研究配送中心的需求特性，为配送中心提供切实可行的规划依据。EIQ 分析方法逐步成为人们进行深层次物流系统特征定量分析的最优方法。

一、EIQ 基本概念

　　EIQ 中的 E 代表订单件数（Order Entry），I 代表商品的品项或种类（Item），Q 代表订单的出货量或者商品的出货量（Quantity）。EQ 分析是订单订货量分析，可以将其资料做大小先后排序，将客户 ABC 分析作为物流管理中的重点；IQ 分析是品项数量分析，也可以将其资料按大小先后排序，做出商品需求热度排行榜，即商品 ABC 分类。这样就能基本掌握 EIQ 分析资料，从根本上改善物流系统作业或者将配送中心规划成最合适的物流中心。

　　对于一个复杂的物流系统来说，本源的操作对象就是商品，而现代物流管理理论要求对商品进行精准的管理操作，商品品项（I）数量多少，直接标志着物流系统的复杂程度。在配送中心处理的商品品项差异性是非常大的，多则上万种，如书籍、医药及汽车零部件等配送中心，少则数百种；制造商类型的配送中心，由于具体商品品项的不同，其相对应的复杂程度与可能发生的操作困难点也各有不同，如所处理的商品品项在 10000 种的配送中心与处理的商品品项在 1000 种的配送中心是完全不同的两个概念，其商品储放安排也完全不同。另外，不同性质的配送中心所处理的商品品项的特征也完全不同，目前比较常见的物流商品有食品、日用品、药品、家电产品、服装产品、家居产品、化妆品、汽车零部件和书籍音像制品等。它们分别有其特性，相应的配送中心的厂房设计与物流设备的研制也是完全不同的。例如，食品以及日用品的进出货量较大，家电产品的尺寸较大。服装产品的物流特性具有季节性、流行性、时间性，以及退货量大等特点，其中大部分（约80%）直接铺货到门店，而小部分（约20%）才存储于配送中心等待理货及配送。除此之外，服装产品中较高级的商品必须使用悬吊的搬运设备及仓储设备。而书籍的物流特性种类繁多，畅销品与非畅销品的物流差异性较大，退货率有时高达30%~40%。

另外，物流系统处理的商品数量与库存量直接关乎物流系统中各个作业环节的能力规模，进而影响整个物流系统的能力配置要求与建设规模。配送中心商品的出货量是经常发生变化的，因此如何考察商品的进出异动是物流中心在经营与管理中必须重视的问题。发生商品进出异动的原因有很多。例如，货款结算问题、节假日高峰（爆仓）问题和商品市场流行性的转变都可能造成进出货品量尖峰平谷变动。

二、EIQ 分析意义

EIQ 分析对配送中心规划和改善具有重要意义，EIQ 广泛应用于销售数据管理分析、物流工艺设备系统规划、储存与分拣作业设计、设备能力与人力需求评估、空间与储位规划管理、营销预测计划及信息系统的整合等方面。EIQ 分析对于配送中心规划的作用包括掌握物流业务特征、系统工艺流程与设备能力评估和确定物流系统资源配置需求等。

（1）掌握重要客户及需求特性。通过 EQ（订单订货量）分析，可以了解客户的订货数量，哪些是大量销售的畅销款，哪些是滞销款。通过 PCB[①] 分析，可以了解客户的订货方式是整托、整箱或单件，也可以提供客户对产品及销售区域的特性数据。

（2）确定品项需求特性与拣货方式。由 IQ（品项数量）分析与 IK（品项次数）分析，可以了解每一种产品品项的出库分布状况，作为产品储存、拣货分类方式的参考，并提供产品畅销或滞销情况。

（3）计算库存及相关作业空间需求。IQ 平均数乘以品项数，便可作为整体需求，再乘以库存天数，可估算出库存总需求量；EQ 平均数乘以订单数，即可估计出配送车辆需求或备货区域空间。

（4）评估人力需求。从 PCB 分析中得知出货量与标准工时，便能计算出托盘、周转箱和单件拣选所需要的设备数量和人力需求。

（5）储位规划与管理。根据 EIQ 分析数据计算仓库的储位，使各种不同品项产品的储位能在作业效率和空间利用率上获得最优解，最大程度实现经济效益。

（6）提供各个作业环节效率数据。通过对配送中心进行 EIQ 分析，可以清晰比较各个阶段物流作业的效率，借此发现配送系统中存在的实际问题和改善入口，避免系统因外界环境发生改变，而配送中心管理者却仍不自知的被动情况，所以 EIQ 分析可以作为配送中心的诊断工具，是物流流程优化的制胜法宝。

（7）提供销售或出货预测数据。历史 EIQ 数据可以作为销售预测的重要参考，以此来预测未来配送中心任何时段的物流流量，及时

---

① P 为托盘单位（pallet），C 为件单位（carton），B 为单品（box）。

合理地做好各项作业计划，进而提高库存周转率、作业效率和缩短配送的前置时间。

（8）物流设备选型的重要依据。通过对 EIQ 资料的分析计算，可以确定配送中心所需要的设备种类或自动化程度，不至于因为过度自动化造成财力上的浪费和设备无法发挥预期效果干扰正常运行的情况。一般来说，并不是自动化程度越高的设备就一定能发挥最高效益；配送中心关联的物流系统必须适合对应的物流特性，才能在供应链中发挥最高效益，无论采用何种程度的自动化设施，都必须进行成本收益平衡，能够发挥长期高效益才是配送中心规划选择的根本要素。

三、EIQ 分析步骤

利用 EIQ 对物流系统分析之后，可归纳出订单内容、订货特性、接单特性、配送中心特性、EIQ 特性等特征。EIQ 分析必须遵循一定的步骤，才能达到事半功倍的目的，一般分析步骤为：订单出货数据规范化；订单出货数据取样；订单数据分析，包括订单数据统计分析、图表化数据分析以及物流系统特征值计算，进而可以求得物流系统能力模型，并进行物流设备配置与物流系统的基础规划。

1. 订单出货数据规范化

在收集企业订单出货数据时，通常因其数据量庞大且数据格式不易直接应用，而从企业信息系统的数据库中直接获取电子数据，便于数据格式转换，也便于借助计算机运算功能处理大量的数据资料。

在进行订单品项数量分析时，首先必须考虑时间的范围与单位。以某企业的某一工作日为单位的分析数据为例，其订单出货数据可分解成表 3-1 的格式，并由此展开 EQ、EN、IQ、IK 四个类别的分析步骤。主要分析项目及意义说明如下。

（1）订单订货量（EQ）分析：单张订单订货量的分析。

（2）订单品项数（EN）分析：单张订单品项数的分析。

（3）品项数量（IQ）分析：每单一品项出货数量的分析。

（4）品项次数（IK）分析：每单一品项出货次数的分析。

表 3-1 订单出货数据

订单	品项						单张订单订货量	单张订单品项数
	I_1	I_2	I_3	I_4	I_5	…		
E_1	Q_{11}	Q_{12}	Q_{13}	Q_{14}	Q_{15}	…	EQ_1	EN_1
E_2	Q_{21}	Q_{22}	Q_{23}	Q_{24}	Q_{25}	…	EQ_2	EN_2
E_3	Q_{31}	Q_{32}	Q_{33}	Q_{34}	Q_{35}	…	EQ_3	EN_3
⋮	⋮	⋮	⋮	⋮	⋮	⋮	⋮	⋮
单品品项数量	IQ_1	IQ_2	IQ_3	IQ_4	IQ_5	…	Q	N
单品品项次数	IK_1	IK_2	IK_3	IK_4	IK_5	…	—	K

注：1. EQ_1（订单 E_1 的订货量）= $Q_{11}+Q_{12}+Q_{13}+Q_{14}+Q_{15}+\cdots$；

2. IQ_1（品项 I_1 的出货数量）= $Q_{11}+Q_{21}+Q_{31}+Q_{41}+Q_{51}+\cdots$；

3. EN_1（订单 E_1 的品项数）= 计数（Q_{11}，Q_{12}，Q_{13}，Q_{14}，Q_{15}，…）>0 者；

4. IK_1（品项 I_1 的出货次数）= 计数（Q_{11}，Q_{21}，Q_{31}，Q_{41}，Q_{51}，…）>0 者；

5. N（所有订单的出货总项数）= 计数（IQ_1，IQ_2，IQ_3，IQ_4，IQ_5，…）>0 者；

6. K（所有产品的总出货次数）= $IK_1+IK_2+IK_3+IK_4+IK_5+\cdots$。

在数据分析过程中，要注意数量单位的一致性，必须将所有订单品项的出货数量转换成相同的计算单位，否则分析将失去意义，如体积、重量或金额等单位。金额的单位与价值功能分析有关，常用在按货值进行分区管理的场合，体积与重量等单位则与物流作业有密切相关性，影响整个系统的规划，但是在数据分析过程中，需将商品物性资料加入，才可进行单位等效转换。上述 EIQ 格式是针对某一天的出货数据进行分析，若分析数据范围为一个周期内，比如一周、一月或一年，则另外需要加入时间相关参数，即为 EIQT 的分析。

2. 订单出货数据取样

要了解物流中心实际运作的物流特性，单从一天的数据分析无法进行有效判断并得出结论，但是若分析一年以上的订单数据，因数据量庞大，其分析过程费时费力。因此可以先从单日的出货量进行初步分析，找出可能的作业周期及其波动幅度，若各周期内出货量大致相似，则可缩小资料范围，以一个较小周期内的数据进行分析，若各周期内趋势相近，但是物流作业量仍存在较大差异，则应对资料进行适当分组，再从各组中找出有代表性的资料进行分析。一般来说，常见的分布趋势如一周内出货量集中在周五、周六；一个月内集中在月初或月末；一年中集中在某一季度等。实际分析过程中如能找出可能的作业周期，则使分析步骤较易进行，如将分析数据缩至某一月份、一年中每月月初第一周或一月中每周的周末等范围。EIQ 分析示例如表 3-2 所示。

表 3-2　　　　　　　　　　EIQ 分析示例

数量		品项						单张订单订货量	单张订单品项数
		I_1	I_2	I_3	I_4	I_5	I_6	EQ	EN
订单	E_1	300	200	0	100	200	100	900	5
	E_2	200	0	400	600	700	0	1900	4
	E_3	1000	0	0	0	0	800	1800	2
	E_4	200	800	0	300	500	200	2000	5
品项数量	IQ	1700	1000	400	1000	1400	1100	GEQ GIQ 6600	GEN GIK 16
品项次数	IK	4	2	1	3	3	3		

　　但是，一般物流中心一天的订单数量可能有上百个，订货品项数据可能有上千个，要集中处理如此多的数据不是一件容易的事情，因此就需要数据的取样分类。若 EIQ 的数据量过大，不易处理时，通常可根据物流配送中心的作业周期性，先取一个周期内的数据加以分析，或取一个星期的数据分析，若有必要可再进行更详细的数据分析。也可以依据商品特性或客户特性将数据资料分成数个群组，针对不同的群组分别进行 EIQ 分析；或是以某群组为代表，进行分析后再将结果乘上倍数，以求得全体数据；或是采取抽样方式，分析后再将结果乘上倍数，以求得全体数据。不管采用何种方式进行资料取样，都必须注意所取样的数据资料能否反映、代表全体状态。

3. 订单数据统计分析

　　EIQ 分析以量化分析为主，常用的统计手法包括平均值、最大最小值、总数、柏拉图分析、次数分布、ABC 分析和交叉分析等方法。下面就柏拉图分析、次数分布、ABC 分析和交叉分析等方法进行说明。

　　（1）柏拉图分析。在一般物流中心的作业中，如将订单或单品品项的出货量经排序后绘图（EQ、IQ 分布图），并将其累积量以曲线表示出来，即为柏拉图，这是数量分析时最基本的绘图分析工具。其他只要可以表示成项与量关系的资料，均可以柏拉图的方式描述。

　　（2）次数分布。若想进一步了解产品类别出货量的分布情形，可将出货量范围进行适当分组，并计算各产品出货量出现于各分组范围内的次数。次数分布图的分布趋势与资料分组的范围有密切关系，在适当的分组之后，可得到有用信息，并找出数量分布的趋势及主要分布范围。但是在资料分组的过程中，仍有赖于划分者的专业素养以及对资料认知的敏感性，以便快速找出分组的范围。

（3）ABC 分析。在制作 EQ、IQ、EN、IK 等统计分布图时，除可由次数分布图找出分布趋势外，也可用 ABC 分析法将一特定百分比内的主要订单或产品找出，以做进一步的分析及重点管理。通常先以出货量排序，以占前 20% 及 50% 的订单件数（或品项数），计算所占出货量的百分比，并作为重点分类的依据。如果出货量集中在少数订单（或产品），则可针对此产品组（少数的品项数但占有较高出货比例）做进一步的分析及规划，以达到事半功倍的效果。相对出货量很少而产品种类很多的产品组群，在规划过程中可先不考虑或以分类分区规划方式处理，以简化系统的复杂度，并提高规划设备的可行性及利用率。

（4）交叉分析。在进行 EQ、IQ、EN、IK 等 ABC 分析后，除可就订单资料进行个别分析之外，也可以就其 ABC 的分类进行组合式的交叉分析。如以单日类别及年份类别的数据资料进行组合分析，或其他如 EQ 与 EN、IQ 与 IK 等项目，均可分步进行交叉汇编分析，以找出有力的分析信息。其分析过程为：先将两组分析资料经 ABC 分类后分为 3 个等级，经由交叉汇编后，产生 3×3 的 9 组资料分类，再逐一就各数据资料分类进行分析探讨，找出分组资料中的意义及其代表的产品组。在后续的规划中，如结合订单出货与物性资料，也可以产生有用的交叉分析数据资料。

四、EIQ 分析应用

1. 订单变动趋势分析

所有利用历史数据资料的分析过程，均是利用过去的经验值来推测未来趋势的变化的。在物流中心系统规划过程中，首先需要针对历史销售或出货数据进行分析，以了解销货趋势及变动，如能找出各种可能的变动趋势或周期性变化，则有利于后续资料的分析。

一般分析过程的时间单位需视资料收集的范围及广度而定，如要预测未来发展的趋势，通常以年为单位；如要了解季节变动的趋势，通常以月为单位；如要分析月或周内的倾向或变动趋势，则需选取旬、周或日等时间单位，这样使分析资料更为充实，但是所花费的时间及分析过程也繁复许多。如果在分析时间有限的情形下，找出具有特点的单月、单周或单日平均及最大、最小量的销货资料来分析，也是可行的方法。变动趋势分析常用的方法包括时间序列分析、回归分析等，读者可参考一般统计分析书籍，以下就时间序列分析做简要说明。

针对一段时间周期内的销货数据资料进行分析时，通常需先进行单位换算，以求数量单位统一，否则分析结果将无意义。常见的变动趋势包括以下几种。

（1）倾向变动。倾向变动是长时间内呈现渐增或渐减的趋向，必须在时间序列中去除其他可能的变动影响因子。

（2）季节变动。季节变动是以一年为周期的循环变动，发生原因通常是自然气候、文化传统、商业习惯等。

（3）循环变动。循环变动是以一固定周期（如月、周）为单位的变动趋势。部分长期的循环（如经济循环）有时长达数年以上。

（4）偶然变动。偶然变动为一种不规则的变动趋势，可能为多项变动因素的混合结果。

如以各年度月份单位为横轴，进行时间序列分析，可得到表 3-3

所示的变动形态，包括倾向变动、季节变动、循环变动及偶然变动。在不同的变动趋势下，可调整规划能力的策略及规划设置的规模。依据不同的变动趋势可设定产能水平的目标，并制定必要能力的水平，通常以达成尖峰值的 80% 为基准，再根据尖峰值出现的品类来调整。一般若干曲线的峰值超过谷值 3 倍时，要在同一个物流中心系统内处理，将使效率降低，营运规模的制定将更加困难，因此必须制定适当的营运量策略以取得经济效益与营运规模的平衡。不足的产能或储运量可借助外包、租用调拨仓库、订单标准化或设计弹性功能较大的仓储物流设备来适应；至于多余的产能或储运空间，则可以考虑出租他人使用，或者开发时间互补性的产品，以消化淡季时的剩余储运能力。

表 3-3 　　　　　　　　　　常见变动趋势

类型	变动形态	分析	应用
倾向变动		长期趋势有持续递增的趋向，应配合年周期的成长趋势加以判断	规划时可以中期的需求量为规模依据，若需考虑长期递增的需求，则可以预留空间或考虑设备扩充的弹性，以分阶段投资方式设置

续　表

类型	变动形态	分析	应用
季节变动		呈现季节性变动的明显趋势	如果季节变动的差距超过3倍以上，可考虑以部分外包或租用设备的方式，以避免设施投资过多造成平时的闲置；另外在淡季时应争取互补性的商品业务以增加仓储设施利用率
循环变动		呈现以一季为单位的周期性变动趋势	如果峰谷差距不大且周期较短，可以周期变动内的最大值规划，后续资料分析可缩至某一周期为单位以简化分析作业
偶然变动		无明显规则的变动趋势	系统较难规划，宜规划泛用型的设施，以增加运用的弹性，仓储货位也以容易调整及扩充为宜，以应付可能突增的作业需求量

2. EIQ 图表分析应用

EIQ 图表分析是订单数据分析过程最重要的步骤，通常需对各个分析图表进行认真分析，并配合交叉分析及其他相关资料，做出综合判断。以下是一些基本的分析准则及类型，以供参考，至于较深入的判读技巧仍有待规划分析者不断地从各类不同的产业类型及实务信息中获得。

（1）EQ 分析。EQ 分析主要可了解单张订单订购量的分布情形，可用于决定订单处理的原则、拣货系统的规划，并影响出货方式及出货区的规划。通常以单一营业日的 EQ 分析为主，各种 EQ 分布图的类型如表 3-4 所示。

表 3-4　　　　　　各种 EQ 分布图的类型

类型	分析	应用
	为一般配送中心常见模式，由于量分布趋两极化，可利用 ABC 做进一步分类	规划时可将订单分类，少数而量大的订单可进行重点管理，相关拣货设备的使用也可分级
	大部分订单量相近，仅少部分有特大量及特小量	可以主要量分布范围进行规划，少数差异较大者可以按特例处理，但需注意规范特例处理模式

类型	分析	应用
	订单量分布呈逐次递减趋势，无特别集中于某些订单或范围	系统较难规划，宜规划泛用型的设备，以增加运用的弹性，货位也以容易调者为宜
	订单量分布相近，仅少数订单量较少	可区分成两种类型，部分少量订单可以批处理或以零星拣货方式规划
	订单量集中于特定数量而无连续性递减，可能为整数（箱）出货，或为大型对象的少量出货	可以较大单元负载单位规划，而不考虑零星出货

　　EQ 分布图，可作为决定储区规划及拣货模式的参考，订单量分布趋势越明显，则分区规划的原则越易运用，否则应以弹性较高的设备为主。当 EQ 量很小的订单数所占比例很高时（>50%），应将该类订单另行分类，以提高拣货出货效率；如果以订单个别拣取则需设定零星拣货区域，如果采取批量拣选，则需要根据单日订单数量及物性

是否具有相似性，综合考虑物品分类法以及可行性，以决定是否在拣取时分类或于物品拣出后在分货区域进行分类。

（2）IQ 分析。品项数量分析主要用于了解各类产品出货量的分布情况，分析产品的重要程度与运量规模，可用于仓储系统的规划选用、储位空间的估算，将影响拣货方式及拣货区域的规划。各种 IQ 分布图的类型如表 3-5 所示。

表 3-5　　　　　　　　　各种 IQ 分布图的类型

类型	分析	应用
	为一般配送中心常见模式，由于量分布趋两极化，可利用 ABC 做进一步分类	规划时可将产品分类以划分储区方式储存，各类产品储存单位、存货水平可设定不同的标准
	大部分产品出货量相近，仅少部分有特大量及特小量	可以同一规格的储存系统及寻址型储位进行规划，少数差异较大者可以按特例处理
	各产品出货量分布呈逐次递减趋势，无特别集中于某些订单或范围	系统较难规划，宜规划泛用型的设备，以增加运用的弹性，货位也以容易调者为宜

类型	分析	应用
	各产品出货量相近，仅部分品项出货量较小	可区分成两种类型，部分中、少量产品可以轻量型储存设备存放
	产品出货量集中于特定数量而无连续递减，可能为整数（箱）出货或为大型对象，但出货量较小	可以较大单元负载单位规划，或以重量型储存设备规划，但仍需配合物性加以考虑

　　在规划储区时应以一个时间周期（通常按照年度单位）的 IQ 分析为主，若配合进行拣货区域的规划设计时，则需参考单日的 IQ 分析。另外，单日 IQ 量与全年 IQ 量是否对称也是分析观察的重点，因为结合出货量与出货频率进行关联性的分析时，整个仓储拣货系统的规划将会更趋于实际，因此可进行单日 IQ 量与全年 IQ 量的交叉分析。

　　若从 ABC 分析角度，根据单日及全年的 IQ 图，将品项依出货量从大到小分为 A、B、C（大、中、小）三类，并在对应产生对照组合后进行交叉分析，可得到表 3-6。

表 3-6   品项依出货量分类对比

分类	对比
I	年出货量及单日出货量均很大，为出货量最大的主力产品群，仓储拣货系统的规划应以此类为主，仓储区以固定储位为较佳，进货周期宜缩短而存货水平较高，以应付单日可能出现的大量出货，通常为厂商型配送中心或工厂发货中心
II	年出货量大但单日出货量较小，通常出货天数多且出货频繁，而使累积的年出货量增加。可考虑以零星出货方式规划，仓储区可以固定储位规划，进货周期宜缩短并采取中等存货水平
III	年出货量小但单日出货大，虽总出货量很小，但是可能集中于少数几天内出货，是容易造成拣货系统混乱的因素。若以单日量为基础规划，易造成空间浪费及多余库存，宜以弹性储位规划，基本上平时不进货，于接到订单后再行进货，但前提是必须缩短进货前置时间
IV	年出货量小且单日出货量也小，虽出货量不高，但是所占品项数通常较多，是容易造成占用仓储空间使周转率降低的主要产品群。因此仓储区可以弹性储位规划，以便于调整货位大小的储存设施为宜，通常拣货区可与仓储区合并规划以减少多余库存，进货周期宜缩短并降低存货水平
V	年出货量中等但单日出货量较小，为分类意义较不突出的产品群，可视实际产品分类特性再纳入相关分类中

（3）EN 分析。订单品项数分析主要了解订单类别订购品项数的具体分布，对于订单处理的原则及拣货系统的规划有很大影响，并将影响出货方式及出货区的规划。通常需配合总出货品项数、订单出货品项累计数及总品项数三项指标综合参考。

以 Q_{ei}（e 代表订单，i 代表品项）为单一订单订购某品项的数量，分析各指标的意义如下。

第一，单一订单出货品项数：计算单一订单中出货量大于 0 的品项数，就个别订单来看，可视为各订单拣取方式作业的拣货次数。

$$N_e = \text{COUNT}\ (Q_{e1},\ Q_{e2},\ Q_{e3},\ Q_{e4},\ Q_{e5},\ \cdots) > 0$$

第二，总出货品项数：计算所有订单中出货量大于 0 或出货次数大于 0 的品项数。

$$N = \text{COUNT}\ (Q_1,\ Q_2,\ Q_3,\ Q_4,\ Q_5,\ \cdots) > 0$$

$$\text{或}\ N = \text{COUNT}\ (K_1,\ K_2,\ K_3,\ K_4,\ K_5,\ \cdots) > 0,\ \text{且}\ N \geqslant N_e$$

（总出货品项数必定大于等于单一订单的出货品项数）

此值表示实际出货的品项总数，其最大值即为配送中心内的所有品项数。若采用订单批次拣取策略，则最少的拣取次数即为总出货品项数。

第三，订单出货品项累计次数：将所有订单出货品项数加总所得数值。

$$GN = N_1 + N_2 + N_3 + N_4 + N_5 + \cdots,\ G \geqslant N$$

（个别订单间的品项重复率越高，则 N 值越小）

此值可能会大于总出货品项数甚至所有产品的品项总数。若采用订单类别拣取作业，则拣取次数即为订单出货品项累计次数。

综上可以说明，针对 EN 图与总出货品项数、订单出货品项累计次数两项指标，以及物流中心内总品项数的相对量加以比较，可整理出表 3-7。表中各个判断指标的大小，需视配送中心产品特性、品项数量、出货品项数量的相对大小及订单品项的重复率来决定，并配合其他因素综合考虑。

表 3-7 各种 EN 分布图的类型

类型	分析	应用
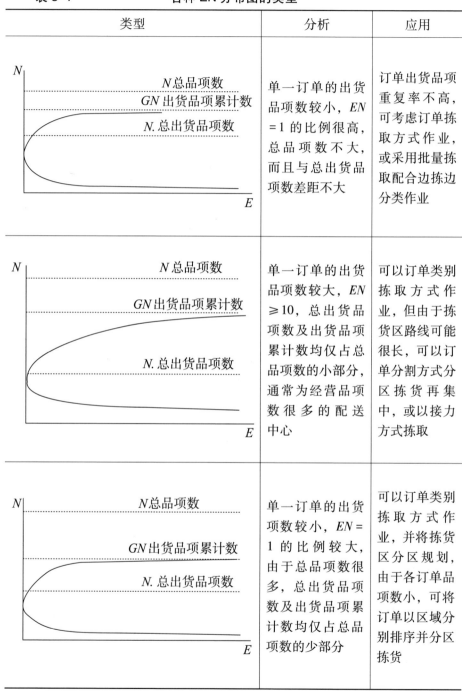	单一订单的出货品项数较小，$EN=1$ 的比例很高，总品项数不大，而且与总出货品项数差距不大	订单出货品项重复率不高，可考虑订单拣取方式作业，或采用批量拣取配合边拣边分类作业
	单一订单的出货品项数较大，$EN \geqslant 10$，总出货品项数及出货品项累计数均仅占总品项数的小部分，通常为经营品项数很多的配送中心	可以订单类别拣取方式作业，但由于拣货区路线可能很长，可以订单分割方式分区拣货再集中，或以接力方式拣取
	单一订单的出货项数较小，$EN=1$ 的比例较大，由于总品项数很多，总出货品项数及出货品项累计数均仅占总品项数的少部分	可以订单类别拣取方式作业，并将拣货区分区规划，由于各订单品项数小，可将订单以区域分别排序并分区拣货

续　表

类型	分析	应用
	单一订单的出货品项较大，而产品总品项数不多，出货品项累计数较总出货品项数大出数倍并较总品项数多	订单出货品项重复率高，可以批量拣取方式作业，另需参考物性及物流量大小决定于拣取时分类或拣出后再分类
	单一订单的出货品项数较大，而产品品项数也多，出货品项累计数较总出货品项数大出数倍，并较总品项数多	可考虑以批量拣取方式作业，但是若单张订单品项数多且重复率不高，需考虑分类的困难度，否则可以订单分割方式拣货为宜

（4）IK 分析。IK 分析主要分析产品类别出货次数的分布，有助于了解产品类别的出货频率，主要功能是配合 IQ 分析决定仓储与拣货系统的选择。当储存、拣货方式决定后，有关储区的划分及储位配置模式，均可以 IK 分析的结果作为规划参考的依据，基本上仍以 ABC 分析为主要逻辑架构，决定储位配置的原则。IK 分布图类型如表 3-8 所示。

表 3-8   各种 IK 分布图的类型

类型	分析	应用
	为一般配送中心常见模式，由于量分布趋两极化，可利用 ABC 做进一步分类	规划时可依产品品项划分储区及储位配置，A 品项可全部接近出入口或设置在便于作业的位置及楼层，以缩短拣货员的行走距离，若品项多时可考虑作为订单分割的依据来分别拣货
	大部分产品出货次数相近，仅少部分有特大量及特小量	大部分品项出货次数相近，因此储位配置需依物性决定，少部分特异量仍可依 ABC 分类决定配置位置，或以特别储区规划

（5）IQ 及 IK 交叉模式分析。将 IQ 及 IK 以 ABC 分析分类之后，可为拣货策略的决定提供参考依据，如图 3-1 所示，所得到的 IQ 及 IK 交叉模式分析如表 3-9 所示，依其品项分布的特性，可将物流中心规划为以订单类别拣取或批量拣取的作业形态，或者以分区混合处理方式运作的作业形态。实际上拣货策略的决定，仍需视品项数与出货量的相对量做出判断。

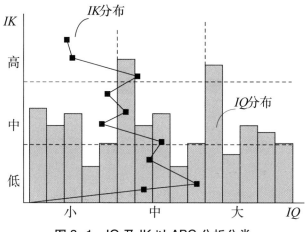

图 3-1　IQ 及 IK 以 ABC 分析分类

表 3-9　　　　　　　　　　　IQ 及 IK 交叉模式分析

IK	IQ		
	高	中	低
高	可采用批量拣货方式，再配合分类作业处理	可采用批量拣货方式，视出货量及品项数是否便于拣取时分类方式处理	可采用批量拣货方式，并以拣取时分类方式处理
中	以订单类别拣取为宜	以订单类别拣取为宜	以订单类别拣取为宜
低	以订单类别拣取为宜，并集中于接近出入口位置处	以订单类别拣取为宜	以订单类别拣取为宜，可考虑分割为零星拣货区

第三节　物流网络规划方法

　　物流网络规划方法是物流系统规划的重要组成部分，其主要目的是为物流活动的开展提供支持。物流网络规划需要考虑多方面的因素，如交通网络、设施条件、物流成本、配送效率等。本节将对物流网络规划的基本概念、物流网络选址、物流网络规划设计以及物流网络规划相关数学模型进行详细阐述。

一、物流网络规划的基本概念

物流网络是指物流系统中各个节点之间相互关联的网络结构。其中，节点是指供应商、生产商、配送中心、销售商等物流系统中的实体单位。网络则是将这些节点之间的联系进行整合和优化所形成的网络结构。物流网络的规划是实现物流高效、低成本、高品质服务的关键环节。

物流网络规划的基本目的是确定物流网络的节点布局、路线选择、配送方式、运输调度等，以优化物流服务的质量和效率。在物流网络规划中，需要考虑的因素包括交通网络、设施条件、物流成本、配送效率等，因此需要运用多种工具和方法进行分析和优化。

二、物流网络选址

物流网络选址是指在物流系统规划中确定物流节点的地理位置。合理的物流节点选址可以优化物流网络的布局，提高物流服务质量和效率。物流网络选址的过程包括选址条件分析、候选地区筛选、最优选址确定三个步骤。下面主要介绍前两个步骤。

（1）选址条件分析。选址条件分析是指根据物流服务需求和条件，确定选址所需满足的条件。这些条件包括交通网络条件、设施条件、市场需求等。交通网络条件包括交通路网、交通流量、交通运输方式等；设施条件包括场地面积、建筑面积、配备设施等；市场需求包括销售市场规模、消费者需求、竞争情况等。选址条件分析的目的是确定选址所需满足的条件，为后续的候选地区筛选提供依据。

（2）候选地区筛选。候选地区筛选是指根据选址条件分析，筛选出符合要求的候选地区。候选地区应满足选址条件分析所确定的条件，并且具有一定的物流优势。候选地区筛选的目的是缩小选址范围，为最优选址提供可行性方案。

三、物流网络规划设计

物流网络规划设计是指基于物流需求和资源条件，确定物流网络的布局、结构和运营方式，以达到最优的物流服务水平和成本效益的目标。物流网络规划设计是物流系统规划的重要环节，它关系到物流系统的效率、成本和服务质量等方面，直接影响企业的竞争力和盈利能力。在物流网络规划设计中，需要考虑以下因素。

（1）物流中心的选址。物流中心的选址需要考虑到货源、市场、物流成本、交通状况、环境因素等。常用的选址方法包括层次分析法、熵权法、研究区域的多目标决策方法等。

（2）物流网络设计。在物流网络设计中需要考虑物流中心的布局、交通运输模式、配送路线、运输成本、环保要求等因素。物流网络设计通常采用数学模型来求解最优解，比如线性规划、整数规划、动态规划等。

（3）物流设备的配置。在物流设备的配置中，需要考虑到物流设备的数量、型号、规格等，以及设备的布局、维护和更新等因素。物流设备的配置可以采用仿真技术和优化算法等进行优化设计。

（4）信息系统建设。信息系统建设涉及物流管理系统、供应链管理系统、电子商务平台等。通过信息系统建设，可以实现物流信息的共享、协同和优化，提高物流效率和降低物流成本。

四、物流网络规划相关数学模型

物流网络规划需要建立数学模型来描述和优化物流系统的运营。物流网络规划模型可以根据不同的目标和约束条件，分为以下几种不同的模型。

（1）整数线性规划模型。整数线性规划模型是物流网络规划中应用最广泛的模型之一。它通常用于求解物流网络的最优布局、最优运输路径等问题。这种模型需要将决策变量和目标函数建立为线性关系，并加入整数限制条件。整数限制条件是指变量的取值只能是整数。整数线性规划模型可以使用常见的优化软件（如 CPLEX、Gurobi、MATLAB 等）进行求解。

（2）最小生成树模型。最小生成树模型是一种基于图论的数学模型，它通常用于解决物流网络中的最小路径问题。该模型将物流网络看作一张有向图，节点代表供应商、生产商、销售商等；边代表物流流动路径；边的权值代表物流成本或时间。最小生成树模型的目标是找到一棵边权和最小的生成树，使物流网络中所有节点都能被连接，从而实现物流路径的优化。

（3）费用流模型。费用流模型是一种基于网络流理论的数学模型，它用于解决物流网络中的流量分配问题。该模型将物流网络看作一个带权有向图，节点代表供应商、生产商、销售商等；边代表物流流动路径；边的权值代表物流成本或时间。费用流模型的目标是通过最小化物流网络中的总成本或最大化物流网络中的总收益，实现物流网络中的流量优化。

（4）多目标规划模型。多目标规划模型是一种适用于物流网络规划的复杂数学模型。在物流网络规划中，存在多个目标，如最小化成本、最大化效益等。多目标规划模型可以同时考虑这些目标，并通过最优化算法求解一组最优解。这种模型通常需要考虑各种限制条件，如产能、运输能力、时间窗等。

（5）非线性规划模型。非线性规划模型通常用于解决物流网络规划中的非线性问题。这种模型可以处理一些复杂的、非凸的、非光滑的问题。例如，它可以用于优化不同的配送路线，使总的配送时间最短，同时考虑不同路线上的交通流量、交通堵塞等影响因素。

在物流网络规划中，还需要考虑其他一些因素，如成本和风险等。成本是指建立和运营物流网络所需的资金、设备和人力成本等，其中最主要的是运输成本。而风险则包括供应链风险、运输风险等，这些风险可能导致物流网络的故障和中断，影响物流系统的运作效率。因此，在物流网络规划中需要进行风险评估和管理，以保证物流系统的可靠性和稳定性。总之，物流网络规划是一个非常复杂的过程，需要综合考虑多个因素，包括物流网络的基本概念、选址、规划设计、数学模型、成本和风险等。随着物流系统技术的不断发展和创新，物流网络规划的方法和工具也在不断地更新和优化。

第四节　物流系统仿真方法

物流系统仿真是一种通过建立计算机模型，对物流系统进行虚拟化仿真的技术，可以实现对物流系统运营过程的分析、优化和决策支持。在物流系统规划、设计和运营管理等方面，物流系统仿真技术可以提供实验平台，通过模拟各种情况的运营过程，评估不同策略和方案的效果，帮助决策者做出科学、合理的决策。

一、系统仿真概念

系统仿真是一种通过计算机技术构建实体系统的虚拟模型，以实现对该实体系统运行行为、性能和特性的模拟分析、优化和决策支持的方法。它是一种基于计算机技术的模拟分析方法，将复杂的实体系统抽象为数学模型，模拟系统的运行过程，并进行数据分析和模拟结果的评估，从而为实体系统的设计、优化和决策提供支持。

系统仿真可以模拟各种实体系统，包括工业生产线、供应链网络、物流系统、交通运输系统、能源系统、医疗保健系统、金融系统等。通过系统仿真，可以分析实体系统在不同条件下的运行行为和性能，预测系统的运行结果和影响，并对系统进行优化和决策支持。系统仿真分为连续仿真和离散仿真两种类型。连续仿真是一种通过求解微分方程或偏微分方程来模拟系统的动态行为的仿真方法，它适用于模拟连续的时间和空间过程，如流体力学、热传导等；离散仿真是一种基于事件驱动的仿真方法，它模拟离散事件系统的行为，如工厂生产线上的零件流动、供应链网络中的订单流程等。

二、系统仿真建模

系统仿真建模是系统仿真的重要组成部分，它是将真实的系统抽象为模型，并通过模型的仿真实验，模拟系统的行为和性能。在模型的构建过程中，需要根据实际情况对系统进行合理的抽象和简化，以便于建立合适的数学模型。一般来说，系统仿真建模的过程包括以下几个方面。

（1）系统边界的定义。系统边界的定义是系统仿真建模的第一步，它决定了建模的范围和目标。系统边界可以是物理边界，也可以是功能边界。

（2）系统参数的确定。系统参数是建模的基础，确定系统参数需要了解系统的结构和运行机制。系统参数包括输入参数和输出参数，输入参数是系统的控制变量，输出参数是系统的观测变量。

（3）系统状态的定义。系统状态是系统的关键变量，用于描述系统的行为和性能。系统状态包括系统的物理状态和逻辑状态，它们是仿真模型的核心内容。

（4）数学模型的建立。数学模型是仿真模型的核心部分，数学模型的建立需要根据系统的特点选择合适的数学方法，包括微积分、线性代数、概率论、统计学等。

（5）仿真实验的设计。仿真实验是对建立的数学模型进行验证和优化的过程，它需要设计合适的实验方案，并确定仿真实验的参数和输出指标。

系统仿真建模的难点在于如何对系统进行合理的抽象和简化，这需要深入了解系统的结构和运行机制，也需要具备一定的数学建模能力。在建模过程中，还需要注意模型的准确性、可靠性和可验证性，确保模型能够真实反映系统的行为和性能。系统仿真建模是系统仿真的核心技术，它为研究复杂系统提供了一种有效的手段。通过建立合理的数学模型和设计合适的仿真实验，可以对系统进行深入的分析和优化，为实际应用提供科学依据。

三、物流系统建模

物流系统建模是指将物流系统中的各个组成部分，包括物流设施、物流流程、人员、物流信息等，抽象出来建立一个数学模型，以便对物流系统进行分析、评估、优化和决策。物流系统建模是物流系统规划和管理的基础和核心，它可以为物流系统的运营提供决策支持、优化方案和风险评估等方面的帮助。物流系统建模的基本步骤包括确定模型目标、建立模型框架、选择模型方法、数据采集和处理、模型求解和分析等。

第一，确定模型目标是物流系统建模的首要任务，目标的确定需要考虑物流系统的特点、瓶颈和改进方向等。在物流系统建模中，常见的目标包括降低物流成本、提高物流效率、减少物流风险等。

第二，建立模型框架是根据物流系统的特点和目标确定模型的范围和结构，建立数学模型的核心内容。在物流系统建模中，通常采用网络流模型、决策树模型、随机过程模型等多种模型，以达到准确、简洁和实用的目的。

第三，选择模型方法是根据建立的模型框架选择合适的数学方法进行求解。在物流系统建模中，常用的方法包括线性规划、整数规划、动态规划、蒙特卡罗模拟等，不同的模型和目标需要采用不同的方法。

第四，数据采集和处理是物流系统建模的基础，它直接影响模型的准确度和可靠性。在物流系统建模中，数据采集和处理需要关注物流系统的各个方面，包括物流设施、物流流程、人员和信息等，以便对物流系统进行全面和系统的分析。

第五，模型求解和分析是物流系统建模的核心环节，通过对建立的数学模型进行求解和分析，得出合理和实用的决策和优化方案。在物流系统建模中，需要结合实际情况，对求解结果进行分析和评估，以确保结果的可行性和可靠性。

物流系统建模是物流系统规划和管理的核心内容，它可以为物流系统提供决策支持、优化方案和风险评估等方面的帮助，是物流系统优化和提高效率的重要手段。物流系统建模在实际中具有广泛的应用，以下介绍几个常见的应用案例。

（1）物流中心运营模拟。物流中心是物流系统重要的组成部分，物流中心的高效运营对整个物流系统的运作具有重要的影响。因此，物流中心的运营模拟是常见的建模应用之一。通过建立物流中心运营模型，可以模拟不同运营方案的效果，评估各种调度策略的优劣，从而优化物流中心的运营效率和降低成本。

（2）供应链协同优化。供应链是一个典型的复杂系统，涉及多个环节和参与者。在供应链管理中，协同优化是提高整个供应链效率的关键。通过建立供应链协同优化模型，可以模拟不同的合作策略和流程，评估其对供应链绩效的影响，以达到优化整个供应链效率和降低成本的目的。

（3）运输路线优化。运输路线是物流系统中非常重要的一个环节，路线的优化可以大幅度降低物流成本和提高运输效率。通过建立运输路线优化模型，可以考虑不同的运输条件和因素，如距离、道路状况、货物特性等，寻求最优的运输路线方案，以达到最大化物流效益的目的。

（4）现代库存管理。库存是物流系统的重要组成部分，优化库存管理可以提高物流系统的效率和降低成本。通过建立库存管理模型，可以模拟不同的库存管理策略和方案，评估其对库存成本和客户服务水平的影响，以优化库存管理和提高物流效益。

物流系统建模在实际中具有广泛的应用前景，通过建立模型和进行仿真模拟，可以评估不同的策略和方案，优化物流系统的效率和降低成本，提高物流效益。

第五节　系统评价方法

系统评价方法与物流系统密切相关，因为物流系统本身就是一个复杂的系统，需要通过评价方法对其进行评估和优化。物流系统评价可以帮助决策者、管理者和利益相关者更好地了解物流系统的性能和特征，以便改进系统并提高其效率和竞争力。

一、系统评价方法的概念

从学术角度看，系统评价方法是指对一个系统、产品或服务进行定量或定性的评估和分析，以确定其是否满足预期目标和标准的一种方法。这种方法可以用于评价不同类型的系统、产品或服务，如信息技术系统、医疗设备、工业生产线等。系统评价方法可以帮助决策者、管理者和利益相关者更好地了解系统的性能和特征。

从学术角度看，系统评价方法通常涉及以下几个方面。

（1）目标和指标的确定。系统评价方法需要明确评价的目标和指标，以便进行有针对性的评价和分析。

（2）数据收集和分析。系统评价方法需要收集系统相关的数据，并对数据进行分析和处理，以便得出准确的评价结果。

（3）评价标准和方法的选择。系统评价方法需要选择合适的评价标准和方法，以便得出可靠的评价结果。

（4）结果的解释和应用。系统评价方法需要解释和应用评价结果，以便决策者、管理者和利益相关者能够了解评价结果的含义和影响。

综上所述，系统评价方法是一种科学、系统和定量的评价方法，可以帮助决策者、管理者和利益相关者更好地了解系统的特征和性能，以便做出更加明智的决策。

二、物流系统规划评价体系

物流系统规划评价体系是指评价和衡量物流系统规划质量、可行性和可持续性的方法、工具和指标。它是制定和实施物流系统规划的重要手段，能够帮助决策者和规划者更好地理解物流系统的现状和未来趋势，制定出更具针对性和可操作性的规划方案，提高物流系统的效率和竞争力。本文将从物流系统规划的概念、重要性、评价指标、评价方法等方面进行综述，以期为读者深入理解和应用物流系统规划评价体系提供帮助。

物流系统规划是指在全面分析物流系统现状和未来趋势的基础上，制订出一系列的物流发展目标、战略和行动计划的过程。它包括对物流系统的需求和资源进行评估和分析，确定物流系统的规模、结构和配置，选择适当的物流技术和设备，建立物流网络和信息系统，以提高物流效率、降低物流成本和提高物流服务质量。物流系统规划的目的是实现物流系统的整体规划、协调和优化，满足社会经济发展的需要和市场的需求，提高物流服务水平和效率，推动经济的可持续发展。它是一个复杂的过程，需要综合考虑多个因素的相互作用和影响，包括市场需求、运输设施、货物流向、物流技术和信息系统等方面。

物流系统规划对于物流企业和整个社会经济发展都具有重要意义，具体表现在以下几个方面。

（1）提高物流效率和降低物流成本。物流系统规划可以通过对物流系统的优化设计和资源配置，提高物流效率和降低物流成本，从而提高物流企业的竞争力和盈利能力。

（2）促进物流服务水平的提高。物流系统规划可以针对市场需求和用户需求，优化物流服务的流程和质量，提高物流服务水平，增强物流企业的市场影响力和品牌价值。

（3）推动经济的可持续发展。物流系统规划可以通过合理利用资源和减少环境污染等手段，推动经济的可持续发展，为社会和人类环保做出贡献。

（4）促进区域协调发展。物流系统规划可以通过物流网络的布局和优化，促进区域协调发展，提高物流效率和减少物流时间成本。

（5）提升物流业的整体水平。物流系统规划可以提升物流业的整体水平，推动物流业的良性发展，促进行业的健康竞争和协同发展。

为了对物流系统规划的质量、可行性和可持续性进行评价和衡量，需要制定科学、客观和全面的评价指标。以下是物流系统规划的主要评价指标。

（1）经济指标。经济指标是衡量物流系统规划质量的重要指标，它们的变化会直接影响物流企业的盈利能力和市场竞争力，包括物流成本、物流收益、物流投资回报率、物流绩效指标、物流成果等。

（2）环境指标。环境指标是衡量物流系统规划可持续性的重要指标，它们的变化会对环境保护和人民健康产生影响，包括能源消耗、废气排放、废水排放、噪声污染等。

（3）社会指标。社会指标是衡量物流系统规划社会效益的重要指标，它们的变化会影响社会稳定和民生福祉，包括物流服务水平、物流安全、人口流动、就业机会等。

（4）技术指标。技术指标是衡量物流系统规划技术含量和技术创新能力的重要指标，它们的变化会影响物流效率和服务水平，包括物流设备技术、物流信息技术、物流管理技术等。

（5）市场指标。市场指标是衡量物流系统规划市场前景和竞争力的重要指标，它们的变化会影响物流企业的市场地位和盈利能力，包括物流市场需求、市场规模、市场占有率等。

物流系统规划评价方法是指利用各种方法和工具，对物流系统规划质量、可行性和可持续性进行评价和衡量的方法。以下是常用的物流系统规划评价方法。

（1）层次分析法。层次分析法是常用的物流系统规划评价方法，它是一种将复杂问题分解成层次结构，按照不同层次之间的关系，通过定量化和定性化分析，确定问题解决方案的方法。该方法适用于多目标、多因素、多层次的物流系统规划评价。

（2）熵权法。熵权法是一种综合评价方法，它可以将各个指标的重要程度转化为权重，从而对物流系统规划进行综合评价。该方法适用于指标之间相互独立、数量级差异较大的情况。

（3）灰色关联分析法。灰色关联分析法是一种在小样本、信息不确定的情况下，确定影响因素与评价指标之间关系的方法。该方法可以评价物流系统规划的可行性和可持续性。

（4）灰色系统理论。灰色系统理论是一种新的系统理论，可以从灰色信息中提取有效信息，建立模型，分析和预测物流系统规划的发展趋势。该方法适用于物流系统规划的综合评价和决策分析。

（5）模糊综合评价法。模糊综合评价法是一种利用模糊数学理论进行多目标决策分析的方法。该方法可以处理信息不确定、主观性强、评价指标之间相互关联的情况。

（6）数据包络分析（DEA）方法。DEA 方法是一种用于衡量物流系统规划效率和绩效的方法。该方法可以确定物流系统规划的最优方案和效率水平，帮助物流企业提高资源利用效率和市场竞争力。

以上方法都可以用于物流系统规划评价，在实际应用中可根据具体情况选择合适的方法和指标进行评价和衡量。

综上，物流系统规划评价是一个复杂的过程，需要综合考虑多个因素和指标。评价指标的设计和选择应该符合实际情况和发展趋势；评价方法的选择应该适合评价对象的特点和规模。在评价过程中，还应该注重科学性、客观性和全面性，避免主观臆断和片面性评价，以便为物流系统规划提供科学、合理和可行的方案。

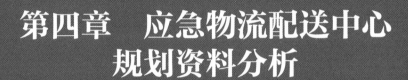

第四章　应急物流配送中心规划资料分析

要建造一个设施完善、规划合理、效率优先的应急物流配送中心，物流系统规划设计是决定其成败的关键。一般来说，应急物流配送中心的规划设计分为前期调研、资料准备和系统规划设计三个阶段，前期调研阶段包括针对特定应急机制需求调研、先进技术咨询等；资料准备阶段包括基础规划资料收集与分析、立项选址与功能规划等；系统规划设计包括设施设备规划设计、功能区域布置设计、信息系统设计及详细方案设计等。其中基础规划资料收集与分析是系统设计的前提。影响应急物流配送中心系统规划的要素主要包括：①配送的对象和客户（Entry，E）；②配送货品的种类（Item，I）；③配送货品的数量或库存量（Quantity，Q）；④配送的路线（Route，R）；⑤物流服务水平（Service，S）；⑥物流的交货时间（Time，T）；⑦配送货品的价值或建造的预算（Cost，C）。

本章将详细介绍应急物流配送中心规划的基础资料的内容与分析方法，全面系统地介绍 EIQ 分析技术及其应用。

第一节　应急物流配送中心规划
资料分析概述

一、应急物流配送中心规划基础资料

在应急物流配送中心规划初期，首先应针对企业进行基础资料的收集与需求调查。收集的方法包括现场访谈记录及厂商使用资料表格的收集，另外对于规划需求的基础资料，也可借助事前规划好的需求分析表格，要求使用单位填写完成。对于表格中厂商未能翔实填写的重要资料，规划人员须通过访谈与实地勘察测量等方法自行完成。基础资料分为两大类：现行作业资料及未来规划需求资料。

1. 现行作业资料

基本营运资料：包括业务形态、营业范围、营业额、人员数、车辆数、上下游点数分布等。

商品资料：包括商品形态、分类、品项数、供应来源、保管形态等。

订单资料：包括订购商品种类、数量、单位、订货日期、交货日期、订货厂商等资料，最好能包含一个完整年度的订单资料，以及历年订单以月别或年别分类的统计资料。

物品特性资料：包括物态、气味、温度、湿度、腐蚀变质特性、装填性质等包装特性资料；物品重量、体积、尺寸等包装规格资料；商品储存特性、有效期限等资料。包装规格部分另须区分单品、内包装、外包装单位等可能的包装规格。另外配合通路要求，有时也须配合进行收缩包装，也包括非标准单位的包装形式。

销售资料：包括依地区别、商品别、通路别、客户别及时间别分别统计的销售额资料，并可依据相关产品单位换算为同一计算单位的销售量资料。

作业流程：包括一般物流作业（进货、储存、拣货、补货、流通加工、出货、运输配送等）、退货作业、盘点作业、仓储配合作业（移仓调拨、单元器具回收、废弃物回收处理）等作业流程情况。

业务流程与使用单据：包括接单、订单处理、采购、拣货、出货、配派车等作业及相关单据流程，以及其他进销库存管理、应收与应付账款系统等作业。

厂房设施资料：包括厂房仓库使用来源、厂房大小与布置形式、地理环境与交通状况、使用设备主要规格、产能与数量等资料。

人力与作业工时资料：包括人力组织架构、各作业区使用人数、工作时数、作业时间与时序分布。

物料搬运资料：包括进、出货及在库的搬运单位，车辆进、出货频率与数量，进、出货车辆类型与时段等。

供货厂商资料：包括供货厂商类型、供货厂商规模及特性、供货厂商数量及分布、送货时段、接货地需求等。

配送据点与分布：包括配送通路类型，配送据点的规模、特性及分布，卸货地状况、交通状况，收货时段选择，特殊配送要求等。

2. 未来规划需求资料

营运策略与中长期发展计划：需配合企业使用者的背景、企业文化、未来发展策略、外部环境变化及政府政策等必要因素。

商品未来需求预测资料：依目前成长率及未来发展策略预估未来成长趋势。

品项数量的变动趋势：分析企业使用者在商品种类、产品规划上可能的变化及策略目标。

可能的预定厂址与面积：分析是否可利用现有厂地或有无可行的参考预定地，或是需要另行寻找合适区域及地点。

作业实施限制与范围：分析配送中心经营及服务范围，是否需包含企业使用者所有营业项目范围，或仅以部分商品或区域配合现行体制方式运作实施，以及是否需考虑有无新事业项目或单位的加入等因素。

附属功能的需求：分析是否需包含生产、简易加工、包装、储位出租或考虑福利、休闲等附属功能，以及是否需配合商流与通路拓展等目标。

预算范围与经营模式：企业使用者需预估可行的预算额度范围及可能的资金来源，必要时必须考虑独资、合资、部分出租或与其他经营者合作的可能性，另外也可对建立策略联盟组合或以共同配送的经营模式加以考虑。

时程限制：企业使用者需预估计划执行年度、预期配送中心开始营运年度，以及是否以分年、分阶段的方式实施及其可行性。

预期工作时数与人力：预期未来工作时数、作业班次及人力组成，包括正式、临时及外包等不同性质的人力编制。

未来扩充的需求：需了解企业使用者扩充弹性的需求程度及未来营运策略可能的变化。

二、需求资料分析内容

基础资料的整理和分析，可以为规划设计阶段提供参考依据。分析方法包括定量和定性两种方法，定量分析包括储运单位分析、物品物性分析和 EIQ 分析。定性分析包括作业时序分析、人力需求分析、作业流程分析、作业功能需求分析、业务流程分析。

一般规划分析者容易犯的错误是无法确定分析的目的，仅将收集获得的资料做一番整理及统计计算，最后只得到一堆无用的数据与报表，却无法与规划设计的需求相结合。因此在资料分析的过程中，建立合理的分析步骤并有效地掌握分析数据是规划成功的关键。以下说明一些重要的分析工具及方法，以及其应用范围与分析步骤。

第二节　应急物流物品特性
与存储单元分析

一、应急物流的 PCB 分析

物流系统的各个作业（进货、拣选、出货）环节，均是以各种包装单位作为作业的基础。每一个作业环节都需要人员、设备的联动参与，即每移动一种包装单位或转换一种包装单位都必须使用设备、系统与人力资源，而且不同的包装单位可能有不同的设备、人力需求。因此掌握物流过程中的单位转换较为重要，需要将这些包装单位要素加入 EIQ 进行分析。

所谓 PCB 分析，即以配送中心的各种接受订货的单位来进行分析，对各种包装单位的 EIQ 资料表进行分析，以得知物流包装单位特性。

一般来说，在进行 EIQ 分析时，如能配合相关物性、包装规格及特性、储运单位等因素，进行关联及交叉分析，则更易于对仓储及拣货区域进行规划。结合订单出货资料与物品包装储运单位的 EIQ-PCB分析，即可将订单资料以 PCB 的单位加以分类，再按照各类别分别进行分析。

一般企业的订单资料中含有各类出货形态，如订单中包括整箱与零散两种类型同时出货，以及订单中仅有整箱出货或仅有零星出货。

为了将仓储与拣货区进行适当的规划，必须将订单资料依出货单位类型加以分割，以正确计算各区实际的需求。常见于物流系统的储运单位组合形式如表 4-1 所示。

表 4-1　　　　常见于物流系统的储运单位组合形式

入库单位	储存单位	拣货单位
P	P	P
P	P、C	P、C
P	P、C、B	P、C、B
P、C	P、C	C
P、C	P、C、B	C、B
C、B	C、B	B

二、应急物流物品特性分析

其他物品特性资料也是产品分类的参考因素，如依储存保管特性分为干货区、冷冻区及冷藏区；或依产品重量分为重物区、轻物区；依产品价值分为贵重物品区及一般物品区等。一般基本特性与包装单位的分析要素如表 4-2 所示。

表 4-2　　　　一般基本特性与包装单位的分析要素

特性	资料项目	资料内容			
物料性质	1. 物态	□气体	□液体	□半液体	□固体
	2. 气味特性	□中性	□散发气味	□吸收气味	□其他
	3. 储存保管特性	□干货	□冷冻	□冷藏	
	4. 温湿度需求特性	_____℃，_____%			
	5. 内容物特性	□坚硬	□易碎	□松软	

续　表

特性	资料项目	资料内容
物料性质	6. 装填特性	□规则　　□不规则
	7. 可压缩性	□可　　　□否
	8. 有无磁性	□有　　　□无
	9. 单品外观	□方形　□长条形　□圆筒　□不规则形　□其他
单品规格	1. 重量	_____（单位：_____）
	2. 体积	_____（单位：_____）
	3. 尺寸	____（长）×____（宽）×____（高）（单位：____）
	4. 物品基本单位	□个　　□包　　□条　　□瓶　　□其他
基本包装单位规格	1. 重量	_____（单位：_____）
	2. 体积	_____（单位：_____）
	3. 外部尺寸	____（长）×____（宽）×____（高）（单位：_____）
	4. 基本包装单位	□个　　□包　　□条　　□瓶　　□其他
	5. 包装单位个数	_____（个/包装单位）
	6. 包装材料	□纸箱　　□捆/包　　□金属容器　　□塑料容器 □袋　　□其他
外包装单位规格	1. 重量	_____（单位：____）
	2. 体积	_____（单位：____）
	3. 外部尺寸	____（长）×____（宽）×____（高）（单位：____）
	4. 基本包装单位	□托盘　　□箱　　□包　　□其他
	5. 包装单位个数	____（个/包装单位）
	6. 包装材料	□包膜　　□纸箱　　□金属容器　　□塑料容器 □袋　　□其他

第三节　应急物流配送中心规划分析步骤

EIQ 分析步骤如图 4-1 所示。

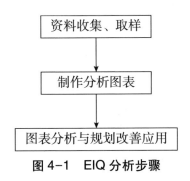

图 4-1　EIQ 分析步骤

一、资料收集、取样

进行分析之前需先取得 EIQ 资料（EIQ 表上的资料或与 EIQ 表上的资料形态一样的档案），用一日或一月的 EIQ 资料进行分析，其分析步骤及结果的研究方法是一样的，因此以一日的资料分析来说明接下来的分析步骤。

二、制作分析图表

将收集到的 EIQ 资料，利用前面所提到的资料统计方法进行 EQ/EN/IQ/IK 及 PCB 等各类资料分析，并将分析数据加以图表化，这些数据、图表即 EIQ 的资料分析结果。表 4-3 列出了所有的分析图表。

表 4-3　　　　　　　　EIQ 资料分析一览表

类别	分析资料名称	资料形态	备　注
EIQ 分析	EIQ 资料	图表、档案	一日、一周或一月的资料
	排序后的 EIQ 资料	图表、档案	一日、一周或一月的资料
	EIQ 立体图	图表、档案	一日、一周或一月的资料
EQ 分析	EQ 分析	图表、档案	EQ 的 ABC 分析
	EQ 度数分析	图表、档案	
EN 分析	EN 分析	图表、档案	EN 的 ABC 分析
	EN 度数分析	图表、档案	
IQ 分析	IQ 分析	图表、档案	IQ 的 ABC 分析
	IQ 度数分析	图表、档案	
IK 分析	IK 分析	图表、档案	IK 的 ABC 分析
	IK 度数分析	图表、档案	
PCB 分析	P-EIQ	图表、档案	
	P-度数分析	图表、档案	
	C-EIQ	图表、档案	
	C-度数分布	图表、档案	
	B-EIQ	图表、档案	
	B-度数分布	图表、档案	
	EQ-PCB 分析	图表、档案	
	IQ-PCB 分析	图表、档案	
	PC-CB 分析	图表、档案	
	PC 度数分析	图表、档案	箱子拣取用托盘数
	CB 度数分析	图表、档案	散装拣取用箱子数

三、图表分析与规划改善应用

这些数据、图表反映了配送中心的性能和特征，如何应用这些分析资料尤为重要。就像医生从一些体检数据、图表得知病人的身体健康状况，判断是否生病等，然后再对症下药。

因此 EIQ 资料的应用需要多方分析（参考其他相关资料或实际状况）、多方比较（互相交叉使用）。看得越多、越广，越能了解实际状况，越有利于做出正确的决策。

第四节 基于数字物流架构的相关分析

随着数字化时代的到来，物流产业也在向数字化转型。数字物流架构是物流数字化转型的重要组成部分，它可以将物流企业的物流流程数字化，提高物流效率和管理水平，降低物流成本和风险。本节将从实体层和虚拟层两个层面来对数字物流架构的定义、特点和优势，以及数字物流架构与物流企业的关系等进行阐述和分析。

一、数字物流实体层资料分析

数字物流实体层是数字物流体系结构的重要组成部分，主要包括物流网络、物流设施、物流设备和物流资源等物流实体要素。数字物流实体层资料分析包括以下方面。

（1）物流网络数据分析：物流网络是数字物流实体层的一个重要组成部分，它包括物流配送中心、物流园区、物流枢纽等物流节点和物流通道。物流网络数据分析包括物流网络规划、物流节点选址、物流通道优化、物流运输路径规划等方面的分析。

（2）物流设施数据分析：物流设施是数字物流实体层的一个重要组成部分，它包括物流仓储设施、物流配送设施、物流码头等物流场所。物流设施数据分析包括物流设施的规划设计、布局优化、设施容量评估、设施配备等方面的分析。

（3）物流设备数据分析：物流设备是数字物流实体层中的重要组成部分，它包括物流装备、物流车辆、物流机械等物流工具和设备。物流设备数据分析包括物流设备的采购、配置、使用情况、维修保养等方面的分析。

（4）物流资源数据分析：物流资源是数字物流实体层的重要组成部分，它包括人力资源、物资资源、财务资源等物流资源要素。物流资源数据分析包括物流资源的规划管理、资源配置、资源利用效率等方面的分析。

数字物流实体层资料分析是数字物流实体层的一个重要工作，它通过对物流网络、物流设施、物流设备和物流资源等方面的数据分析，帮助物流企业进行物流规划、设施选址、设备采购、资源管理等方面的决策，提高物流效率和准确性，提高服务质量，降低物流成本和风险，提升物流企业竞争力。

二、数字物流虚拟层资料分析

数字物流虚拟层是数字物流体系结构的另一个重要组成部分，它主要包括物流信息、物流服务、物流模拟和物流优化等虚拟要素。数字物流虚拟层资料分析包括以下方面。

（1）物流信息数据分析：物流信息是数字物流虚拟层的一个重要组成部分，它包括物流运输信息、物流仓储信息、物流订单信息、物流跟踪信息等。物流信息数据分析包括物流信息的收集、分析、处理、应用等方面的分析。

（2）物流服务数据分析：物流服务是数字物流虚拟层中的一个重要组成部分，它包括物流服务的种类、范围、质量等。物流服务数据分析包括物流服务的需求、服务流程设计、服务质量评估等方面的分析。

（3）物流模拟数据分析：物流模拟也是数字物流虚拟层的重要组成部分，它通过建立数学模型和仿真系统，对物流流程进行模拟和分析。物流模拟数据分析包括模拟结果、模拟参数优化、模拟精度评估等方面的分析。

（4）物流优化数据分析：物流优化是数字物流虚拟层的重要组成部分，它通过对物流流程进行优化，提高物流效率和准确性。物流优化数据分析包括优化目标设定、优化算法设计、优化效果评估等方面的分析。

数字物流虚拟层资料分析是数字物流虚拟层的一个重要工作，它通过对物流信息、物流服务、物流模拟和物流优化等方面的数据分析，帮助物流企业进行物流信息管理、服务流程优化、流程模拟仿真、流程优化等方面的决策，提高物流效率和准确性，提高服务质量，降低物流成本和风险，提升物流企业竞争力。

数字物流架构是物流数字化转型的重要组成部分，它是将物流企业的物流流程、物流信息和物流资源通过数字技术进行数字化、标准化和集成化的一种系统架构。数字物流架构具有高度自动化、实时性、可视化和数据化等特点，能够提高物流效率和准确性，改善物流服务质量，提升物流企业竞争力，降低物流成本和风险。数字物流架构与物流企业密切相关，可以为物流企业提供数字化的物流流程和管理、实时的物流信息、可视化的物流信息管理和数据化的物流管理等方面的支持。

第五章　应急物流配送中心
总体规划

应急物流配送中心（以下简称配送中心）是以组织配送式销售和供应，执行实物配送为主要机能的流通型物流节点。应急物流配送中心的建设是基于物流合理化和发展市场两个需要而进行的。所以应急物流配送中心就是从事货物配备（集货、加工、拣选、分货、配货）和组织对用户的送货，以高水平实现销售和供应服务的现代流通设施。

应急物流配送中心是一个系统工程，其系统规划包括多方面的内容（见图5-1），具体应从物流系统、信息系统、运营系统三个方面进行规划。物流系统规划包括设施布置设计、物流设备规划设计和作

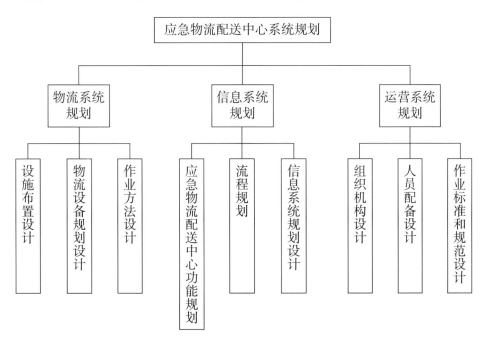

图5-1 应急物流配送中心系统规划内容

业方法设计；信息系统规划包括应急物流配送中心功能规划、流程规划及信息系统规划设计；运营系统规划包括组织机构设计、人员配备设计、作业标准和规范设计。应急物流配送中心通过系统规划，可以实现配送中心的高效化、信息化、标准化和制度化。

第一节　应急物流配送中心规划目标

在对配送中心进行总体规划前，首先需要对配送中心的基础资料进行分析，确定配送中心的规划目标，因为规划目标决定了配送中心预期的功能与基本限制条件。

配送中心的规划包括两个层次，一是确定配送中心的定位与物流策略；二是确定配送中心的规划目标，如图5-2所示。配送中心的定位与物流策略是策略性的方针；而规划目标则是在配送中心规划过程中可量化的指标，保证计划的有效执行。

一、应急物流配送中心的定位与物流策略

常规配送中心的物流策略与一般企业内的分销与生产策略相类似，分销提供物流的外在环境的需求，生产提供内部环境的需求。物流管理一方面直接面对下游客户的挑战，另一方面需兼顾生产（或上游供应源）的状况。配送中心要在市场中取胜，也必须确定一个最合理的定位与物流策略。

应急物流配送中心的定位与物流策略主要涉及以下五个方面。

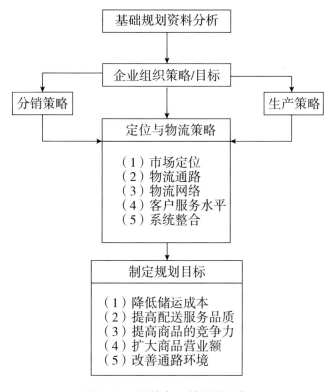

图 5-2　配送中心的规划目标

1. 市场定位

在进行配送中心的规划时，必须先确定配送中心的市场定位和客户群。不同类型的配送中心其规划的重点和方法有很大区别。一般需明确以下几个问题。

（1）服务内容：配送中心为客户提供的服务项目及其具体内容。

（2）服务地域范围：为某一城市服务还是为某一地区或者全国提供物流服务，对配送中心的规划影响很大。

（3）物品种类：物品种类千差万别，对于不同类别的物品，配送中心的规划思路和要点不同。一般高价值、时效强的物品，其配送中心较为复杂，需要先进设备和信息系统的支持。例如，电子元器件、汽车零配件、药品、图书音像制品、品牌日用消费品等，单位重量与体积的价值较高，物流服务的附加值也相应较高，配送中心的建设规格和投资一般较高。

（4）重点服务行业：一般包括电子行业、医药行业、出版行业、汽车行业、百货行业等，不同服务行业的配送中心，其流程和设备有不同的需求。

（5）客户群：同一个行业，同一类别的物品，其客户群的特征不同，对配送中心的规划也会产生很大影响，如制造企业、流通企业、电子商务企业，其对配送中心的功能需求和配送流程是全然不一样的。

2. 物流通路

明确配送中心的市场定位和客户群后，需要对配送中心的物流通路进行分析，明确配送中心在产销物流通路结构中的位置，分析上游供应源及下游配送点的特征。一般需进行以下几个方面的分析。

（1）客户对象是本企业体系内的单位还是其他企业？

（2）客户是制造商、中间批发商、经销商，还是末端的零售商？

（3）配送客户是独立经营的企业还是具有连锁性质的企业？

（4）上下游企业是开放性企业还是封闭性企业？

（5）是否随时有新客户产生？

上述几个方面将影响配送中心在物流通路中的作用与经营特性，也间接限制了配送中心区位的选择和内部规划。

配送中心类型与上下游点数分布关系如图5-3所示。制造商成品发货配送中心的服务对象就是企业本身，属于最单纯的配送中心，但随着厂内生产线的增加或外委作业的增加，其上下游点数的分布也增加；委托配送型配送中心的上下游点数分布具有开放性，随时可能增加或减少，而且点数多；快递货物配送中心的上下游点数分布均以个人为单位，上下游点数分布最为分散。由于企业特性与规模的差异，配送中心的类型一般不易明确区分，必须进行仔细分析，并根据企业的组织策略与目标来确定配送中心在通路结构中的功能定位。

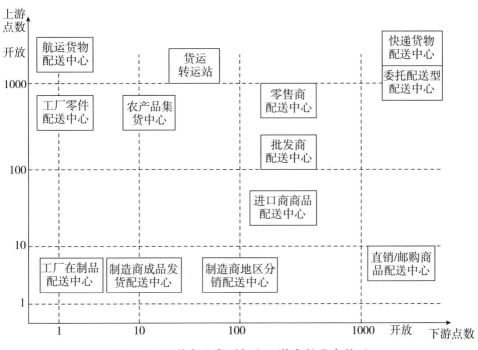

图 5-3　配送中心类型与上下游点数分布关系

3. 物流网络

关于物流网络的策略是确定配送中心的网点数量及布局。

就地理区位而言，在整个供应链物流通路的运作过程中，接近末端消费者的通路一般较多且分散，储运配送成本也相对较高，因此配送中心若以末端消费通路为主，应设在接近消费者的地区为宜；相反，若以上游原料或半成品的供应为主，则以接近生产工厂为宜。以末端消费通路为主的配送中心，由于距离与配送量分散，将使物流管理协调难度增加，反应速率降低，因此当各区营运量足够大时，可考虑分区设立配送中心以提高储运效率，但是若据点太过分散使各区均无足够的营运规模，则效率又将递减。在评估整个配送网络成本时，配送网络的分布与据点配置在各种成本与效益组合的方案中，必须取得平衡，并决定主要的区位与范围，以发挥最大的效益。

4. 客户服务水平

一般客户较为关心的物流服务项目主要以服务内容、时效、品质、成本、弹性、付款方式等为主，也包括接单后的处理时间、及时送货能力、可接受送货的频率、送货内容的正确性、是否配合上架作业、客户抱怨的响应、商品信息的提供等。以接单后的处理时间为例，可制定相应的目标，如90%的订单必须在一天完成出货或所有订单需在5天完成出货、重要客户的紧急订单必须在12小时内完成等。据一家企业对客户满意度的调查，其部分地区客户一般在下单1~3天可收到货品，其他地区客户则下单4天内可收到货品，时间比较固定，经调查，客户满意度以后者较高，因为稳定的订货前置期给予客户事前规划的机会，前者时间虽短，但后者可靠性更好。因此掌握客户实际需求来提高该项服务水平，要比盲目改善效率有意义。

若要满足所有客户的需求，其成本也会增加，即服务水平是与成本成正比的。而物流策略的最终目标是在合理的成本下提高客户的满意度，以达到最具竞争力的服务水平。因此在制定配送中心客户服务水平的策略目标时，应把握主要的客户群，并以其物流服务需求水平为目标。若满足中、小量的客户需求，可考虑折中方案或以部分外包方式作业，以取得物流成本与服务水平的平衡。物流成本与服务水平平衡的关键是客户及产品资料的有效分类，通过对客户贡献度及产品贡献度的分类分析，找出主要的服务客户与产品类型，并据此制定相应的服务水平。

5. 系统整合

配送中心主要实现从上游供应源到下游客户的流通服务过程，如果只是单纯作为储运连接的角色，则失去了整合功能，而信息技术的应用与系统整合，才是现代化配送中心运营的关键。因此，设置配送中心时需对系统整合的层次及范围进行界定，主要包括以下四个方面。

（1）作业层次：如储运作业的整合与标准化（托盘、储运箱与容器共同化）、配送运输作业整合（车辆共同化）、作业信息输入整合（条码化）、采购作业与订单信息传递［如电子数据交换（EDI）、电子订货系统（EOS）］等。

（2）作业管理层次：如库存、存货［如物料需求计划（MRP）、ABC 分级］、分销信息反馈与分析、出货订单排程、拣货工作指派等作业的规划管理。

（3）决策支持层次：如配派车系统、配送区域规划、物流成本分析与计费定价策略等。

（4）经营管理层次：策略联盟、联合采购、共同配送等企业间的资源整合，可按垂直整合、水平整合，或异业间的整合方向进行。流通行业通路整合的策略模式如图 5-4 所示。

一个配送中心除了具有内部管理系统的整合功能外，如能向整合客户及供货商的系统发展，并配合业务范围的整合，加强客户化及垂直化的服务功能（如部分代工、贴印条码、分装、容器流通回收、联合促销、信息共享与销售信息实时反馈等），将大大提高配送中心的物流服务附加价值，提高企业的竞争优势。而在企业整合与策略联盟

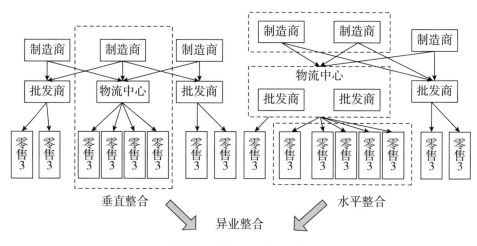

图 5-4　流通行业通路整合的策略模式

过程中，有效降低作业成本，提高企业间互惠互利的基础，也能增加配送中心运转规模与经济效益，这也是建设配送中心的原则之一。

二、应急物流配送中心的规划目标

明确配送中心的物流策略与定位后，就需要制定配送中心的具体规划目标。一般企业配送中心常见的规划目标有以下几个方面。

（1）降低物流成本。

（2）降低库存水平。

（3）提高客户服务水平。

（4）缩短物流作业周期。

（5）整合上下游通路环境。

（6）支持零售通路据点。

（7）降低物流作业错误率。

（8）提升物流服务竞争力。

（9）集中分散的处理量以产生规模经济效益。

（10）迅速掌握分销分配信息。

三、应急物流配送中心限制因素分析

在决定配送中心的规划目标、基本定位与策略功能后，还需考虑在实际规划时的限制因素，具体包括以下几个方面。

（1）预定时间进程。

（2）预期可使用的人力资源。

（3）预期使用年限。

（4）预算资金限制及来源。

（5）预定的设置地点及土地取得的可行性。

（6）预期投资效益的水平。

在配送中心的规划分析过程中，相关的考虑因素及决策条件均以本节提出的定位与物流策略、规划目标和限制因素为依据，其决定了配送中心预期的功能与规划方向。

四、应急物流配送中心基本规划条件的原则

应急物流配送中心规划的基本参数或要求应基本满足应急物流配送中心基本规划条件的原则，主要包括以下几个方面。

1. 基本储运单位的规划原则

EIQ 分析可决定配送中心内基本储运的单元负载单位，其目的是使储运单位易于量化及相互转换，并且使不同作业阶段的装载单位可以逐一确认。通常各区域的储运单位不尽相同，如进货时为托盘进货，储存时以箱储存，出货时则以箱或单品出货等。在此需强调，在

进行后续分析及配送中心各项设备规划时，必须先确定基本储运单位的规划。

2. 基本运转能力的规划原则

基本运转能力的规划原则包括进货区、仓储区、拣货区、出货区的基本运转能力的估计及规划。除需考虑基本作业需求量以外，也需配合作业弹性及未来成长趋势，而在此处所估计的运转能力为一个初估的参考值，当进入各区域的详细规划时，将逐步修正为比较实际的数值。

3. 自动化程度的规划原则

在对自动化需求、作业时序及基本运转能力分析的基础上，确定配送中心各类设备的自动化策略。根据实际需求及改善效益引入自动化设备，才能发挥自动化整合的作用。因此在制定配送中心的自动化水平时，规划者应慎重考虑。

第二节　应急物流配送中心区域设置

一、应急物流配送中心基本作业区域和外围辅助活动区域

应急物流配送中心的主要作业区域包括基本作业区域和外围辅助活动区域。基本作业区域的作业包括装卸货、入库、订单拣取、出库、出货等，通常具有流程性的前后关系；而外围辅助活动区域包括办公室、计算机室、维修间等。

1. 基本作业区域

确定应急物流配送中心的基本作业区域后，需建立完整的作业区域需求分析汇总表，并依据各项基础需求分析资料，考虑各区域的规划要点，确定各区域的功能及作业能力，完成作业区域的基本需求规划。配送中心基本作业区域需求分析汇总如表5-1所示。

表5-1　　　　配送中心基本作业区域需求分析汇总

序号	作业区域	规划要点		功能设定
1	装卸货平台	□进出货　　　□共享与否 □装卸货车辆进出频率 □有无装卸货物配合设施 □装卸货车辆回车空间 □供货厂商数量 □进货时段	□相邻与否 □装卸货车辆类型 □物品装载特性 □每车装卸货所需时间 □配送客户数量 □配送时段	
2	进货暂存区	□每日进货数量 □容器流通程度 □进货等待入库时间	□托盘使用规格 □进货点收的作业内容	
3	理货区	□理货作业时间 □品检作业时间 □有无拆码盘配合设施	□进货品检作业内容 □容器流通程度	
4	库存区	□最大库存量需求 □产品品项 □储位指派原则 □自动化程度需求 □储存环境需求 □物品周转效率	□物品特性基本资料 □储区划分原则 □存货管制方法 □产品使用期限 □盘点作业方式 □未来需求变动趋势	

序号	作业区域	规划要点		功能设定
5	拣货区	□物品特性基本资料 □每日拣出量 □订单分割条件 □客户订单数量资料 □有无流通加工作业需求 □未来需求变动趋势	□配送品项 □订单处理原则 □订单汇总条件 □订单拣取方式 □自动化程度需求	
6	补货区	□拣货区容量 □每日拣出量 □拣取补充基准	□补货作业方式 □盘点作业方式 □拣取补充基本量	
7	散装拣货区	□物品特性基本资料 □每日拣出量	□单品拣货需求量	
8	分类区	□出货频率 □每日拣出量 □配送点形式	□客户配送资料 □平均配送客户数量 □配送时段	
9	集货区	□出货频率 □每日拣出量 □配送点形式	□集货等待时间 □平均配送客户数量 □配送时段	
10	流通加工区	□流通加工作业项目 □流通加工作业数量	□流通加工作业时间	
11	出货暂存区	□出货等待时间 □品检作业时间 □配送对象 □配送点形式	□出货品检作业内容 □每日出货量 □平均配送客户数量 □配送时段	
12	称重作业区	□称重作业项目 □称重作业时间	□称重作业单位	

序号	作业区域	规划要点		功能设定
13	退货卸货区	□退货送回方式 □退货频率	□退货车辆类型 □退货数量	
14	退货处理区	□退货种类 □退货处理原则 □退货处理周期	□退货数量 □退货处理时间	
15	退货良品暂存区	□退货良品比例	□退货良品处理方式	
16	瑕疵品暂存区	□退货瑕疵品比例	□退货瑕疵品处理方式	
17	废品暂存区	□退货废品比例 □退货废品处理周期	□退货废品处理方式	
18	容器回收区	□流通中容器使用量 □容器回收处理时间	□容器规格与种类 □容器流通程度	
19	容器暂存区	□空容器存量 □容器规格与种类	□每日进出货容器用量	
20	容器储存区	□容器总使用量 □空容器存量	□流通中容器使用量 □容器规格与种类	
21	废纸箱暂存区	□每日废纸箱产生量	□废纸箱种类	
22	废料处理区	□废料处理方法	□废料处理量	
23	调拨仓储区	□调拨作业需求内容 □储区划分原则 □盘点作业内容	□调拨品项与数量 □调拨作业周期	

2. 外围辅助活动区域

配送中心外围辅助活动区域需求分析如表 5-2 所示。

表 5-2　　　　　配送中心外围辅助活动区域需求分析

序号	作业区域	规划要点		功能设定
1	厂区大门	□出入车辆类型 □门禁管制制度 □对外出入 □厂区入门	□车辆进出频率 □厂区联外道路的方位 □与出入门口是否区分	
2	警卫室	□警卫值勤项目 □员工差勤记录	□门禁管制作业 □保全需求	
3	厂区通道	□出入车辆类型	□车辆进出频率	
4	一般停车场	□员工车位使用人数 □实际可用面积与长宽比例	□停车角度与形式	
5	运输车辆停车场	□运输车辆临时停车需求数 □实际可用面积与长宽比例	□进出车辆频率 □进出货车辆类型	
6	环境美化区域	□厂区营业规模 □厂区照明考虑 □厂区用地类型与营业性质	□企业标志与形象 □厂区建筑屏蔽率	
7	厂房扩充区域	□厂商营业规模 □实际可用面积	□未来成长趋势 □厂区配置的形式	
8	厂房大门	□搬运设备类型 □物品保管与管制需求 □空调与通风的考虑	□搬运进出频率 □进出货月台布置形式	

续　表

序号	作业区域	规划要点		功能设定
9	大厅	□通行人数	□外宾来访需求	
10	走廊	□通行人数	□人员行走速度	
11	电梯间	□楼层数 □行人与物料是否共享	□楼层通行人数	
12	楼梯间	□楼层数	□楼层通行人数	
13	主要通道	□每日进出货流量 □搬运物料种类	□搬运车辆类型 □进出货口的位置	
14	辅助通道	□搬运车辆类型 □作业特性 □人员行走速度	□搬运物料种类 □通行人数	
15	主管办公室	□主管级人数	□组织架构	
16	一般办公室	□办公人员数量 □组织架构与管理模式	□办公桌椅排列形式	
17	总机室	□配合大厅入口位置		
18	会议室	□会议室使用人数	□演示文稿设备的需求程度	
19	训练教室	□训练教室使用人数	□训练教室设备需求程度	
20	计算机室	□计算机系统规模与功能 □网络与通信界面需求功能 □计算机设备数量		
21	档案室	□计算机档案储存量 □计算机档案保存周期	□报表保管量	

序号	作业区域	规划要点		功能设定
22	资料室	□数据量	□数据存取频率	
23	收发室	□文件收发数量	□收发作业时间	
24	设备维修间	□维修设备的类型与数量	□维修保养的作业内容	
25	工具室	□使用的工具类型与数量	□工具储存方法	
26	器材室	□使用的器材类型与数量	□器材储存方法	
27	物料存放间	□物料种类与存量	□办公事务用品种类与存量	
28	搬运设备停放区	□搬运设备类型 □作息时间的安排	□搬运设备数量	
29	机房与动力间	□压缩空气消耗量 □压力管线口径需求 □动力需求量	□压缩空气需求位置分布 □动力使用形式	
30	配电室	□电压相位需求规格 □电力消耗量	□厂区供电总能力 □电力需求分布	
31	空调机房	□温湿度需求范围 □作业人数	□设备发热量	
32	电话交换室	□电话网络需求数量	□电话需求分布	
33	安全警报管制室	□安全管制范围 □保全需求	□自动警报系统项目	

续　表

序号	作业区域	规划要点		功能设定
34	盥洗室	□各区男女员工人数	□各区作息时间安排	
35	休息室	□作息时段规划 □休闲康乐设施项目	□员工福利水平 □休息室使用人数	
36	医务室	□紧急救护的项目		
37	接待室	□接待厂商或客户的需求	□与主管办公室的配合	
38	司机休息室	□厂商司机使用休息室人数	□是否需管制厂商司机进入仓库区	
39	厨房	□员工福利水平 □用餐人数	□作息时间安排	
40	餐厅	□员工福利水平 □用餐人数	□作息时间安排	

二、应急物流配送中心的储区设置

应急物流配送中心储区是指一个可以独立进行储存或分拣作业的区域；储运模式是指该储区的进货储存单位和分拣出货单位的类型。由于配送系统的复杂性，配送中心一般由多个储区构成，每个储区具有不同的储运模式或者储存不同的物料，因此，各储区的物流设备也是不同的，需要根据每个储区的储运方式和拣选频率选择物流设备。

应急物流配送中心的储区设置包括基于储存条件的储区设置、基于储运模式的储区设置和基于出货频率的储区设置。

1. 基于储存条件的储区设置

应急物流配送中心中物料的储存条件包括温度/湿度、价值/危险条件、尺寸/重量等，需要分别从储存物料所要求的环境条件（温度/湿度）、储存物料本身的价值/危险条件、储存物料本身的尺寸/重量三个方面进行储区设置。基于储存条件的储区设置方法如图 5-5 所示。

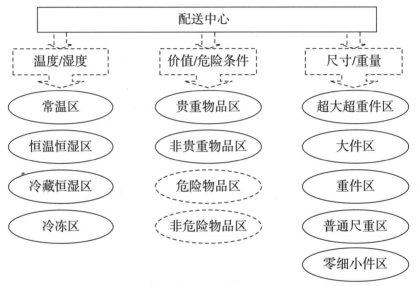

图 5-5 基于储存条件的储区设置方法

2. 基于储运模式的储区设置

在应急物流配送中心的储运过程中，物料的大小和形状是各式各样的，可利用各种集装单元把需要储运的物料装成一个单元，以便于搬运。应急物流配送中心内的集装单元常见的有托盘、货箱、料箱和其他容器。

一般，应急物流配送中心的出库包含整盘、整箱与零散出货。为了更好地规划仓储区与拣货区，必须将订单资料按出货单位类型加以分割，以准确计算各区实际的需求。应急物流配送中心常见的储运单位组合形式如图 5-6 所示。

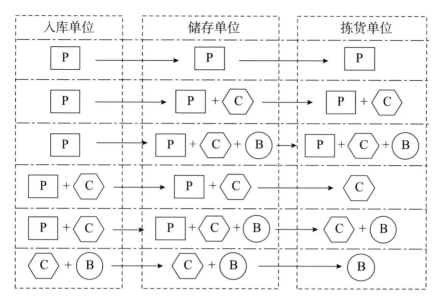

图 5-6　应急物流配送中心常见的储运单位组合形式

应急物流配送中心的储运模式主要包括 P→P、C→C、P→C、C→B 和 B→B 五种单一储运模式和 P→（P、C）、C→（C、B）和 P→（P、C、B）三种复合储运模式，储运模式的选择取决于配送中心订单的订货单位和订货量，根据应急物流配送中心的储运模式和物料出库频率进行储区配置。

根据出入库和拣货形态，依托基本储运模式对储存及分拣区域进行划分，如图 5-7 所示。

从图 5-7 可以看出，储区分为八类，分别为 PP 区、PC 区、P-PC 区、P-PCB 区、CC 区、CB 区、C-CB 区和 BB 区。其中 PP 区、CC 区、BB 区、PC 区、CB 区为单一模式储区，该类储区的入库单位和出库单位都是唯一的；P-PC 区、P-PCB 区、C-CB 区为复合模式储区，该类储区的入库单位是唯一的，但出库单位为两种或三种。

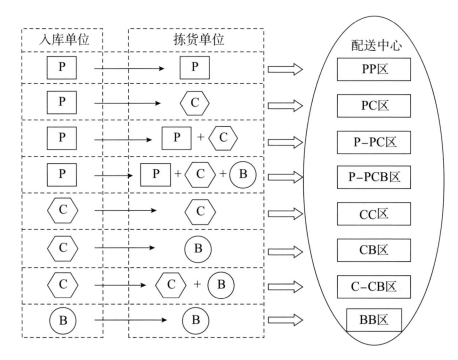

图 5-7　依托基本储运模式划分储存及分拣区域

3. 基于出库频率的储区设置

基于出库频率的储区设置思路是根据各种物料的出货频率，并结合包括物料相关性、先进先出等辅助决定因素进行储区划分，如图 5-8 所示，储存分拣区 A、B、C 出库频次依次降低。

在这种储区设置方法中，储区划分主要依据物料的出货频率，需要分别计算各物料的出货及分拣频率，根据频率的大小进行分类，按类别设置储区。

综上所述，配送中心的储区设置方法可分为按储存条件分区、按储运模式分区、按出库频率分区三个层次，从而形成层次化储区设置方法，如图 5-9 所示。

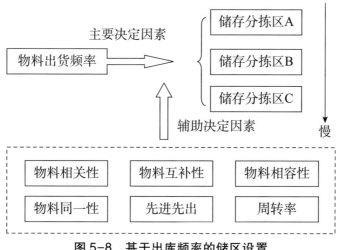

图 5-8　基于出库频率的储区设置

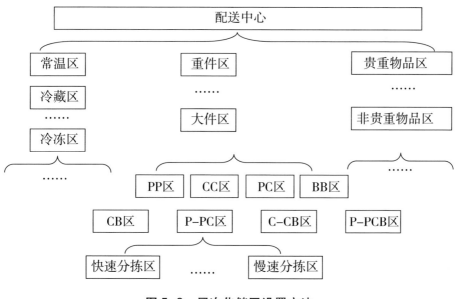

图 5-9　层次化储区设置方法

三、应急物流配送中心作业区域规划

应急物流配送中心作业区域规划是在重大事件或常态时期通用的确保货物流转高效、仓储操作无缝进行的关键环节。首先，对货物进行分类，按照特性、尺寸、重量等因素划分存储区域，以便于快速检索和管理。其次，合理规划拣货区，优化拣货路径，提高拣货效率；在作业区域中，设立专门的包装区域，确保订单在配送前经过标准化的包装流程，保证货物安全无损；装卸区域需要合理布局，以便于顺畅的货物装卸操作，减少搬运时间；交叉对接点是不同区域之间的连接点，需设计合理的通道和交叉点，避免交叉影响物流流程。再次，智能技术如 RFID、物联网等可用于监控库存情况，提高库存可视性。最后，应急物流配送中心作业区域规划的目标是最大限度地提高物流效率、降低成本，确保货物能够快速、精准地到达目的地。

例如，一家电商公司的物流配送中心采用先进方法进行作业区域规划，货物根据种类和尺寸被分配到不同的存储区域，利用自动化仓储系统进行快速检索；在拣货区域，采用智能拣选系统，通过最优路径规划，减少拣货员的步行距离，提高拣货效率；包装区域则配备自动包装设备，通过流水线进行标准化包装，确保包裹的安全和一致性；装卸区域利用自动化输送带和升降台，实现货物的高效装卸，减少人工搬运时间；交叉对接点采用智能传感器和导航技术，确保不同区域之间的顺畅衔接；整个物流中心还可以借助实时监控系统，利用 RFID 技术追踪库存状态，提高库存的可视性。通过这些现代化的作业区域规划，电商公司能够优化物流流程，实现更高效、精准的配送服务，提升客户满意度。

四、应急物流配送中心作业功能模块规划

应急物流配送中心作业功能模块规划是为了确保各项任务有序进行，提高效率。应急物流配送中心作业功能模块包括订单管理模块、

库存管理模块、拣选和包装模块、运输调度模块、反馈和监控模块。①订单管理模块负责接收、处理和跟踪订单信息。该模块需要与其他模块无缝衔接，以确保订单流程的透明度和及时性。②库存管理模块负责监控和更新库存状态。其通过自动化技术，可以实时追踪货物位置和数量，避免因错误库存信息导致配送延误。③拣选和包装模块是一个关键的功能模块。拣选模块通过智能路径规划，优化拣货过程，降低拣货时间；包装模块则确保标准化的包装流程，以提高包裹安全性和美观度。④运输调度模块负责优化车辆调度，确保货物以最经济、最快捷的方式送达目的地。该模块可以整合实时交通信息和路线规划算法，以最大限度地减少运输成本和时间。⑤反馈和监控模块能够实时监测整个配送流程，通过数据分析提供决策支持。该模块能够及时发现潜在问题，为不断优化物流流程提供有力依据。通过合理的功能模块规划，配送中心可以实现高效、精准、可追溯的作业流程。

下面以京东的配送中心为例，介绍其配送中心的作业功能模块规划。

1. 订单管理模块

订单管理模块通过用户下单、支付系统和库存系统的无缝衔接，实时接收订单信息，处理订单状态，以及跟踪订单的整个生命周期，确保客户可以随时查看订单状态，作业人员能够及时处理订单。

2. 库存管理模块

库存管理模块配备自动化仓储系统，实时监控库存状态，包括货物位置、数量、批次等信息。通过 RFID 技术，管理者可以迅速定位和跟踪库存，降低出错概率，确保库存信息的准确性。

3. 拣选和包装模块

拣选和包装模块利用智能拣选系统，通过算法优化拣货路径，提高拣货效率；包装模块则采用自动化包装设备，确保标准化的包装流程，提高包裹的安全性和美观度。

4. 运输调度模块

运输调度模块结合实时交通信息和先进的调度算法，优化车辆调度，确保货物以最经济、最快捷的方式送达目的地，有助于降低运输成本，提高配送效率。

5. 反馈和监控模块

反馈和监控模块通过整合各模块的数据，实时监测整个配送流程。通过数据分析，管理团队可以发现潜在的问题并迅速做出调整，以不断优化物流流程，提高整体运作效率。

这样的作业功能模块规划能够使配送中心更加智能化、高效化，提供更快速、可靠的服务，满足客户和市场的需求。

五、应急物流配送中心作业能力规划设计

应急物流配送中心作业能力规划设计需要具备灵活性和高效性，以应对突发情况和紧急需求。

（一）关键设计要点

1. 快速响应能力

举例来说，一家医药公司面临紧急医疗物资配送的情景。在设计中，公司建立了一个专门的紧急响应团队，该团队接到紧急需求后，能够立即启动紧急配送流程。通过提前培训团队成员，确保他们熟悉应急流程，同时储备了紧急用车和快速调度系统，确保在最短时间内响应医疗紧急配送的需求。

2. 可拓展性

在发生自然灾害或突发公共卫生事件时，物流公司需要应对大量急需物资的配送。作业区域和设备设计充分考虑可拓展性，临时搭建了可移动的仓储设施，并且在短时间内招募了更多的临时工人。这确保了物流中心能够迅速扩大规模，以满足急需物资的存储和配送需求。

3. 多样化运输工具

考虑到天气突变，导致道路交通受阻的情况，配送中心引入直升机和无人机作为应急运输工具。这样，即使在交通不畅的情况下，仍然可以迅速将急需物资送达目的地。

4. 智能技术应用

在应对自然灾害的场景中，配送中心引入物联网技术，通过实时监测气象状况、交通情况等数据，能够提前预警潜在的问题，迅速调整配送计划，确保物资及时送达。

5. 预案和培训

举例来说，一家食品配送公司制订了全员培训计划，演练不同紧急情况下的操作流程，如定期模拟火灾、地震等突发事件，确保团队能够熟练应对各类紧急情况。

6. 供应链协同

在应对政府紧急需求的情况下，配送中心与相关政府机构建立了供应链协同机制。通过与政府及时沟通，确保在紧急情况下能够协同调度资源，迅速满足需求。

7. 信息化管理

在发生自然灾害或突发公共卫生事件时，物流公司采用信息化系统实时监控库存、订单和运输状态，帮助管理者及时获取物流数据，以便迅速做出决策，确保物资迅速流通，满足紧急需求。

（二）重要意义

应急物流配送中心作业能力规划设计的意义在于确保在紧急情况下能够高效、迅速、有序地应对各种挑战，提供紧急物资和服务。以下是应急物流配送中心作业能力规划设计的重要意义。

1. 提高响应速度

通过应急物流配送中心作业能力规划设计，能够建立专门的紧急响应机制，减少决策时间，加速配送流程。这对于应对突发事件中的急迫需求至关重要，如自然灾害、公共卫生事件等。

2. 灵活应变

应急物流配送中心作业能力规划设计中考虑到作业区域的可拓展性，使配送中心可以灵活调整规模，应对需求的突然增加。这种灵活性有助于适应不同规模和种类的紧急物资配送任务。

3. 最大限度资源利用

应急物流配送中心作业能力规划设计中引入多样化运输工具和应用智能技术，可以更灵活地利用各种资源。例如，在交通不便的情况下，可以选择无人机或直升机，最大程度减少配送受阻的可能性。

4. 降低错误率

通过预案的制定，应急物流配送中心作业能力规划设计有助于提高团队的应急响应能力，降低操作过程中的错误率。这对于紧急情况下的高效配送至关重要。

5. 强化供应链协同

应急物流配送中心作业能力规划设计中考虑与供应链伙伴的协同

机制，使整个供应链在紧急情况下能够协同一致，确保物资迅速从生产端到达消费端。

6. 提高数据决策的准确性

应急物流配送中心作业能力规划设计引入信息化系统，实现对库存、订单和运输等数据的实时监控，有助于管理者迅速获取准确的物流数据，并及时做出决策，保障应急物资迅速、准确地送达目的地。

总体而言，应急物流配送中心作业能力规划设计的意义在于确保在最具挑战性的情况下，物流系统能够以最高效、最可靠的方式提供服务，以满足社会和个体的紧急需求。

第三节　应急物流配送中心区域布置规划

应急物流配送中心在完成各作业程序及作业区域的规划，确定主要物流设备与外围设施的基本方案后，即可进行空间区域的布置规划，画出作业区域的区块布置图，标出各作业区域的面积与范围。本节将介绍应急物流配送中心对区域布置规划的方法和程序。

一、应急物流配送中心区域布置规划的一般步骤

系统布置设计（SLP）是一种采用严密的系统分析手段及规范的系统设计步骤的系统布置设计方法，该方法具有很强的实践性，最早应用于工厂的平面布置规划，也可应用于应急物流配送中心的系统布置中。应急物流配送中心系统布置的一般程序如图 5-10 所示。

简单总结，应急物流配送中心区域布置规划的一般步骤列举如下。

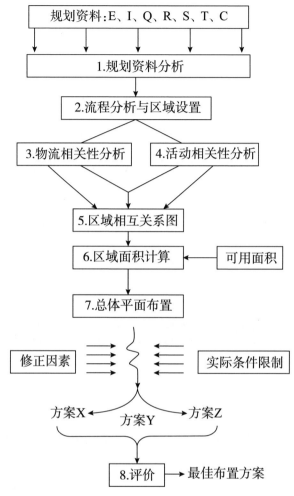

图 5-10　应急物流配送中心系统布置的一般程序

1. 需求分析

在此阶段，确定系统布置的目的和关键需求，了解用户的具体需求、业务流程和技术要求，以确定区域系统的功能和性能要求。

2. 数据收集和分析

收集与区域系统相关的数据，包括地理情况、人口统计、环境因素等数据，分析这些数据，以评估系统设计的可行性，并考虑对区域内各方面的影响。

3. 制定系统设计方案

基于需求和数据分析，制定系统设计方案。确定系统的整体结构、功能模块和技术架构，以满足用户需求和系统性能要求。

4. 空间规划

在设计阶段，确定系统的空间布置。其涉及区域内各个地理位置的选择，确保系统在整个区域范围内能够有效地覆盖和运行。

5. 技术选型

选择适当的技术和工具，以支持系统的设计和实施。这包括硬件设备、软件平台、通信网络等。

6. 系统建设和集成

根据系统设计方案，进行系统的建设和集成工作。这包括开发软件、配置硬件、实施通信网络等，确保各个子系统能够协同工作。

7. 测试与调试

在系统建设完成后，进行全面的测试和调试工作，确保系统在各种情况下都能够稳定、可靠地运行。

8. 培训与推广

为系统的最终用户提供培训，使其能够熟练使用新系统。同时，进行系统的推广工作，宣传系统的优势和效益。

9. 运维与优化

系统上线后，进行日常的运维工作，监控系统性能，及时处理问题。同时，根据实际运行情况，进行系统的优化和改进。

综合考虑，以上步骤的具体实施可能因项目的规模、性质和复杂性而有所不同，但这个一般的步骤框架可以作为应急物流配送中心区域布置规划的基本指南。

二、应急物流配送中心区域布置

在应急物流配送中心区域布置模式中，可分为三个规划阶段。

1. 物流作业区域的布置

以物流作业为主，仅考虑物流相关作业区域的配置形式，由于配送中心内的基本作业形态大部分为流程式的作业，不同订单具有相同的作业程序，因此适合以生产线式的布置方法进行配置规划。若订单种类、物品特性或拣取方法有很大的差别，则可以考虑将物流作业区域区分为数个不同形态的作业线，分区处理订单，再由集货作业进行合并，可高效率地处理不同性质的物流作业，这类似于传统制造工厂中群组的布置。

2. 厂房作业区域的布置

除了物流作业区域以外，配送中心中还包含其他管理辅助作业区域，各区域与物流作业区域之间无直接流程性的关系，因此适合以关系型的布置模式作为厂房作业区域布置的规划方法。此时的配置模式有两种参考的程序。

（1）可视物流作业区域为一个整体性的活动区域，并与其他各活动区域进行相关配置规划的程序，分析各区域间的活动关系，以决定各区域之间相邻与否。

（2）将物流作业区域内各单一作业区域分别独立出来，转化其间的物料流程为活动关系的形式，并结合厂房内各区域综合分析其活动相关性，来决定各区域的配置。

原则上采用第一种程序较为简便，可以减少相关分析阶段各区域间的复杂程度，但是会增加配置方位与长宽比例的限制，因此结合规划者的经验判断，仍需做适当的人工调整，或者以人工排列方式取得初步的布置方案。

3. 厂区布置

厂房建筑内的相关区域布置完成后，根据厂区范围内的相关区域，如厂区通道、停车场、对外出入大门及联外道路等，规划整个配送中心厂区的布置。此外，厂区布置时需注意未来可能的扩充方向及经营规模变动等因素，以保留适当的变动弹性。

在以上三个阶段的布置过程中，如果在实际道路形式、大门位置等已有初步方案或已确定的情形下，也可以由后向前进行规划，先规划厂区的布置形式，再进行厂房内物流及外围辅助作业区域的规划，既能减少不必要的修正调整作业，又能配合实际的地理区位限制因素。就上述三种不同阶段而言，不论在哪一个规划阶段，基本的布置规划程序均可按区域布置规划的程序进行，应急物流配送中心区域布置可以分为以下几个基本步骤：①物流相关性分析；②活动相关性分析；③作业空间规划；④区域的配置；⑤区域布置的动线分析；⑥实体限制的修正。

三、活动相关性分析

物流分析即对配送中心的物流路线和物流流量进行分析，用物流强度和物流相关表来表示各功能区域之间的物流关系强弱，绘出物流相关图。

物流流量分析则是汇总各项物流作业活动从某区域至另一区域的物料流量，作为分析各区域间物料流量大小的依据，若不同物流作业在各区域之间的物料搬运单位不同，则必须先转换为相同单位后，再合并计算其物流流量的总和，如表 5-3 所示。

表 5-3 配送中心物流流量分析

从	至								
	进货	验收	分类	流通加工	仓储	分拣	配货	发货	合计
进货									
验收									
分类									
流通加工									
仓储									
分拣									
配货									
发货									
合计									

根据物流流量分析，可得到各区域的物流相关表，如表 5-4 所示。根据各区域间物流流量的大小，将其分为五个级别，分别用 A、E、I、O、U 表示。

表 5-4 各区域的物流相关表

区域	进货区	理货区	分类区	加工区	保管区	特保区	拣选区	发货区
进货区								
理货区	A							
分类区	I	I						
加工区	U	O	U					

区域	进货区	理货区	分类区	加工区	保管区	特保区	拣选区	发货区
保管区	U	A	E	E				
特保区	U	O	I	O	U			
拣选区	U	U	B	C	B	O		
发货区	U	U	A	I	E	O	U	

注：A、E、I、O、U 为物流相关性，其中 A——超高，E——特高，I——较大，O——一般，U——可忽略。

应急物流配送中心内除了与物流有关的功能区域（或区域）外，还有许多与物流无关的管理或辅助性的功能区域（或区域）。这些区域尽管本身没有物流活动，但却与其他区域有密切的业务关系，所以还需要对所有区域进行业务活动相关性分析，确定各区域之间的密切程度。

各区域间的活动关系可以概括如下。

（1）程序性的关系：因物料流、信息流而建立的关系。

（2）组织上的关系：部门组织上形成的关系。

（3）功能上的关系：区域间因功能需要形成的关系。

（4）环境上的关系：因操作环境、出于安全考虑需保持的关系。

活动相关性分析内容如表 5-5 所示，将区域间的相关程度分为六个等级，包括具有绝对重要性、特别重要、不可接近等。评定接近程度的参考因素包括人员往返接触程度、文件往返频度、组织与管理架构、使用共享设备与否、配合业务流程顺序、使用相同空间区域与否、是否进行类似性质的活动、物料搬运次数、作业安全性的考虑、提升工作效率、工作环境改善及人员作业区域分布等因素。确定各区域接近程度的等级后，以权重分数计算两区域间的重要相关程度。

表 5-5　　　　　　　　　　　　活动相关性分析内容

相关程度等级		A	E	I	O	U	X
接近程度说明		具有绝对重要性	特别重要	重要	一般性的接近程度	不重要	不可接近
评分比例等级	I	5	4	3	2	1	-1
	H	16	8	4	2	7	-32
评定接近程度的参考因素		1	2	3	4	5	6
		人员往返接触程度	文件往返频度	组织与管理架构	使用共享设备与否	配合业务流程顺序	使用相同空间区域与否
		7	8	9	10	11	12
		是否进行类似性质的活动	物料搬运次数	作业安全性的考虑	提升工作效率	工作环境改善	人员作业区域分布

　　相关程度高的区域在布置时应尽量紧临或接近，如出货区与称重区；相关程度低的区域则不宜接近，如库存区与司机休息室。在规划过程中应由规划设计者根据使用单位或企业经营者的意见，进行综合分析和判断。

　　基于不同的关系程度需加以分析，以作为布置参考的依据，在应急物流配送中心的布置规划中，可区分为物流作业区域、辅助作业区域与厂区活动区域三部分。在进行布置规划时应先对规划区域的特性及活动的相关性做分类，再进行活动相关性分析。

四、物流作业区域空间规划

　　物流作业区域空间规划在整个配送中心的规划中占有重要地位，是营运成本与空间投资效益的关键因素。因此物流作业区域空间规划需针对作业流量、作业活动特性、设备形式、主建筑物特性、成本与效率等因素加以分析，以决定适合的作业空间大小及长、宽、高比例。由于相关物流仓储设备具有整数单位的特性，因此在估算面积时，通常需做部分调整，以增加设备及作业量的需求，或者修改部分设备的规格。但是在区域布置规划阶段，相关的设计参数均为参考值，需在详细布置时以明确的设备规格尺寸资料来修正正确的面积需求及配置方案。

在物流设备与外围设施选用完成后，已决定各项设备的基本形式与数量，由此可完成各作业区域的设备需求表，并画出区域内相关设施的概略配置图。应急物流配送中心设备规划选用汇总如表 5-6 所示。而配合各区域进行活动关系的分析后，则可进一步估计各区域的需求面积（若厂房面积已固定则为分配可用面积）。部门区域性质不同，其空间计算的标准也不同，应合理设置安全系数，以求得较合理的部门面积分配，应急物流配送中心作业区域面积分析如表 5-7 所示。

表 5-6　　　　应急物流配送中心设备规划选用汇总

作业区域				区域功能						
项次	设备项目	设备功能	数量	单位	设备尺寸（mm）			承重（kg）	电力需求（kVA）	空压需求（Nm³/h）	其他配合需求
					长	宽	高				
合计											

续　表

长宽比例限制	最小（□：□）	最大（□：□）
配合注意事项	□有无空调需求　　□有无高度限制 □有无地基特别需求 □是否需预留内部通道　□是否需预留外部通道 □是否需预留作业空间　□是否需预留扩充空间 □其他配合事项：＿＿＿＿＿＿＿＿＿＿＿＿＿	

表 5-7　　　　　　　应急物流配送中心作业区域面积分析　　　　单位：m²

作业区域	基本预估面积	作业活动空间面积	内部通道预留面积	外部通道预留面积	扩充空间预留面积	宽放比	面积合计

作业空间规划的程序，除了预估需求设备的基本使用面积，还需估计操作、活动、物料暂存等作业的空间需求，预留通道占用比例，以及评估估计面积的安全系数等，其比例的制定可视作业形态、对象体积、厂房建筑本体的占用面积等因素加以考虑。单一区域面积估计完成后，另需依照设备形式决定该面积的长、宽比例，以避免面积大小符合但是长、宽比例不合适，使得该面积的使用不可行。最后，加总各区域的需求面积后，仍需考虑厂区扩充及其他弹性运用的需求面积。至于整体面积的最终需求，需配合调整后的长、宽比例进行估算，应急物流配送中心作业空间规划程序如图 5-11 所示。

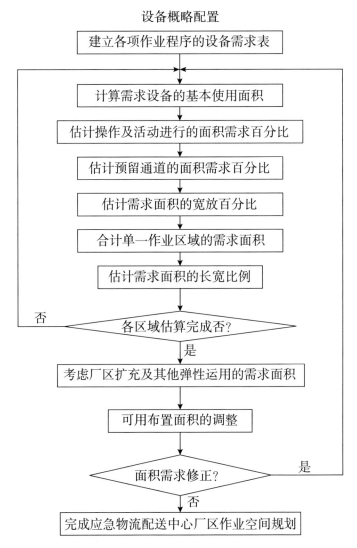

图 5-11 应急物流配送中心作业空间规划程序

五、区域相关布置

1. 区域布置逻辑

区域布置逻辑包括下列两种程序。

（1）内围式程序：先决定厂房（或厂区）模板面积的大小与长、

宽比例，然后在此范围内布置各相关作业区域。

（2）外张式程序：先布置各作业区域的相邻关系，完成可行的面积组合形式，再框出外部厂房（或厂区）的面积范围，并进行各区域面积的局部调整，以完成各区域面积的布置。

2. 区域布置方法

区域布置方法有两种，即流程性布置法和相关性布置法。

流程性布置法是把物流移动路线作为布置的主要依据，适用于物流作业区域的布置；相关性布置法是根据各区域的活动相关表进行区域布置，一般用于整个厂区或辅助性区域的布置。

在规划区域布置时，应按各作业区域性质决定其布置程序。

（1）流程性布置法：以物流作业区域的布置为主，因其多半具有流程性的作业关系，在以模板进行布置时需考虑区域间物流动线的形式，并在布置过程中作为参考。

（2）相关性布置法：以整个厂房作业区域或厂区布置为主，经由活动相关性分析得出各区域间的活动流量，可以在两区域之间以线条表示出来，即活动关系配置图。为减少流量大的区域间的活动距离，应将此两区域尽量接近。

区域布置可以采用模板布置法，也可采用计算机辅助布置法。

3. 物流动线形式

应急物流配送中心作业区域间物流动线形式如表5-8所示。

（1）直线式：适用于出入口在厂房两侧，作业流程简单且规模较小的物流作业，无论订单大小与检货品项多少，均须通过厂房全程。

（2）双直线式：适用于出入口在厂房两侧，作业流程相似但是有两种不同进出货形态或作业需求的物流作业，如整箱区与零星区、A

表 5-8 应急物流配送中心作业区域间物流动线形式

形式	物流动线图示	形式	物流动线图示
直线式	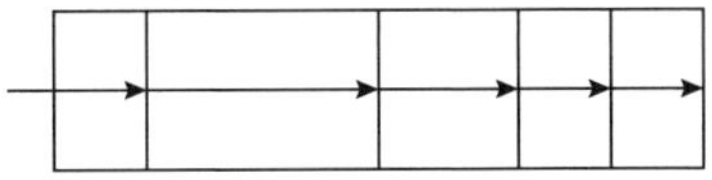	U形	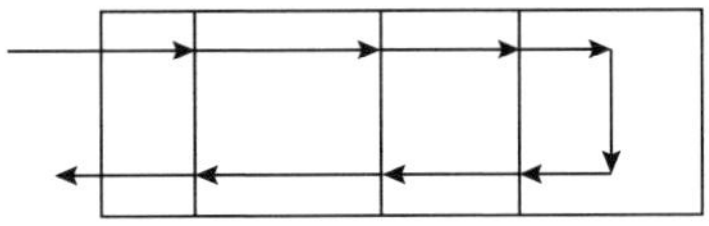
双直线式	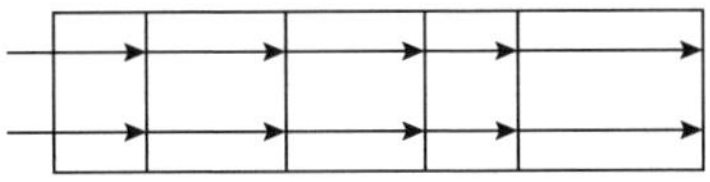	分流式	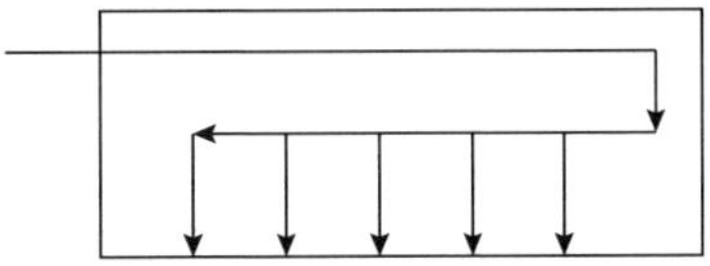
锯齿形（或S形）	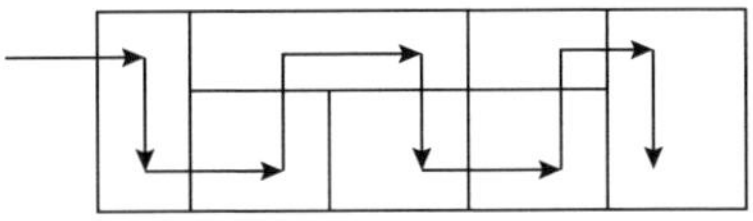	集中式	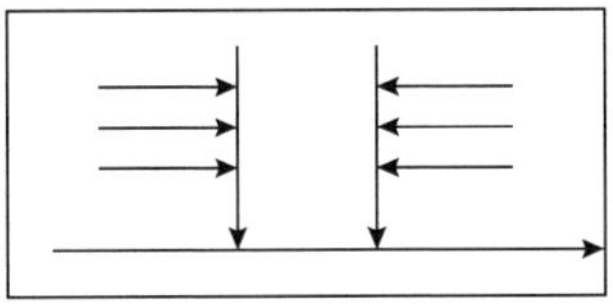

客户与 B 客户等。

（3）锯齿形（或 S 形）：通常适用于多排并列的库存料架区。

（4）U 形：适用于出入口在厂房同侧，可依进出货频率大小安排接近进出口端的储区，缩短拣货搬运路线。

（5）分流式：因批量拣取而分流作业。

（6）集中式：因储区特性将订单分割在不同区域拣取后再集货的作业。

4. 区域布置步骤

下面以流程性布置法为例说明区域布置的步骤。

（1）决定配送中心对外的联外道路形式：确定配送中心联外道路、进出口方位及厂区布置形式（详见第七章）。

（2）决定配送中心厂房空间范围、大小及长、宽比例。

（3）决定配送中心内由进货到出货的主要行进路线形式：决定其物流动线形式，如 U 形、S 形等。

（4）按作业流程顺序布置各区域位置：物流作业区域由进货作业开始进行布置，再按物料流程前后相关顺序安排其相关位置。其中，作业区域内如有面积较大且长、宽比例不易变动的区域，应先置入建筑平面内，如包括自动仓库、分类输送机等的作业区域；然后，再插入面积较小而长、宽比例较易调整的区域，如理货区、暂存区等。

（5）决定管理办公区与物流仓储区的关系：一般应急物流配送中心管理办公区均采取集中式布置，并与物流仓储区相隔，但仍应考虑配置关系与空间利用的可能方案。一般应急物流配送中心物流仓储区采用立体化设备较多，其高度需求与管理办公区不同，所以管理办公区布置需进一步考虑空间效率化的运用，如采用多楼层办公室规划、单独利用某一楼层、利用进出货区上层的空间等方式。

（6）决定管理活动区域内的布置：选择和各部门活动相关性最高的部门区域先行置入规划范围内，再根据活动关系与已置入区域关系重要程度按序置入布置范围内，再逐步调整各办公及管理活动区域。

（7）进行各作业流程与活动相关的布置组合：探讨各种可能的区域布置组合。

六、虚拟层物流动线分析

区域布置阶段，各项设备的详细规格并未确定，但是在物流动线的分析过程中，仍需按设备规划与选用的形式做概略性的配置规划，标示各项设施的预定位置及物流动线的形式，逐一分析各区域间及区域内的物流动线是否顺畅，确认有无改进的必要。活动流程的动线分析程序如图 5-12 所示。

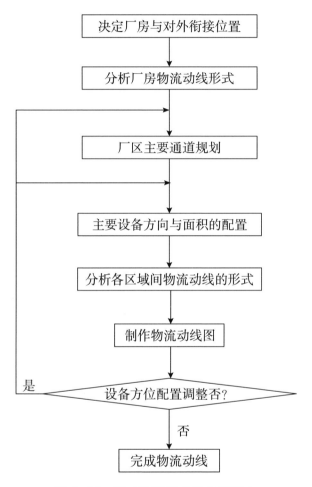

图 5-12 活动流程的动线分析程序

（1）首先需就厂房装卸货的出入形式、厂房物流动线形式及各区域的相对位置，规划厂区内的主要通道。

（2）进行主要设备方向与面积的配置，配置过程需考虑作业空间及区域内通道等因素。

（3）分析各区域间物流动线的形式，并制作物流动线图，逐一探讨其物流动线的合理性及流畅性，若其动线分析并不顺畅，则可以调整该区域设备方位的布置，经反复调整后完成最后的物流动线图，如图5-13所示。

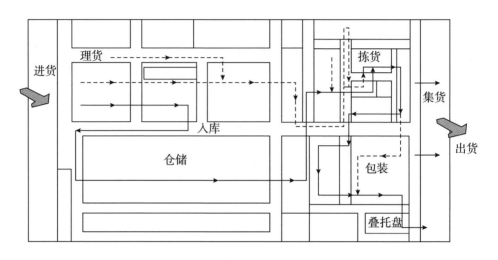

图5-13　物流动线图例

七、实体层条件限制修正

经由前述各阶段的规划分析，厂房区域布置的规划已接近完成，但是仍有一些限制条件必须加以考虑，以做必要的修正与调整。这些限制或因素列举如下。

（1）厂房与土地面积比例：确认厂房建蔽率、容积率、绿地与环境保护空间的比例及限制等因素是否符合。

（2）厂房建筑的特性：有无特定建筑物造型、长宽比例、柱位跨距、梁高等限制或需求。

（3）法规限制：需考虑土地建筑法规、环保卫生安全相关法令、劳动基准法等。

（4）交通出入限制：如果已有预定的厂区方案，需考虑有无交通出入口及所在地形区位的特殊限制等。

（5）其他：如经费预算限制、策略配合因素等。

如果已经有预定厂址及面积的资料，则必须配合实际的面积大小与出入口位置等限制，调整使用面积的需求或改变面积方位的布置，必要时修改物流或外围设施的规划或变更基本规划条件以符合实际情况。若受经费预算限制或其他策略配合因素等影响，需视修改的程度，进行作业空间、物流设备或外围设施规划内容的修改，以期初步区域规划结果为实际可行的方案。

在系统规划设计阶段，通常需针对不同的物流设备选择，制作比较方案，因此对各项比较方案而言，均需进一步规划至区域布置规划完成为止。在反复的过程中，部分选择方案可能陆续产生许多平行的子方案，造成方案过多与评估作业量加大，使规划作业难以进行。通常需在必要的阶段，由筹建委员会召开会议做出初步方案决议，并筛除不可行的方案，以利于后续评估作业顺利进行。在作业区域及支持性活动区域的内容若相同，可省去部分重复规划。

当各项方案完成后，为配合布置区块的完整性，各区域实际布置的面积与基本需求可能略有差异，此时可制作各方案面积配置比较表，以利于方案评估比较的进行，并进入方案详细设计的阶段。厂房布置方案流程如图5-14所示，应急物流配送中心布置方案比较如表5-9所示。

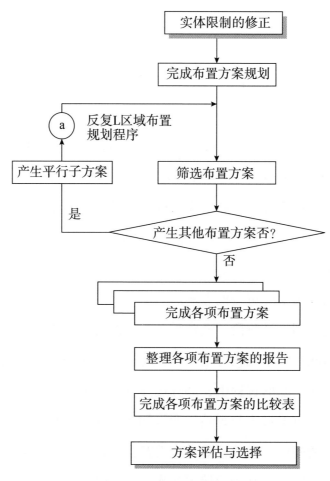

图 5-14　厂房布置方案流程

表 5-9　　　　　应急物流配送中心布置方案比较　　　　单位：m²

项次	作业区域	A 方案		B 方案		C 方案	
		基本需求面积	规划布置面积	基本需求面积	规划布置面积	基本需求面积	规划布置面积
1	装卸货平台						
2	进货暂存区						
3	理货区						
4	库存区						

续　表

项次	作业区域	A 方案		B 方案		C 方案	
		基本需求面积	规划布置面积	基本需求面积	规划布置面积	基本需求面积	规划布置面积
5	拣货区						
6	补货区						
7	散装拣货区						
8	分类区						
9	集货区						
10	出货暂存区						
11	退货处理区						
12	退货暂存区						
13	托盘暂存区						
14	容器储存区						
15	厂区大门						
16	警卫室						
17	一般停车场						
18	运输车辆停车场						
19	环境美化区域						
20	大厅						
21	电梯间						
22	楼梯间						
23	主管办公室						
24	一般办公室						
25	会议讨论室						
26	训练教室						
27	计算机室						

续 表

项次	作业区域	A 方案		B 方案		C 方案	
		基本需求面积	规划布置面积	基本需求面积	规划布置面积	基本需求面积	规划布置面积
28	工具室						
29	搬运设备停放区						
30	机房						
31	盥洗室						
32	休息室						
33	接待室						
34	司机休息室						
35	餐厅						
合 计							

第四节　相关作业规范与人员需求规划

完成业务流程及作业制度的规划后，可进行应急物流配送中心组织与人力的规划。应急物流配送中心的组织编制需视企业本身的经营特性、企业文化及配送中心的角色定位而定，若应急物流配送中心为新设的事业单位或由原有单位重新改造编制而成，则仍以原有企业内的组织为主，人事编制可参考原有企业内的制式；若应急物流配送中心以成立新公司的方式设立，则需配合产业现状、经营策略及产品通路特性来制定。本节主要介绍作业流程及时序安排、作业规范设计和人力资源配置规划三个方面的内容。

一、作业流程及时序安排

应急物流配送中心需依照作业形态、配送点范围、接单处理周期及配送出车时段等因素，进行作业流程及时序的安排。以北部的应急物流配送中心为例，如果应急物流配送包括北部地区的近距离配送及中、南部地区的长距离配送，则需制定不同的接单截止时段，以分别完成拣货作业及配送作业，中、南部地区的长距离配送部分可采用夜间配送方式，以避开白天高峰塞车时段，因此作业流程及时序的安排需充分运用设备、人力、空间及时间等资源因素，进行完善的整合及运用，应急物流配送中心作业流程及时序分析示例如图5-15所示。

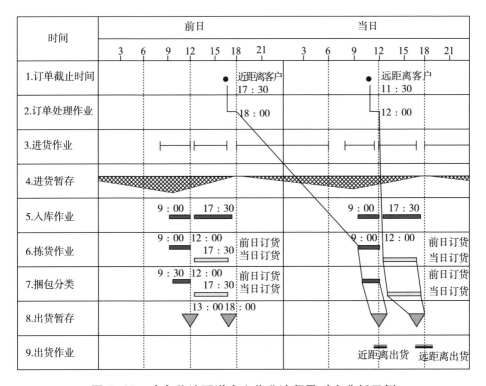

图5-15   应急物流配送中心作业流程及时序分析示例

二、作业规范设计

以组织架构为依据，配合业务流程分析、作业制度的规划及作业时序的安排，即可针对各项作业项目规范、作业内容及所需作业人员，并依据相关作业量及设备数估计操作执行人力，如表5-10所示。

表5-10　　　　　　　作业人力需求分析

序号	作业名称	作业内容	作业人员	人力规划
1	订单处理	接收客户订单 反映商情	业务科订单处理员	
2	派车	配送车辆安排 车辆调度	运输科配送车辆调度员	
3	理货	出货拣货、集货 储位补货 缺货报告	商品仓储科理货员	
4	物流加工	改包装 贴标签 外包加工 包材验收 加工计价	商品仓储科物流加工员	
5	出货	商品复点、装车 单据验出 出厂检查	商品仓储科出货员 运输科司机 商品仓储科警卫	
6	配送	商品运输、配送 退货载回 反映配送状况	运输科司机 配送点验收员	
7	回库处理	配送商品退回处理 退货载回处理 单据验入	商品仓储科出货员 运输科司机	

序号	作业名称	作业内容	作业人员	人力规划
8	退货处理	损坏等级判定 良品入库 退回生产厂 折价出售 报废	商品仓储科退货处理员 商品仓储科进货员	
9	进货验收	厂商进货验收 进货验收单据验入 安排入库上架	商品仓储科进货员	
10	入库上架	商品入库上架	商品仓储科进货员	
11	仓库管理	储位管理 库存盘查 托盘管理 厂区警卫	商品仓储科仓储管理员	
12	资料传输	库存资料上传 出货资料上传 进货资料上传 退货资料上传	商品仓储科仓储管理员	

三、人力资源配置规划

人力资源配置规划需考虑人力来源及编制，部分工作项目需考虑是否全部采取自有人力方式，是否可以部分外包或以聘任兼职人员方式作业，以降低人力成本。组织编制与人力配置案例如表 5-11 所示。

表 5-11　　　　　　　　　　组织编制与人力配置案例

部门（岗位）名称	人力		小计
1. 总经理室	总经理	1	正式员工 2 人
	助理	1	
2. 管理科	科长	1	正式员工 6 人
（1）管理	职员	2	
（2）会计	职员	1	
（3）信息	职员	2	
3. 业务科	科长	1	正式员工 5 人
（1）订单处理	职员	3	
（2）客户服务	职员	1	
4. 运输科	科长	1	正式员工 8 人 司机 47 人（约聘）
（1）配送	职员	3	
	司机	47	
（2）车辆维修	职员	2	
（3）回单处理	职员	2	
5. 商品仓储科	科长	1	正式员工 20 人 拣货员 26 人（临时）
（1）仓储管理	职员	2	
（2）进出货	职员	4	
（3）理货	职员	4	
	拣货员	26	
（4）物流加工	职员	6	
（5）退货处理	职员	3	
（6）盘储	职员	9	盘储人员 9 人（外包）
合　计	需要员工 123 人，实聘__人		正式员工 41 人 司机 47 人（约聘） 盘储人员 9 人（外包） 拣货员 26 人（临时）

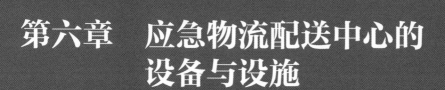

第六章　应急物流配送中心的设备与设施

第一节 应急物流配送中心的设备构成

应急物流配送中心的设备与设施是完成配送中心各种功能的实体。应急物流配送中心常用的物流设备主要包括储存设备、搬运设备、输送设备和辅助设备与设施等。在应急物流配送中心的设计和建设中，设备构成是至关重要的一环。它涵盖了设备的分类、功能以及类型，并且需要具备一定的创新能力，以应对各种紧急情况。下面简单介绍部分设备。

（1）运输设备：这类设备包括货车、货运拖车、配送车辆等，用于货物的运输和配送。

（2）搬运设备：包括叉车、手推车、搬运机器人等，用于货物的装卸和搬运。搬运设备主要完成配送中心的各种搬运作业，如托盘搬运车。

（3）仓储设备：包括储存设备和输送设备。储存设备主要包括各类储存货架，如搁板货架、托盘货架、重力式货架、回转式货架以及立体库货架等；输送设备主要完成配送中心内物料的水平或垂直方向的连续输送，包括链条式输送机、辊筒式输送机和皮带式输送机等。

（4）信息管理设备：包括全球定位系统（GPS）、仓储管理系统、订单管理系统等，用于信息管理和跟踪。

以上这些设备构成应急物流配送中心的接发货系统、仓储系统、拣选系统等。配送中心的站台设施设备是衔接配送中心内物流系统与运输车辆的接口，包括站台设施和各类站台设备。配送中心设施设备配备是否合理直接影响着整个配送中心的作业效率和服务水平，本章将系统介绍配送中心各类物流设备和站台设施设备。

应急物流配送中心中的设备是保障应急物流运作顺利进行的关键组成部分。这些设备可用于运输、搬运、仓储和信息管理等，它们的作用是有效地处理和分发应急物资，以应对突发事件或灾害发生时的紧急需求。通过运用运输设备和搬运设备，可以快速将物资从仓库运送至受灾地区或紧急救援现场；仓储设备能够有效地存储和整理物资，确保物资的安全和有序；信息管理设备能够实现对物资流动的实时监控和管理，提高配送效率和准确性。因此，这些设备的存在和运作不仅能够提高应急物流配送的速度和效率，还能够为受灾群众提供及时的援助和支持，最大限度地减少灾害造成的损失和影响。

在应急物流配送中心的设备构成中，创新能力尤为重要。这包括对设备性能的提升、对新技术的应用以及对紧急情况的应对等能力。例如，引入无人驾驶技术的配送车辆、自动化的仓储设备以及智能化的信息管理系统，都可以提高应急物流配送中心的效率和响应速度。另外，应急物流配送中心的设备构成还需要具备灵活性和可调整性，以应对不同规模和类型的应急物流任务。因此，应急物流配送中心需要不断创新，结合最新的技术和设备，提升应急物流配送能力。

第二节　应急物流配送中心储存设备

配送中心的储存设备主要包括储存货架、托盘和容器等，托盘和容器一般都已有标准或系列，可以根据货物的特性和数量进行选择；储存货架的种类较多，在配送中心内的应用可以灵活多变，通过配备不同类型的储存货架，以适应各种货物的储存和出货需求，是配送中心内的关键设备，本节主要介绍储存货架的类别、功能、作用及特点。

一、储存货架概述

1. 储存货架分类

储存货架（简称货架）的种类有许多，可以满足不同的物品、储存单位、承载容器及存取方式的需求。按存取方式的不同，货架可以分为三类，如图 6-1 所示。

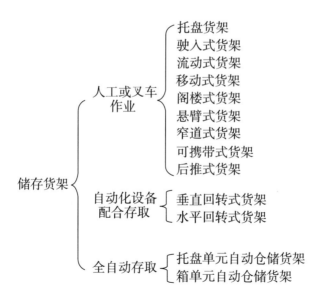

图 6-1　货架按存取方式的分类

储存设备按储存单元分类，可分为托盘、容器、单品及其他四大类。每一类型对应的货架因其设计结构不同，又可分为多种形式，图

6-2所示为货架按储存单元的分类。

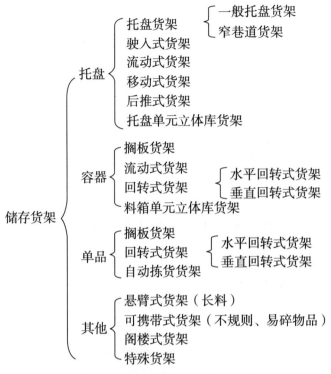

图6-2　货架按储存单元的分类

货架的分类方法还有很多。例如，按货架是否移动分类，可分为固定型货架和驱动型货架；按货架高度分类，可分为高层货架（>12m）、中层货架（5~12m）和低层货架（<5m）；按货架材料分类，可分为钢货架、钢筋混凝土货架和钢与混凝土混合式货架；按货架本身的结构方式分类，可分为焊接式货架和组装式货架等。

本节将分别介绍各类货架的结构特点，并说明常用各类货架的设计及选用原则。

2. 货架的功能及作用

货架的主要功能及作用如下。

（1）物品能分类储存，可一目了然，防止遗忘。

（2）能预定储存物品的位置，方便管理。

（3）物品能立体储存，有效利用空间。

（4）可防止物品因多层堆码而压损变形。

二、托盘货架

托盘货架是最常用的传统货架，储存托盘货物单元，采用普通叉车进行作业，如图6-3所示。目前托盘货架采用组合方式，易于拆卸和移动，可按物品堆码的高度，任意调整横梁位置，因此又称作可调式托盘货架。

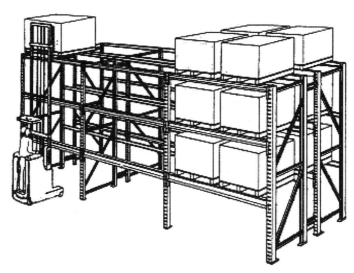

图 6-3　托盘货架

托盘货架的特点：可任意调整组合，但高度受限，一般在 6m 以下；架设施工简易、费用经济；出入库存取不受物品先后顺序的限制；适用于叉车存取；货架撑脚需加装叉车防撞装置。

储物形态：托盘。此类货架在仓库中广泛使用，一些仓储超市也采用该种货架进行展销和储存。

三、驶入/驶出式货架

驶入/驶出式货架取消了位于各排货架之间的通道，将货架合并在一起，使同一层同一列的货物互相贯通，如图6-4所示。托盘或货箱搁置于货架立柱伸出的托梁上，叉车或堆垛机可直接进入货架的每个流道内，每个流道既能储存货物，又可作为叉车通道，因此这种货架能够提高仓库的空间利用率。当叉车只能在货架一端出入库作业时，货物的存取原则只能是后进先出，对于要求先进先出的货物，需要在货架的另一端，由叉车进行取货作业。这种货架适合于同类大批量货物的储存。

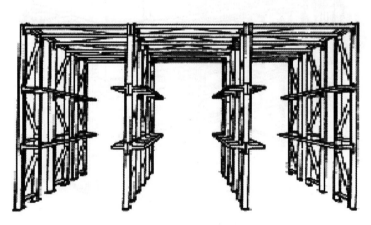

图6-4　驶入/驶出式货架

驶入/驶出式货架的特点：常用于高密度储存，高度可达10m；适用于多量少样货物；出入库存取货物受先后顺序的限制；不适合太长或太重的货物。

储物形态：托盘。

四、流动式货架

1. 流动式托盘货架

流动式托盘货架是指货架本身固定不动，但货物单元（托盘）可在货架上流动或移动的货架，如图6-5所示。货物从货架的高端放入某一流道内，货物在重力或动力驱动的作用下滑动到流道的另一端（低端）等待出库，即一端入库，另一端出库。这种货架可实现先进先出的作业原则。

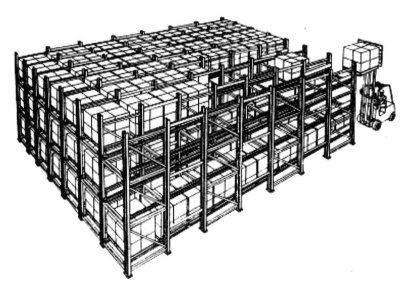

图6-5　流动式托盘货架

流动式托盘货架的特点：采用密集式流道储存货物，空间利用率可达85%；高度受限，一般在6m以下；每一流道只能存放一种，适合品项少、批量大且需短时间出货的货物；适用于一般叉车存取；货物可先进先出；建造费用较高、施工较慢。

储物形态：托盘。

2. 流动式箱货架

流动式箱货架如图 6-6 所示，在货架的流道内装有多排塑胶滚轮，流道有约 5° 的倾斜角，用于储存箱装货物，货箱在重力的作用下会自动向前端滑移。一般高端为入货端，低端为出货端。

图 6-6　流动式箱货架

流动式箱货架的特点：货物可先进先出，方便人工拣货；储存功能小于拣货功能；适用于超级市场、配送中心及邮购公司仓库；安装快速、搬动容易。

储物形态：纸箱。

流动式箱货架在配送中心内的应用非常普遍，如深圳新产业综合物流股份有限公司的配送中心、神州数码集团上海配送中心等。

五、移动式货架

移动式货架是将货架本身放置在轨道上，如图 6-7 所示，在货架底部设有驱动装置，靠电动或机械装置使货架沿轨道横向移动。不需要出入库作业时，各货架之间没有通路相隔，紧密排列；需要存取货物时，使货架移动，在相应的货架前开启，形成叉车等设备的通道。

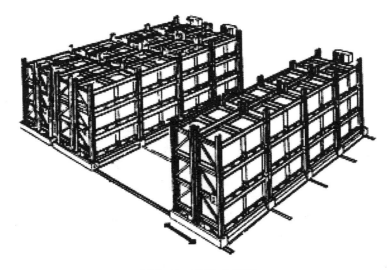

图 6-7 移动式货架

这种移动式货架的最大优点是提高仓库的空间利用率。例如，某仓库有 6 排货架，按照一般的布置，需要 3 个作业通道，而采用移动式货架，只需 1 个作业通道。在这唯一的通道两侧，所有的货架都是紧密排列的，如果需要到其中的某一排货架去存取货物，可将货架向原来的通道方向移动，形成新的作业通道。因此，这种货架布置可充分利用空间，其空间利用率比一般货架布置提高 2~3 倍。

移动式货架的特点：节省地面面积，地面利用率达 80%；可直接存取每一项货物，不受先进先出的限制；使用高度可达 12m，单位面积的储存量比托盘货架提升 2 倍左右；机电装置多、维护困难、建造成本高、施工速度慢。

储物形态：托盘。

六、阁楼式货架

阁楼式货架（见图 6-8）利用钢梁和金属板将原有储区做楼层间隔，每个楼层可放置不同种类的货架，而货架结构具有支撑上层楼板的作用。这种货架可以减小承重梁的跨距，降低建筑费用，提高仓库的空间利用率。

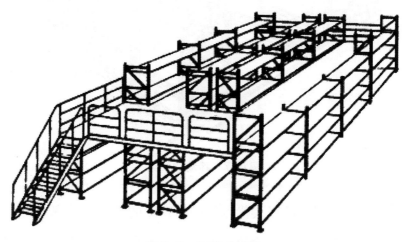

图 6-8　阁楼式货架

阁楼式货架的特点：有效提高仓储高度，增加空间利用率，达到人工分拣和提高空间利用率的双重目标；上层仅限储存轻量货物，不适合重型搬运设备行走，上层货物的搬运必须加装垂直输送设备；适合各类型货物存放。

储物形态：托盘、纸箱、散品。

七、悬臂式货架

悬臂式货架是在立柱上装设悬臂构成的，悬臂可以是固定的，也可以是移动的。由于其形状像树枝，所以又称树枝形货架，如图6-9所示。

该货架适合存放钢管、型钢等长形的物品。放置圆形物品时，需在其臂端装设挡板以防止滑落。

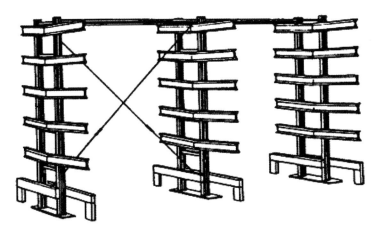

图6-9 悬臂式货架

悬臂式货架的特点：通常只适用于长条状或长卷状货品存放，需配有叉距较宽的搬运设备；高度受限，一般在6m以下，空间利用率为35%~50%，属于空间利用率低的货架。

储物形态：长条状物或长卷状货品。

此货架适用于杆料生产工厂，可用于应急物流配送中心特定器材存放。

八、后推式货架

后推式货架如图6-10所示，在前后梁间以滑座相接，从前方将托盘货物放在货架滑座上，后进入的货物会将先进入的货物推到后方，目前最多可推入五个托盘。滑座跨于滑轨上，滑轨本身具有倾斜角度，滑座会自动滑向前方入口。

图 6-10　后推式货架

后推式货架的特点：相比较传统的托盘货架节省 1/3 空间，可增加储存密度；适用于一般叉车存取；不适合承载太重的货物；货物会自动滑至最靠前的储位。

储物形态：托盘。

九、旋转式货架

传统的仓库是由人或机械到货格前取货，而旋转式货架是将货格里的货物移动到人或拣选机旁，再由人或拣选机取出所需的货物。操作者可按指令使旋转式货架运动，达到存取货物的目的。

旋转式货架适用于电子零件、精密机件等少量、多品种的小型货物的储存及管理。旋转式货架移动快速，移动速度每分钟可达 30m；存取效率高，能按需求自动存取货物；受高度限制少，可采用多层，空间利用率高。

旋转式货架按其旋转方式可分为垂直旋转式货架和水平旋转式货架，如图 6-11 所示。

1. 垂直旋转式货架

垂直旋转式货架本身是一台垂直提升机，提升机的两个分支上悬挂有成排的货格。根据操作命令，垂直提升机可以做正反向回转，使

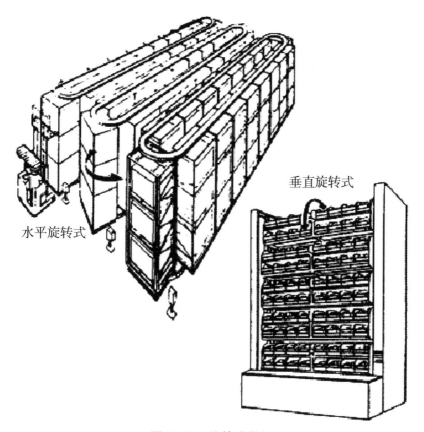

图 6-11 旋转式货架

需要提取的货物停在拣选位置，拣选机（或人）由此进行拣选作业。

2. 水平旋转式货架

水平旋转式货架的原理与垂直旋转式货架相似，只是在水平面内做循环旋转运动。各层同时旋转的水平旋转式货架被称作整体水平旋转式货架；各层可以独立地做正反向旋转的水平旋转式货架被称作多层水平旋转式货架。

旋转式货架的特点：减少人力操作环节，提高空间利用率；存取出入口固定，货物不易失窃；可利用计算机快速检索、寻找指定的储位，适合拣货；需要使用电源，且维修费用高。

储物形态：纸箱、货物小型包装。

十、立体自动仓储货架

立体自动仓库使用的是几层、十几层乃至几十层高的立体自动仓储货架，中间配备有轨堆垛机进行作业。按照货架的构造形式，立体自动仓储货架可分为整体式自动仓储货架和分离式自动仓储货架两种。立体自动仓储货架如图 6-12 所示。

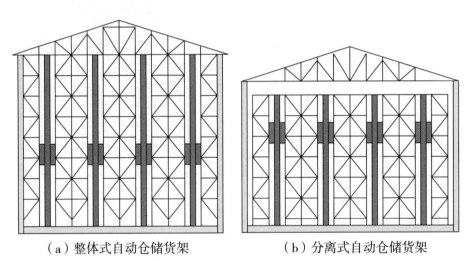

（a）整体式自动仓储货架　　　　（b）分离式自动仓储货架

图 6-12　立体自动仓储货架

1. 整体式自动仓储货架

立体自动仓库的高架钢骨为房屋建筑物结构体，将房屋建筑物的屋顶与墙壁，直接装设在仓库钢架上面及外面，形成一体的建筑物，同时自动消防系统利用钢架作为消防配管支架，形成整体式自动仓储货架。

整体式自动仓储货架的特点：一般高度超过 15m；配有其他自动存取设备；精度要求高，必须配合仓库结构体一起建造；建筑成本高，施工困难且施工期长。

储物形态：托盘。

2. 分离式自动仓储货架

在已完成的厂房建筑物内，直接装设仓库钢架，形成与厂房独立的结构体，被称为分离式自动仓储货架。一般高度在 15m 内且适用于规模较小的高架中、小型立体自动仓库，大部分都采用分离式自动仓储货架。

分离式自动仓储货架的特点：施工期较整体式自动仓储货架短，可在已完成的厂房内直接架设、布置，费用较低；必须配合其他自动存取设备；适合较小规模的高架仓库采用。

储物形态：托盘。

十一、储存设备的选用

配送中心要满足下游需求，适时、适量供给，储存设备是最基本的需求，没有储存设备保持适当的保管量，便无法供给需求者。因此，储存设备的合理配置和选择尤为重要。

1. 考虑因素

选择储存设备时既要考虑物品特性、出入库量、存取性、搬运设备、厂房结构等主要因素（见图 6-13），也要根据各储区的功能和特征进行适当的选择。例如，仓储区的主要功能是供应补货，可选用一些高容量的货架；分拣区的主要功能是拣货，可选用一些方便拣货的流动货架等，以方便拣货作业。

（1）物品特性。物品的尺寸大小、外形包装等都会影响储存单位的选用，由于储存单位的不同，使用的储存设备也不同。例如，托盘

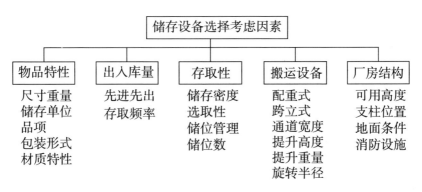

图 6-13　储存设备选择考虑因素

货架适用于托盘储存；箱货架适合箱品使用；若外形尺寸特别则选用特殊的储存设备；而易腐性或易燃性货品等，在选择储存设备上必须做防护考虑。

（2）出入库量。有些式样的货架有很好的储存密度，适合出入库量不高的低频度作业。出入库量是储存设备选择的重要考虑因素，根据出入库量高低可以选用适当的储存设备。储存设备与出入库频率对照如表 6-1 所示。另外还要考虑是否有先进先出的需求，一些时效性较强的物品，如食品等，都有先进先出的需求，在选择储存设备时要加以注意。

表 6-1　　　　　　　　　　储存设备与出入库频率对照

储存单位	高频率	中频率	低频率
托盘	流动式托盘货架（20~30 托盘/h） 立体自动仓储货架（30 托盘左右/h） 水平旋转式货架（10~60s/次）	托盘货架 （10~15 托盘/h）	驶入式货架 （10 托盘左右/h） 驶出式货架（同上） 后推式货架（同上） 移动式货架（同上）

储存单位	高频率	中频率	低频率
容器	流动式货架 轻负载式货架（30~50 箱/h） 水平旋转式货架（20~40s/次） 垂直旋转式货架（20~30s/次）	中型货架	移动式货架
单品	自动拣货货架（6000 件/h）	轻型货架	抽屉式储柜

（3）存取性。一般存取性与储存密度是相对的。也就是说，为了得到较高的储存密度，必须相对牺牲物品的存取性。有些货架虽具有较好的储存密度，但其储位管理较为复杂，存取性较差。自动仓库存取性与储存密度俱佳，但投资成本较高。因此选用何种式样的储存设备，应综合考虑各种因素。

（4）搬运设备。储存设备的存取作业是由搬运设备完成的。因此选用储存设备应同时考虑搬运设备。货架通道宽度，直接影响到叉车的形式是平衡重式还是窄道式。另外还需考虑搬运设备的提升高度及提升能力。

（5）厂房结构。厂房结构也是影响储存设备选择的重要因素，如厂房的净空高度、梁柱的位置等都会影响货架的配置；地板的承载能力、平整度等也与货架的设计、安装等有密切关系。另外厂房结构还需考虑防火设施和照明设施的要求。

2. 储存货架的性能比较

储存货架的性能比较如表 6-2 所示。

表 6-2 储存货架的性能比较

比较项目	托盘货架	窄巷式	双深式	驶入式	驶出式	流动式	后推式	移动式	AS/RS
面积	大	中—大	中	小	小	小	中	小	小
储存	低	中	中	高	高	高	中	高	高
空间利用	普通	佳	佳	很好	很好	非常好	佳	非常好	很好
存取性	非常好	很好	普通	差	差	普通	普通	好	非常好
先进先出	可	可	不可	不可	可	可	不可	可	可
通道数	多	多	中	少	少	少	少	少	多
货格储位数	1	1	2	15	10	15	10	1	2
堆码高度（m）	10	15	10	10	10	10	10	10	4
存取设备	各类叉车	转叉式堆垛机	双深堆垛机	叉车					堆垛机
入出库能力	中	中	中-弱	弱	弱	强	弱	弱	强

3. 储存设备的选用原则

储存货品的进出货频率、品项及数量都会影响到储存设备的选用，储存设备的选用原则见表 6-3。

表 6-3 储存设备的选用原则

装载形态	频率	品项	数量	储存设备的选用
托盘	高	多	多	较大规模的自动仓库
			中	中型自动仓库
		少	多	流动式托盘货架
			中	小型自动仓库

装载形态	频率	品项	数量	储存设备的选用
托盘	高	少	少	输送带等暂放保管设备
	中	中	中	中型自动仓库
	低	多	多	托盘货架
		少	中	托盘货架
			少	地面堆码
箱	高	多	少	箱货架
		少	多	流动式箱货架
			少	输送带等暂放保管设备
	中	中	中	箱货架
	低	多	多	箱货架
			少	箱货架
		少	多	流动式箱货架
			少	箱货架
单品	高	多	少	轻型货架
		少	少	储物柜
	低	多	少	轻型货架

第三节　应急物流配送中心搬运设备

应急物流是指为应对严重自然灾害、突发性公共卫生事件、公共安全事件及军事冲突等突发事件而对物资、人员、资金的需求进行紧急保障的一种特殊物流活动。在应急物流中，配送中心的设备与设施的合理选用，能加快应急物资的运输与配送，将损失降到最低。

一、搬运设备分类

配送中心的搬运设备以搬运车辆为主，一般可分为三大类：第一类为适用于轻负载、较短距离搬运的手推车；第二类为低举升高度的托盘搬运车；第三类为高举升高度的叉车。手推车一般分为二轮手推车、多轮手推车及物流笼车；托盘搬运车举升高度为 100～150mm，分为手动托盘搬运车和电动托盘搬运车；叉车举升高度可达 12m，可分为平衡重式叉车、前移式叉车、支腿式叉车、转柱式叉车等。搬运车辆的分类如图 6-14 所示。

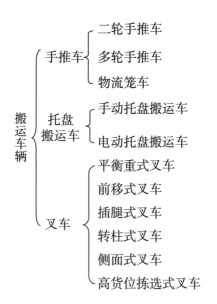

图 6-14　搬运车辆的分类

二、手推车

手推车的设计以轻便、易携带为主，由于其使用方便，所以广泛应用于仓库、制造工厂、百货公司、物流中心、货运站，适用于配送途中的短程搬运，但手推车均不耐负重（一般限制在500kg以下）且大多数没有举升能力。根据手推车的用途及负荷能力来分类，一般分为二轮手推车、多轮手推车及物流笼车。

1. 二轮手推车

二轮手推车可分为东方型二轮手推车与西方型二轮手推车两类（见图6-15）。东方型二轮手推车结构架呈推拔状，轮子在外侧，具有弧状或平的横板；可搬运混装的货物或其他等重的货物。西方型二轮手推车结构架平行，轮子在内侧，手把呈弧状；可配合货车搬运，适用于火车站。

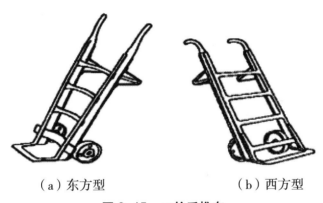

（a）东方型　　　　　　（b）西方型

图6-15　二轮手推车

2. 多轮手推车

依用途及负荷能力不同，有不同尺寸及设计方式，可分为木制或金属制；依脚轮布置及用途方向的差异来区分有下列几种形式。

（1）按脚轮类型不同分类。

①脚轮平置式（见图6-16）。一端为固定脚轮，如图6-17（a）所示；另一端为活动脚轮，如图6-17（b）所示；或装有带刹车的活动脚轮，如图6-17（c）所示。多轮手推车高度较低，适用于轻度及

中度负荷。

固定脚轮　　　　　　　　　　　活动脚轮

图 6-16　脚轮平置式

（a）固定脚轮　（b）活动脚轮　（c）带刹车的活动脚轮

图 6-17　脚轮种类

②脚轮平衡式（见图 6-18）。四轮均为活动脚轮，灵活度很高，适用于轻度负荷。

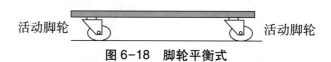

活动脚轮　　　　　　　　　　　活动脚轮

图 6-18　脚轮平衡式

③六脚轮平衡式（见图 6-19）。两个固定脚轮在中间，两端各有两个活动脚轮，适用于中度负荷。

活动脚轮　　　　　　　　　　　　　活动脚轮

图 6-19　六脚轮平衡式

（2）按用途不同分类。

①立体多层式手推车（见图 6-20）。为了增加置物空间及存取方便，把传统单板台面改成多层式台面设计，此类型手推车常用于拣货。

图 6-20   立体多层式手推车

②折叠式手推车（见图 6-21）。为了方便携带，手推车的推杆常设计成可折叠形式，此类型手推车因使用方便，收藏容易，所以普及率高，市面上均有标准规格贩售。

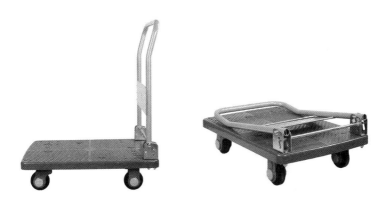

图 6-21   折叠式手推车

③升降式手推车（见图 6-22）。在搬运体积较小且较重的金属制品或人工搬运吃力的场合中，由于场地的限制而无法使用叉车时可采用升降式手推车，此类型手推车除了装有升降台面供承载物升降外，其轮子一般采用耐负荷且有刹车定位的车轮［见图 6-17（c）］以供准确定位和上下货。

图 6-22　升降式手推车

④附梯式手推车（见图 6-23）。在物流中心，手推车大多用于拣货作业，而拣货作业中常因货架较高，拣货员需要爬高取物，所以此类型手推车旁附有梯子以方便取物。

图 6-23　附梯式手推车

三、自动导引车

自动导引车（AGV）也叫自动搬运车，如图 6-24 所示。自动导引车系统（AGVS）中若干辆自动搬运车沿导行路径行驶，在计算机的交通管制下有条不紊地运行，并通过物流系统软件集成在生产系统中。AGVS广泛应用于柔性制造系统（FMS）、柔性搬运系统和自动化仓库。

图6-24　自动导引车

自动搬运车的导引方式可分为以下两种。

①固定路径导引，包括电磁导引、光导导引和磁带（磁气）导引。

②自由路径导引，包括激光导引、惯性导引等。

自动搬运车的特点：在配送中心内运行路线设定灵活；具有感知和避开障碍物的技能；智能化与自动化；可沿多条路径运行；与计算机控制的全自动化生产装配系统有机相连；具有良好的环境保护性和持续性。

四、托盘搬运车

托盘搬运车分为手动与电动两种。手动托盘搬运车一般称为托盘千斤顶，以人力做水平或垂直的移动；电动托盘搬运车是以电瓶提供动力做举升及搬运。所有的电动托盘搬运车都可立于地板上操作，如同步行式搬运车辆，其具有安全操作平台及可以抓持的护栏，像乘坐式搬运车辆的操作方式。

1. 手动托盘搬运车

手动托盘搬运车如图 6-25 所示，在使用时将其承载的货叉插入托盘孔内，由人力驱动液压系统来实现托盘货物的起升和下降，并由人力拉动完成搬运作业。它是托盘运输中最简便、最有效、最常见的装卸、搬运工具。

图 6-25　手动托盘搬运车

手动托盘搬运车通常用于搬运 1500~3000kg 的负载，适合搬运宽度为 750~1500mm 的托盘。因为手动托盘搬运车的两叉宽度不可调，因此托盘的尺寸必须标准化。地板的构造及地板表面平整程度会影响举升高度、搬运效率及操作性。

手动托盘搬运车的基本性能参数如表 6-4 所示。

表 6-4   手动托盘搬运车的基本性能参数

项目	单位	参数				
额定起重量	kg	1000	1500	2000	2500	3000
货叉起升高度	mm	120				
货叉下降最低位	mm	80				100
托盘叉口有限高度	mm	100				120

2. 电动托盘搬运车

电动托盘搬运车（见图 6-26），是由外伸在车体前方的、带脚轮的支腿来保持车体的稳定，货叉位于支腿的正上方，并可以做微起升，使托盘货物离地进行搬运作业的电动插腿式叉车，通常用于短距离、中等负载搬运。

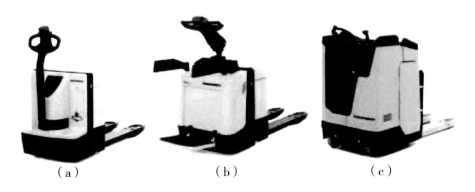

（a）   （b）   （c）

图 6-26 电动托盘搬运车

根据司机操作运行的不同可分为步行式电动托盘搬运车［见图 6-26（a）］、踏板驾驶式电动托盘搬运车［见图 6-26（b）］和侧座式电动托盘搬运车［见图 6-26（c）］。

五、叉车

1. 平衡重式叉车

在车体前方具有货叉和门架，而在车体尾部设有平衡重的装卸作业车辆，称为平衡重式叉车，简称叉车，如图 6-27 所示。以内燃机为动力的平衡重式叉车，简称内燃叉车。其特点是：机动性好，是应用最广泛的叉车；功率大，尤其是重、大吨位的叉车。

图 6-27　平衡重式叉车

平衡重式叉车按动力可分为柴油（FD）、汽油（FG）、液化石油气（FL）和电动叉车；按传动方式可分为机械传动、液力传动和静压传动叉车。

平衡重式叉车广泛应用于港口、车站、机场、货场、工厂车间、仓库、流通中心和配送中心等，并可进入船舱、车厢和集装箱内进行托盘货物的装卸、搬运作业。

2. 前移式叉车

前移式叉车是门架（货叉）可以前后移动的叉车，如图 6-28 所示，运行时门架后移，使货物重心位于前、后轮之间，运行稳定，不需要平衡重。其特点是：自重轻，降低直角通道宽和直角堆垛宽；适用于车间、仓库内工作。

图 6-28　前移式叉车

3. 插腿式叉车

插腿式叉车一般由电动机驱动，蓄电池供电，作业特点是起重量小、车速低、结构简单、外形小巧，如图 6-29 所示，适用于通道狭窄的仓库内作业。

图 6-29　插腿式叉车

4. 侧面式叉车

侧面式叉车的门架、起升机构和货叉位于叉车侧面的中部，可以沿着横向导轨移动，如图 6-30 所示。当货叉沿着门架上升到大于货物平台的高度时，门架沿着导轨缩回，降下货叉，货物便放在叉车的货物平台上。侧面式叉车的门架和货叉在车体一侧，车体进入通道，货叉面向货架或货垛，进行装卸作业时不必先转向。因此这种叉车适于窄通道作业，适于长大物料的装卸和搬运。侧面式叉车按动力不同可分为内燃型、电瓶型；按作业环境可分为室外工作型（充气轮胎）、室内工作型（实心轮胎）。

图 6-30　侧面式叉车

5. 高货位拣选式叉车

如图 6-31 所示，高货位拣选式叉车的主要作用是高位拣货，适用于品种多、数量少的货物的入库、出库的拣选式高层货架仓库。高货位拣选式叉车的起升高度一般为 4~6m，最高可达 13m，可较大提高仓库空间利用率。操作台上的操作者可与装卸装置一起上下移动，并拣选储存在两侧货架内的货物。

图 6-31　高货位拣选式叉车

六、搬运设备的选用原则

应急物流是指在突发事件或紧急情况下，为保障人民生命财产安全和社会正常运转而采取的应急物资调配、物流运输和保障服务等一系列行动。应急物流的搬运设备需要具备多功能性、安全可靠性、强适应性等特点，这对于应急物流的顺利进行具有重要的作用。下面从应急物流的角度，阐述搬运设备的选用原则。

（1）快速反应能力。在应急物流中，时间是至关重要的。因此，物料搬运设备需要具备快速反应能力，以便在短时间内完成物流运输任务。对于搬运距离短的物料，应选择手推车、板车等设备；对于搬运距离远的物料，应选择具备高速运输能力的设备，如物流输送线、运输车辆等。

（2）多功能性。在应急物流中，往往需要处理各种类型的物料，如食品、药品、医疗器械、救援装备等。因此，物料搬运设备需要具备多功能性，能够适应不同类型、不同规格的物料。对于需要装卸的物料，应选择能够调节高度、角度的设备，以方便装卸操作。

（3）安全可靠性。在应急物流中，安全是最基本的要求。因此，物料搬运设备的选用需要具备安全可靠性，以保障物料和人员的安全。对于需要高空作业的物料，应选择防护措施完善、承重量高的设备，如升降机、叉车等；对于易碎物料，应选择能够平稳搬运的设备，如缓冲装置、防震装置等。

（4）强适应性。在应急物流中，往往需要在不同环境下进行物流运输，如高温、潮湿、恶劣气候等。因此，物料搬运设备需要具备适应性强的特点，能够在不同环境下进行物流运输。对于需要在恶劣天气下进行物流运输的物料，应选择防水、防潮、耐高温、耐腐蚀的设备。

（5）可维护性。在应急物流中，物料搬运设备的维护和保养也是非常重要的。因此，在选用物料搬运设备时，应考虑设备可维护性。对于需要长期使用的设备，应选择易于维护的设备，以降低设备故障率，保障应急物流的顺利进行。

（6）节能环保性。在应急物流中，节能环保也是需要考虑的因素之一。物料搬运设备的选用需要具备节能环保性，以降低物流运输对环境的影响。对于需要长时间运行的设备，应选择能够节约能源、降低排放的设备，如电动搬运车、太阳能供电设备等。

（7）灵活性。在应急物流中，情况随时可能发生变化，因此，物料搬运设备的选用需要具备灵活性，能够适应变化的需求。对于需要在不同场地进行物流运输的物料，应选择能够快速拆装、便于搬运的设备。

总之，物料搬运设备的选用对于应急物流的顺利进行至关重要。在选用设备时，需要综合考虑快速反应能力、多功能性、安全可靠性、强适应性、可维护性、节能环保性以及灵活性，以满足应急物流的要求。同时，在设备的使用过程中，还需要注意设备的日常维护和保养，以延长设备的使用寿命，保障应急物流的可持续发展。

第四节　应急物流配送中心输送设备

应急物流配送中心输送设备是指用于物流运输的自动化输送设备。在应急物流中，由于时间紧迫、任务重要，应急物流配送中心输送设备的作用非常重要，能够提高物流配送的效率、减少人力成本、降低运输风险。

一、输送设备概述

输送设备（输送机）是按照规定路线连续地或间歇地运送散料和成件物品的搬运机械。在物流系统中，其搬运作业以集装单元化搬运最为普遍，因此，所用的输送机也以单元负载式输送机为主。输送的单元负载包括托盘、纸箱、塑胶箱容器以及其他固定尺寸单位的货物。

根据是否需要动力源，单元负载式输送机可分为无动力（重力）及动力两种。无动力输送机是利用被输送物品本身的重量为动力，在倾斜的输送机上，由上往下滑动。动力输送机一般以电机为动力。根据传送的介质不同，可分为链条式输送机、辊筒式输送机、皮带式输送机及悬挂式输送机，如图 6-32 所示；根据应用功能和场合的不同，单元负载式输送机可分为基本输送式输送机、积存式输送机和分类输送机等。本节主要介绍单元负载式输送机的种类及特点。

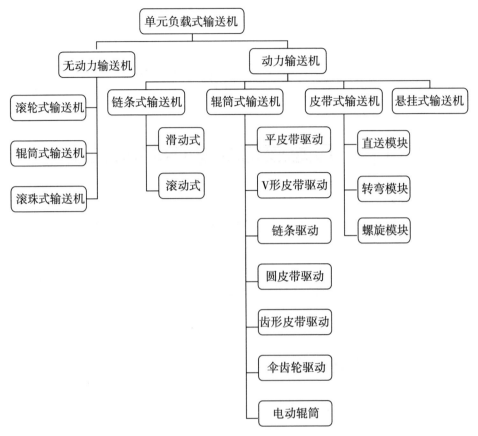

图 6-32　单元负载式输送机的分类

二、无动力输送机

无动力输送机根据其输送介质的不同可分为辊筒式输送机、滚轮式输送机和滚珠式输送机。

1. 滚轮式输送机

滚轮式输送机（见图 6-33）的主要特点为：重量轻，易于搬动；在转弯段部分，滚轮为独立转动；对于较轻的物品，滚轮的转动惯量较低；组装、拆装快速简便。

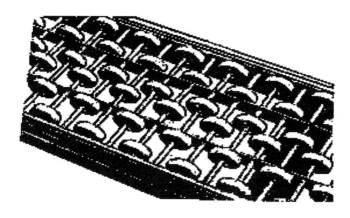

图 6-33 滚轮式输送机

（1）应用范围。对于一些表面较软的物品，如布袋，滚轮式输送机较辊筒式输送机有较佳的输送性，在应用于此类物品时，可将物品排成一列，物品会循迹滑动，但底部有挖空的容器不适合使用滚轮式输送机。在使用滚轮式输送机输送物品时，为使物品输送平顺，在任何时候物品至少要有五个滚轮支撑（分布在三支轴上），如图 6-34所示。

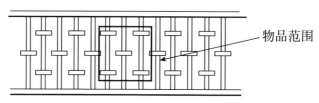

图 6-34 物品至少要有五个滚轮支撑

（2）材质选择。滚轮式输送机的骨架有钢和铝两种材质可供选用，铝骨架用于负载较轻且可移动装设的情况，与钢骨架相比，铝骨架负载能力较小。其滚轮有钢质、铝质、塑料质，一般钢质滚轮的负载能力为 11~23kg；铝质滚轮的负载能力为 4.5~18kg；塑料滚轮的负载能力则在 10kg 以下。

2. 辊筒式输送机

辊筒式输送机的特点：辊筒、轴、轴承、骨架、支撑架等组件的组合多样（见图6-35），可满足不同的应用需求。选择组合方式时，须考虑被输送物品的特性、安装的环境及设备的成本等因素。物品的特性会影响输送的稳定性，一般至少需有三个辊筒同时接触物品（见图6-36）。

图6-35　辊筒式输送机

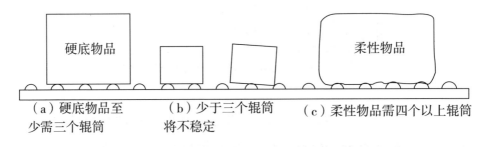

（a）硬底物品至少需三个辊筒　　（b）少于三个辊筒将不稳定　　（c）柔性物品需四个以上辊筒

图6-36　辊筒支撑数与物品输送稳定性的关系

辊筒式输送机的应用范围比滚轮式输送机更广，一般不适用于滚轮式输送机输送的负载，如塑料篮、桶形物等均适用于辊筒式输送机。虽然其有一些模块的骨架及辊筒使用铝质材料以减轻重量，但仍较滚轮式输送机重，所以不适用于需经常移动或拆装的场合。

3. 滚珠式输送机

滚珠式输送机（见图 6-37）的机床上装有可自由任意方向转动的万向滚珠，用于较硬表面的物品在输送机之间的传送。滚珠式输送机使用时不需润滑，但不能使用于灰尘较多的环境，定期维护时，须重点清理灰尘及其他物质。在作业时，滚珠式输送机的滚珠滚动会在物品的表面留下滚痕，如铜、软木材或高精度的钢板等。因此对于底部较软的物品，如湿的纸箱，或托盘、桶状物及篮子等，不适合使用滚珠式输送机传送。另外，使用滚珠式输送机移动物品所需的力量大小与物品的重量及物品表面的硬度有一定关系，表面越硬的物品越容易移动，所需力量通常为负载重量的 5%～15%。

万向滚珠

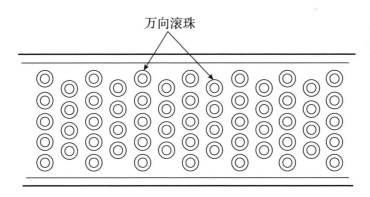

图 6-37　滚珠式输送机

三、动力输送机

1. 链条式输送机

链条式输送机（见图 6-38）可用于输送单元负载货物，如托盘、塑料箱，也可以利用承载托板输送其他形状的货物。链条式输送机根据输送链条所装附件的变化，可产生不同的应用形式（滑动式、推杆式、滚动式、推板式、推块式等），配送中心以滑动式和滚动式两种为主。

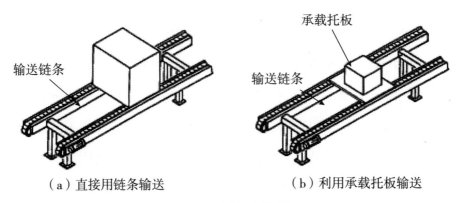

（a）直接用链条输送　　　　　　（b）利用承载托板输送

图 6-38　链条式输送机

（1）滑动式链条输送机。滑动式链条输送机直接以链条承载货物（见图 6-39），且链条两边板片直接在支撑轨道上滑行。由于链条承载了货物重量后，会与滑行轨道产生较大摩擦阻力，所以滑行轨道必须使用低摩擦系数且耐磨耗的材料，其适用于较轻的荷重及较短距离的输送。

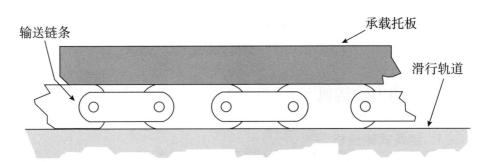

图 6-39　滑动式链条输送机

滑动式链条输送机的输送链条构造简单，维护容易，且成本低廉，但噪声大，动力损耗高，不耐荷重，所以已逐渐被滚动式链条输送机取代。

（2）滚动式链条输送机。滚动式链条输送机是在承载链条上，每目之间再加装承载辊子附件来承载货物，而链条是以辊子与轨道滚动滑行（见图6-40）。由于链条上的辊子与轨道是以滚动方式接触的，因此摩擦阻力小，动力损耗低且可承载较重的荷重，其荷重能力与支架强度、链条大小及辊子尺寸、材质均有关，而辊子材质一般为钢制，但有些场合为了降低噪声，采用耐磨耗的工程塑料辊子。

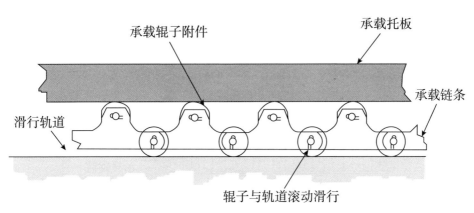

图 6-40 滚动式链条输送机

另外承载辊子附件与承载托板之间，在输送堆积时会产生滑动及滚动两种接触方式：一般输送情况下，货物在承载托板上，承载托板与承载辊子间因荷重产生摩擦力随着链条向前输送；当承载托板堆满线后，承载托板与承载辊子附件间会出现打滑现象，使辊子空转，链条则继续向前移动，此时可实现区段积存功能，而不需停止输送机。

（3）链条式输送机的特点。

①连续式运转，链条必须有轨道支撑。

②除输送方形规则物外，其他货物必须以承载托板输送。

③以承载托板输送时，必须加装承载托板的回收装置。

④输送速度慢。

⑤构造简单，维护容易。

⑥可应用于自动仓库前段及装配、包装等区域。

2. 辊筒式输送机

辊筒式输送机的应用范围很广，可应用于积存、分岔、合流及较重的负载。另外也适用于油污、潮湿、低温的环境。辊筒式输送机有多种驱动形式，以下具体介绍几种驱动方式。

（1）平皮带驱动辊筒输送机。平皮带驱动辊筒输送机的构造与皮带式输送机的构造类似，只是在皮带上方装有一列承载辊筒，下方装有调整松紧的压力辊筒，如图6-41、图6-42所示。

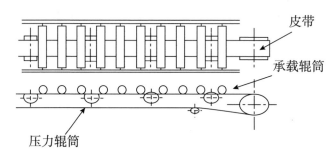

图6-41　平皮带驱动辊筒输送机

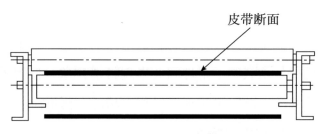

图6-42　皮带断面

（2）V 形皮带驱动辊筒输送机（见图 6-43）。V 形皮带驱动辊筒输送机的驱动方式与平皮带驱动辊筒输送机的驱动方式相同，只是将平皮带换成 V 形皮带，安装于骨架的侧边。V 形皮带主要用于较轻负载及较短的输送机，最好使用一体成形的整圈 V 形皮带，如其使用搭接的方式，则强度及寿命较差。

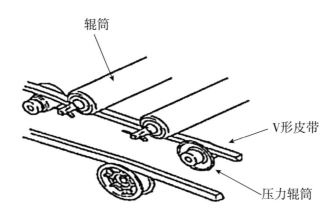

图 6-43　V 形皮带驱动辊筒输送机

　　V 形皮带驱动辊筒适用于输送机转弯及接合的部分，因为 V 形皮带可沿着曲线弹性变形。其使用相同的动力及 V 形皮带，除可驱动直送模块，还可带动转弯及接合模块。

　　（3）链条驱动辊筒输送机。链条驱动辊筒输送机可应用于较严格的工作条件，如重负载、油污、潮湿的环境及较高或较低的温度。链条驱动分为两种形式：连续式及辊筒对辊筒形式。连续式的成本较低，但应用的限制条件较多。

　　①连续式。连续式链条驱动辊筒（见图 6-44、图 6-45），是使用单一链条驱动附有链轮的辊筒（每只辊筒只焊接一链轮）。因其只使用单一链条，且每只辊筒的链轮只有几齿与链条接触，因此不适合

用于输送较重的负载，也不适合应用于需频繁起动、停止的情况。链轮的大小，会影响辊筒的间隔，如需较小的辊筒中心距，可使用倍宽度的链条，配合交错排列的链轮；或是在每两个驱动辊筒之间，置一惰轮辊筒，但驱动马达部分应置于输送机的输出端。

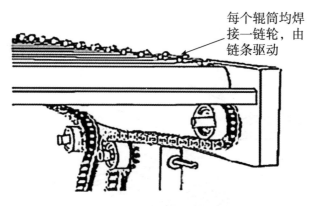

每个辊筒均焊接一链轮，由链条驱动

图 6-44　连续式链条驱动辊筒

链轮

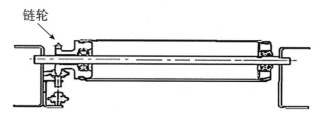

图 6-45　应用于连续式的单链轮辊筒

②辊筒对辊筒形式。辊筒对辊筒形式的链条驱动辊筒（见图 6-46、图 6-47），是在每只辊筒上焊有两个链轮，链条是以交错的方式，连接一对对辊筒，使每只辊筒上的链轮与链条有较大的接触弧角，且具有较大传动力。因为链条的拉力及松弛会累积，所以此类型输送机的长度有限制，一般连续链条圈数不超过 80 圈，如将驱动单元置于输送机中心，则可两边各 80 圈，而总数可达 160 圈。其保养

方式，可以手动转动辊筒定期润滑链条，如速度超过 45m/min，或是在较高温度的环境，则需安装自动链条润滑装置。

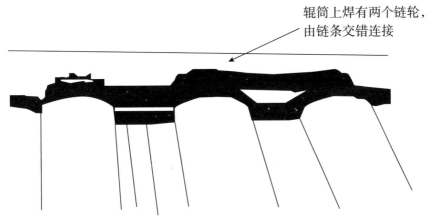

图 6-46　辊筒对辊筒形式的链条驱动辊筒

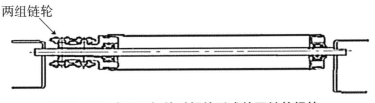

图 6-47　应用于辊筒对辊筒形式的双链轮辊筒

（4）圆皮带驱动辊筒输送机（优力胶圆皮带）。圆皮带驱动方式是利用马达带动线轴，再由线轴上的圆皮带驱动每只辊筒（见图 6-48），利用万向接头接合各模块传动线轴，线轴可用于驱动转弯模块、分岔模块等，不需要另装马达，如图 6-49 所示。

圆皮带驱动辊筒输送机的线轴传动方式具有安静、干净、安全的优点，此外，由于线轴的衔接容易，且动力传递距离长，配合铝挤型支架后，尤其适用于模块化。

（5）齿形皮带驱动辊筒输送机。这种输送机的驱动方式与辊筒对

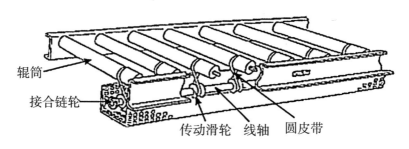

辊筒

接合链轮

传动滑轮　线轴　圆皮带

图6-48　圆皮带驱动辊筒输送机

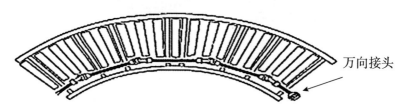

万向接头

图6-49　利用万向接头的转弯模块

辊筒形式的链条驱动辊筒输送机的驱动方式类似，只是在每一对的辊筒间，改以小型的塑料齿轮配合齿形皮带传动，适用于较轻负载的输送。这种驱动方式省去了链轮所需占用的大空间，使整个输送机宽度缩小，且没有金属链条的摩擦传动声，降低了噪声的产生。这种驱动方式使整个输送机的负载必须由与动力源连接的齿形皮带承受，而其余的齿形皮带的负载随着其与动力源的距离增加而逐渐降低。为避免与动力源衔接的皮带负载过大，一般动力源的位置置于输送机的中央（见图6-50、图6-51），或当输送机过长时，每隔几只辊筒即以一只

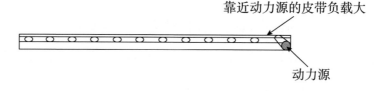

靠近动力源的皮带负载大

动力源

图6-50　动力源置于单边驱动（靠近动力源的皮带负载过大，容易损坏）

电动辊筒为动力源，以降低与动力源连接的皮带的负载，此时电动辊筒的距离间隔要比单纯装置电动辊筒与无动力辊筒的输送机大，因此可减少电动辊筒使用的数量。

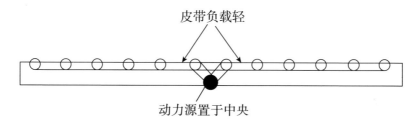

图 6-51　动力源置于中央（可使动力源附近的皮带负载降为一半）

（6）伞齿轮驱动辊筒输送机（见图 6-52）。伞齿轮驱动辊筒输送机装有多个伞齿轮的传动轴，通过装在辊筒轴端的伞齿轮传动，驱使辊筒转动，以这种方式驱动的辊筒输送机负载能力强，但驱动装置在输送机侧边所占的空间很大，且需加覆盖以避免造成工作上的危险。

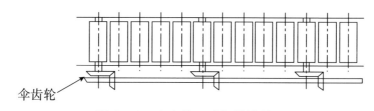

图 6-52　伞齿轮驱动辊筒输送机

当伞齿轮驱动方式应用于转弯模块时，则传动轴必须以万向接头连接，或在邻接辊筒的伞齿轮间，加装可自由游动的伞齿轮来驱动全部的辊筒（见图 6-53、图 6-54）。

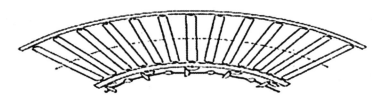

图 6-53　转弯模块以万向接头衔接驱动伞齿轮来传动

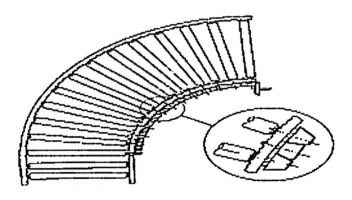

图 6-54　伞齿轮直接驱动的转弯模块

（7）电动辊筒输送机。电动辊筒（见图 6-55）本身拥有动力，所以不需要任何驱动设备，这使输送线更简单、安全、洁净。电动辊筒输送机一般适用于动停控制频繁的场合，但由于其价格昂贵，在实际使用时，每隔几只没有动力的辊筒，才装置一只电动辊筒。

图 6-55　电动辊筒

（8）各类辊筒式输送机的比较。辊筒式输送机因驱动形式的不同，其承载辊筒的设计也不同（见表6-5），在应用情况上也有差异，其比较见表6-6。

表6-5 各类辊筒式输送机设计的比较

驱动形式	宽度（mm）	速度（m/min）	承载辊筒		
			直径（mm）	壁厚（mm）	间距（mm）
平皮带	300~900	12~30	35~64	1.0~1.6	38~300
V形皮带	300~600	3~18	35~48	1.6~1.8	38~150
连续式链条	250~900	1.5~30	48~64	1.6~2.0	90~318
辊筒对辊筒式链条	300~1400	3~18	48~90	1.6~2.0	80~100
圆皮带	300~1300	9~36	50~64	1.4~1.6	75~230

表6-6 各类辊筒式输送机应用情况比较

驱动形式	压力辊筒间距（mm）	平均最大负载（kg/m）	平均最大长度（m）	应用
平皮带	150	186	60	压力辊筒可调，可作积存用途
V形皮带	150	75	15	不适用于重负载及连续作业
连续式链条	不用	225	15	适用于45kg以上负载
辊筒对辊筒式链条	不用	没有限制	12	适用于托盘及重负载
圆皮带	不用	90~300	—	只需驱动马达，即可驱动复杂结构

3. 皮带式输送机

皮带式输送机是水平输送机中较经济的输送方式，可用于坡度的输送（见图6-56），皮带可由辊筒或金属滑板来支撑。皮带式输送机的辊筒、骨架及驱动单元有多种组合方式，一般由输送的物品及系统的应用需求来决定使用何种组合方式。皮带的断面也会影响输送机端部辊筒及驱动方式的设计，如较厚的皮带及较重的材料需要较大的皮带轮直径。

图6-56　皮带式输送机

（1）皮带支撑式。

①滑板式：皮带下方以滑板支撑，用于较轻负载及速度较低的情况，如30m/min以下。

②辊筒式：皮带下方以辊筒支撑，辊筒式的床座所需动力较小，且皮带寿命较长，输送能力较大。

（2）负载能力。

皮带式输送机的负载能力与皮带支撑形式有很大关系，其辊筒式不但输送能力较大，且负载能力也大（见表6-7）。

表 6-7　　　　　　　　皮带式输送机的负载能力

马力（hp）	滑板式负载能力（kg）	辊筒式负载能力（kg）
1/3	180	510
1/2	340	1130
3/4	540	2400
1	720	3180

（3）模块式。

①转弯模块（见图 6-57）。皮带式输送机因皮带具有可伸张性，所以在转弯模块上应用很广，从 30°～180°都有，但以 90°使用最普遍。

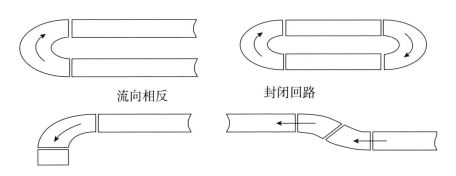

流向相反　　　　　　　　封闭回路

图 6-57　转弯模块

②螺旋模块（见图 6-58）。转弯皮带也有螺旋的构造，可做物品的爬升，以中心线的有效倾斜角，一般为 16°～20°，此外还可替换 90°及 180°的模块，提供多种弹性的组装方式。螺旋模块与倾斜皮带所需的空间尺寸如图 6-59 所示。

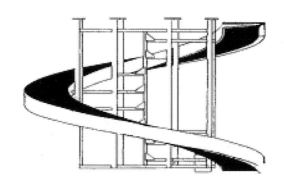

图 6-58　螺旋模块

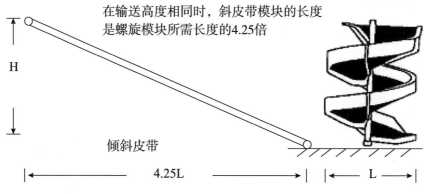

在输送高度相同时，斜皮带模块的长度
是螺旋模块所需长度的4.25倍

图 6-59　螺旋模块与倾斜皮带所需的空间尺寸

四、积存输送机

积存输送机的分类如图 6-60 所示。

1. 一般型积存输送机

（1）重力式输送机是最便宜且最简单的积存输送机。其应用非常广泛，但对于某些物品易造成安全问题。此种形式不适用于系统的主输送线或物品的移动必须处于某一速度且在特定时间内完成的情况。

（2）积存输送机可以由几段皮带输送机组成，这种积存输送机被

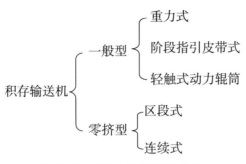

图 6-60 积存输送机的分类

称为阶段指引皮带式输送机。物品移动到第一段皮带上，物品尾端触到传感器停止输送，下一件物品抵达时，输送机再次激活移动，直到此物品尾端完全在皮带上，这一过程将持续到第一件物品到达输送机的末端，接着传感器会指示有一排满列的物品在第一段输送带上，然后这一列物品完整地移动至最远程的空输送带上，而物品可以从此积存线向释放端移去，可一次移出一件物品或一整列物品，当此释放端的输送带完全空出时，再将前一段输送机上的一列物品送入。

（3）常用的一般型积存输送机是轻触式动力辊筒输送机，其应用皮带驱动辊筒，调整压力辊筒，使带动承载辊筒的驱动力最小。但此方式会对前端物品造成推挤压力，而且对于重量变化较大的物品推挤情况较明显。因为压力辊筒的设定，是以带动最重物品为最低的设定基准，这样就对其他较轻物品增加了推挤压力。

2. 零挤型积存输送机

零挤型积存输送机，基本动作原理是以间歇方式，停止部分区段输送机辊筒的动力，以避免后方物品推挤到前方物品。零挤型积存输送机积存方式可分为两种，即区段式和连续式。

（1）区段式。区段式（见图 6-61）是将输送机长度分为几个区段，通常一区段长度为 600～760mm。每区段的动力由传感器控制，动作时，可将下一区段动力切断。积存线的第一区段一般由外部的传感器控制（通常由前方物品堆积满线的传感器感应通知），或是由来自系统控制器的信号控制，当物品到达释放区段时，即停止，并触发传感器切断区段 2 的动力。物品从积存输送线上释放有两种方式：间隔式或整列式（见图 6-62）。

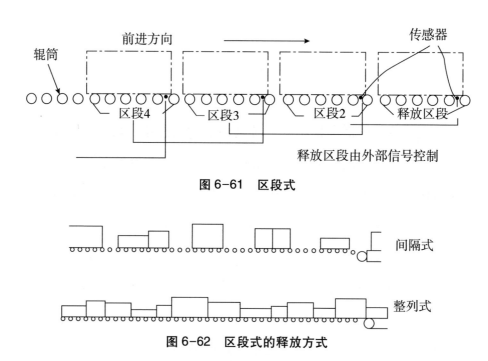

图 6-61　区段式

图 6-62　区段式的释放方式

①间隔式。有些形式的积存输送机具有间隔式的功能，上一区段的传感器开启后即启动释放区段的动力，以使暂停于此区段的物品随即送出。例如，针对纸箱密封包装的物品，需选择间隔式，可将物品与物品加以间隔。

②整列式。整列式积存线，可在同一时间集中释放所有区段的动力，将整条积存线上的物品送出。

区段式积存中，物品最大、最小长度与区段长度的关系非常重要。区段的设计通常是以能处理最大的物品为主，但有些情况，一个物品可能会横跨两区段，进而对物品产生推挤压力；有些情况是两个较小的物品可能停止在一较大的区段内，导致不可预测的释放问题。

（2）连续式。当物品堆满整个输送机，堆挤压力过大时，易造成物品损坏，为了降低堆挤压力而有多种设计方式，主要原理即在某段时间内移去大部分输送机的动力而保存少许环节具有动力，这样整线仍存有很小的驱动力，但已不足以对物品造成损坏，如图 6-63 所示。

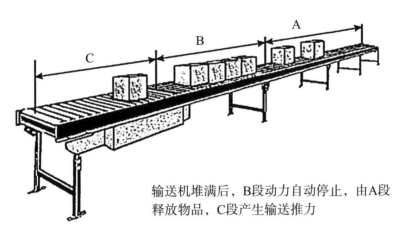

输送机堆满后，B段动力自动停止，由A段
释放物品，C段产生输送推力

图 6-63　连续式积存输送机

五、输送设备的选用

因为输送物品的表面与输送机直接接触，因此物品的特性直接影响设备的选择及系统的设计。输送物品的特性包括尺寸、重量、表面特性（软或硬）、处理的速率、包装方式及重心等，均是要考虑的因素。规划时，应将欲输送的所有物品列出，如最小的及最大的；最重的及最轻的；有密封的及无密封的。在设备的设计上，并非仅最大的或最重的物品会影响设计，较轻的物品也可能无法使感测器动作，因此较小的物品也会影响设备的选择。对于某些累积式输送机，物品重量分布范围有重要影响，在规划时，主系统并不需要处理所有的物品，可以第二套系统或人工的方式来处理不常用的物品，这样较为经济。

所有新的输送机，都必须与现有的作业设备做最好的配合。简单的系统，如叉车；复杂的系统，如机器人、无人搬运车或存取机等。这些已存在的系统会影响设备的选择及配置，特别是在交接的输送作业点上。

环境条件也是主要的考虑因素。大部分的仓库是在有空调及灯光的情况下作业的，如有极端温度的情况，需特别选用皮带、轴承及驱动单元。仓库一般是在相对洁净的环境中，但是输送机系统有时需连接洁净的区域与较恶劣的环境（如废纸箱区），因此有些物品基于健康、安全的因素，必须隔离，这些因素也会影响输送系统及储存区域的设计。

所有的货品搬运设备，都需要不同程度的维护。无动力系统，通常只需定期检查，以确保滚轮的转动正常；较复杂的系统，应由制造商提供定期维护。在输送设备的初步规划阶段，复杂的搬运系统维护的成本，必须列入采购的预算中，而维护的需求也需列入系统的选择及评价的考虑因素。

新的输送系统一般具有信息管理系统的功能。控制系统的复杂程度、输送机控制的信息来源及系统信息的功能，都应在设计输送机控制系统时优先考虑。

第五节　应急物流配送中心辅助
设备与设施

发生突发事件或出现紧急情况时，应急物流配送中心辅助设备与设施可以提高物流配送的效率，保障人员和货物的安全。本节将从辅助作业区域设备与设施、厂区建筑外围设备与设施、其他相关设备与设施三个方面，对应急物流配送中心的辅助设备与设施进行详细阐述。

一、辅助作业区域设备与设施

（1）叉车。叉车是一种用于货物搬运和堆垛的机械设备，可以提高物流配送效率。在应急物流中，叉车可以帮助物流人员快速、高效地搬运货物，尤其适用于重货物的搬运和堆垛。

（2）手推车。手推车是一种简单、便携的搬运设备，通常用于小型货物的搬运。在应急物流中，手推车可以帮助物流人员快速、高效地搬运小型货物，节约人力成本。

（3）输送带。输送带是一种用于货物输送的设备，可以实现货物的连续输送。在应急物流中，输送带可以帮助物流人员实现货物的连续输送，提高物流配送效率。

（4）按钮开关。在应急情况下，按钮开关可以用来切断设备的电源，以保证人员和货物的安全。

（5）废品箱。废品箱是用来装载废弃物或者残次品的箱子，以保持配送中心的整洁和卫生。

二、厂区建筑外围设备与设施

（1）外墙和屋顶。应急物流配送中心的建筑外墙和屋顶需要具备一定的防火、防水、防盗等特性。建议采用能够有效隔热、隔音、抗震、抗风的材料，如保温隔热板材、防火板材、高强度玻璃等。此外，还需要对外墙和屋顶进行防水处理，以保证仓库内货物的安全。

（2）外围道路和停车场。应急物流配送中心需要配备足够的外围道路和停车场，以方便货物的进出和配送车辆的停靠。外围道路和停车场需要铺设坚固的路面，并进行合理的排水设计，以保证在恶劣天气情况下仍能正常使用。

（3）照明设备。仓库外部的照明设备同样需要重视。建议采用LED灯具，以提高能源利用率和照明效果，同时还能降低维护成本。照明设备的安装位置需要合理设计，以保证在夜间或阴雨天气下仓库外围能够清晰可见，避免工作人员发生意外。

（4）围栏。围栏可以用来限制人员进入危险区域，保障工作人员和货物的安全。

（5）电子警示标识。电子警示标识用来提示人员禁止入内或提醒人员注意安全。

（6）消防设备。消防设备包括灭火器、喷淋系统等，可以保障配送中心在紧急情况下的安全和稳定。

（7）应急照明设备。在配送中心停电或者灯光不足的情况下，应急照明设备可以帮助物流人员顺利地进行作业。

三、其他相关设备与设施

除了上述两部分设备与设施之外，应急物流配送中心还需要其他相关设备与设施来保证配送中心的正常运作。

（1）温湿度控制设备。应急物流配送中心的货物种类多样，一些货物对环境温度和湿度的要求较高。为了保证货物质量不受影响，应急物流配送中心需要安装温湿度控制设备，对环境温度和湿度进行实时监测和调节，以确保货物的质量和安全。

（2）监控设备。应急物流配送中心的物资价值较高，为了保证物资的安全和保密，需要安装监控设备，对中心的各个区域进行实时监控和录像，以确保物资不会被盗或损坏。

（3）充电设备。应急物流配送中心的设备，如叉车、托盘车等，需要电力供应。为了确保这些设备能够正常运行，应急物流配送中心需要安装充电设备，为设备提供稳定的电力供应。

（4）紧急供电设备。应急物流配送中心的物资对于受灾群众的生命和财产安全有着至关重要的作用，因此配送中心必须保证正常运作。在突发情况下，如停电等，配送中心需要紧急供电设备，以确保配送中心能够正常运作，及时为受灾群众提供物资。

以上是应急物流配送中心辅助设备与设施的相关内容，这些设备与设施的运作，保障了应急物流配送中心的正常运行，为受灾群众提供了及时有效的救援物资和服务。

第六节　数字技术结合设备
与设施应用案例分析

数字技术在现代物流领域的应用越来越广泛，极大地提高了物流的效率和精度。数字技术结合设备与设施的应用案例也越来越多，这些应用案例不仅能够满足物流的需求，也能够为数字技术的发展提供更多的应用场景和数据支撑。

一、数字技术结合设备与设施应用案例

（1）智能物流仓储系统。智能物流仓储系统是一种将物流配送中心与数字技术相结合的应用案例。该系统通过 RFID 技术、传感器技术和智能控制技术等手段，实现了对物流配送中心内货物的自动化管理和监控。在智能物流仓储系统中，货物在入库时通过 RFID 标签进行识别，然后通过传感器自动进行存储和调度，从而实现了货物的高效管理和自动化控制。

（2）智能运输车辆。智能运输车辆是一种将数字技术与物流运输相结合的应用案例。智能运输车辆采用了自动驾驶技术和智能控制技术，可以实现自动驾驶和无人值守的运输过程。通过数字技术和传感器技术，智能运输车辆可以实时监控路况和运输状态，并根据实时数据自动调整行驶路线和速度，从而提高运输效率和安全性。

（3）智能配送机器人。智能配送机器人是一种将数字技术与物流配送相结合的应用案例。智能配送机器人通过人工智能技术和机器视

觉技术，可以实现对物流配送中心内货物的智能识别和自动化配送。在智能配送过程中，机器人通过机器视觉技术识别货物位置和数量，然后通过人工智能技术进行路径规划和自动化配送，从而实现了高效的物流配送过程。

二、数字技术结合设备与设施的应用前景

数字技术结合设备与设施的应用前景非常广阔，可以应用于物流配送、仓储管理、运输监控等多个领域。在未来，随着人工智能技术、大数据技术、物联网技术的不断发展，数字技术结合设备与设施的应用案例也将越来越多。例如，在物流配送方面，随着自动驾驶技术的发展，数字技术结合自动驾驶车辆的应用前景非常广阔。自动驾驶车辆可以实现物流配送的自动化，提高配送效率，减少人工成本，自动驾驶车辆可以实现货物的实时监控和追踪，提高运输安全性和可靠性。在仓储管理方面，数字技术结合智能仓储设备的应用前景也非常广阔。智能仓储设备可以实现仓储物品的自动化分类、存储和检索，提高仓储效率和准确性，智能仓储设备可以通过传感器等技术对仓储环境进行实时监控，提高仓储环境的安全性和可靠性。在运输监控方面，数字技术结合智能监控设备的应用前景也非常广阔。智能监控设备可以实现运输车辆的实时监控和追踪，提高运输安全性和可靠性，智能监控设备可以通过传感器等技术对货物的运输状态进行实时监控，提高货物运输的可视化和可控性。

总的来说，数字技术结合设备与设施的应用前景非常广阔，可以帮助企业实现物流配送、仓储管理、运输监控等领域的自动化和智能化，提高企业的运营效率和核心竞争力。

第七章　应急物流配送中心仓储作业系统规划

仓储是物流系统的核心功能，在物流系统中起着缓冲、调节和平衡的作用。仓储也是配送中心的核心功能，由于生产与需求的差异和不同步性，配送中心必须保持一定的库存，才能满足下游订单的需求。因此，仓储区是配送中心的主要区域。配送中心仓储区如何进行储区和储位规划、如何进行仓储系统及设备的选择、如何确定储存策略与储位指派原则是配送中心高效运营的关键。本章将系统介绍配送中心仓储系统的管理目标、仓储作业策略和仓储系统规划方法，并着重介绍自动仓库（AS/RS）的构成、作业方法、系统规划要点与规划程序。

第一节　仓储系统概述

在传统的物流系统中仓储作业一直扮演着最重要的角色，但是随着生产制造技术的进步及运输系统的完善，仓储作业的角色也发生了变化。虽然其调节生产量与需求量的原始功能一直没有改变，但为了满足市场少量多样需求的形态，物流系统中拣货、出货、配送的重要性已凌驾于仓储保管功能。

一、仓储系统的构成

仓储系统的主要构成要素包括储存空间、货品、人员及储存设备等。

1. 储存空间

储存空间即配送中心的仓库保管空间。在进行储存空间规划时，必须考虑到空间大小、柱子排列、梁下高度、走道、设备回转半径等基本因素，再结合其他相关因素进行分析，方可做出完善的设计。

2. 货品

货品是仓储系统的重要组成要素。这些货品的特征、货品在储存空间的摆放方法以及货品的管理和控制是仓储系统要解决的关键问题。

（1）货品的特征。

①供应商：即商品是由供应商供应，还是自己生产，有无其行业特性及影响。

②商品特性：此商品的体积大小、重量、单位、包装、周转快慢、季节性的分布、物性（腐蚀或溶化等）、温湿度的需求等。

③数量：如生产量、进货量、库存决策、安全库存量等。

④进货时效：包括采购前置时间，采购作业特殊需求。

⑤品项：包括种类类别、规格大小等。

（2）货品在储存空间摆放的影响因素。

①储位单位：储位的单位是单品、箱，还是托盘？且其商品特性如何？

②储位策略的选择：是定位储存、随机储存、分类储存，还是分类随机储存？或者选择其他的分级、分区储存策略。

③储位指派原则的运用：靠近出口，以周转率为基础。

④商品相依需求性。

⑤商品特性。

⑥补货的方便性。

⑦单位在库时间。

⑧订购概率。

商品摆放好后，要做好有效的在库管理，随时掌握库存状况，了解其品项、数量、位置、出入库状况等。

3. 人员

人员包括仓管人员、搬运人员、拣货和补货人员等。仓管人员负责管理及盘点作业；拣货人员负责拣货作业；补货人员负责补货作业；搬运人员负责入库、出库和倒垛作业（为了商品先进先出、气味避免混合等目的），人员在存取搬运商品时，讲求省时、省力、高效率。为达到这一要求，作业流程要合理化、精简；储位配置及标识要简单、清楚，好放、好拿、好找；表单要简单、统一、标准化。

4. 储存设备

在配送中心，当货品储存不是直接堆叠在地板上时，则必须考虑相关的托盘、货架等储存设备；当人员不是以手工操作时，则必须考虑使用输送机、笼车、叉车等输送与搬运设备。

（1）搬运与输送设备。

在选择搬运与输送设备时，需考虑商品特性、货品的单位、容器、托盘、人员作业时的流程与状况、储位空间的配置等，以选择适合的搬运与输送设备。另外也要考虑设备成本及人员使用操作的方便性。

（2）储存设备。

储存设备也要考虑如商品特性、货品的单位、容器、托盘等基本条件，并选择适当的设备配合使用。例如，使用自动仓库设备，配以固定货架、流力架等货架选择使用。货架设备必须做标识、区隔，或颜色辨识管理等。另外在拣货作业时搭配电子标签辅助拣选设备，在出货、点货时，利用无线电传输设备；各储位及货架等做编码，以方便管理。编码须明晰易懂，以方便作业。

二、仓储系统的分类

（一）按储存量大小分类

（1）大批储存。大批储存一般指3个托盘以上的存量，以托盘为储存单位，采用地面堆码或自动仓库储存的方式。

（2）中批储存。中批储存一般指1~3个托盘的存量，可以托盘或箱为出货拣取单位，多采用托盘货架或地面堆码的方式。

（3）小批储存。小批储存一般指小于一个托盘的储存，以箱为出货拣取单位，多采用托盘货架、搁板货架、货柜等方式。

（4）零星储存。零星储存区或拣取区是使用货柜或搁板货架，储存小于整箱货品的地方。一般货品的拣取在此区域中进行，若产品很小及整批储量并不占很大空间，则整批产品也储存于零星储存区。

零星储存区一般包括检查与打包的空间，为了安全目的需与大批储存区分开。另外，此储存区最好置于低楼层及居中的位置，以降低等候拣取时间及减轻出货时的理货工作。

（二）按储存设备分类

1. 地面堆码储存

地面堆码储存是使用地板支撑的储存，有将货品放于托盘上堆码或直接地面堆码两种。堆叠时靠墙码放可以提高货垛的稳定性，袋装物也能采用此法储存。

（1）地面堆码储存的形式。地面堆码可分为行列堆码及区块堆码两种形式。

①行列堆码。行列堆码是指将货物按行列堆码，在货堆之间留下足够的空间使任何一行（列）堆码的托盘出货时皆不受阻碍。当在一行（列）储区中只剩几个托盘时，应将这些托盘转移至小批储存区，此区域再储存大批产品。行列堆码如图 7-1 所示。

图 7-1 行列堆码

②区块堆码。区块堆码是指每一行与行之间的托盘堆码并不留存任何空间，此方式适用于储存大量同类货品的场合。采用区块堆码时必须小心作业，避免托盘存取时由于互相挤压而发生危险。区块堆码如图 7-2 所示。

（2）地面堆码储存的优缺点。

地面堆码储存的优点如下。

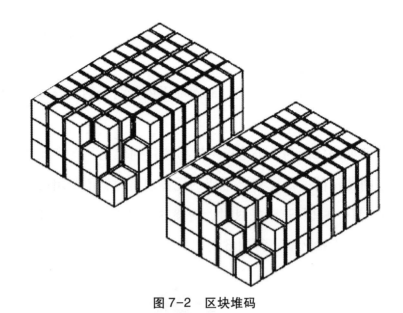

图 7-2　区块堆码

①适于形状不规则货品的储存：尺寸及形状不会造成地面堆码的困难。

②适合大量可堆叠货品的储存：若重量不致过重，能提供规则形状或容器化的货品三度空间的有效储存。

③只需简单的建筑即可。

④堆叠尺寸能根据储存量适当调整。

⑤通道的需求较小，且容易改变。

地面堆码储存的缺点如下。

①不能兼顾先进先出，若要先进先出，必须增加倒垛作业，造成工作负荷增大并易损坏货品。

②货垛边缘容易被搬运设备损坏。

③地面堆码不整齐，不适合小单位的拣取作业。

④不适于储存某些特殊货品。例如，易燃物品，应置于一定

高度。

2. 货架储存

货架的种类很多，常用的货架类型包括托盘货架、搁板货架、流动货架、驶入式货架等。

货架储存的优点如下。

（1）存取方便。

（2）可以实现先进先出或自由存取。

（3）货物之间不会相互挤压。

货架储存除适用于规则性货品的储存外，也能用于不规则货品的储存，但不能超出货格范围。

3. 自动仓库储存

自动仓库是由高层货架、有轨巷道堆垛机、输送系统构成的自动仓储系统，我国一般称其为自动仓库或立体仓库。它能够充分利用空间，实现货物的自动存取，是一种高效率的储存方式，在欧、美、日等发达国家和地区广泛应用，在我国也得到了快速推广。

（三）按储存单元分类

仓储系统按储存单元的不同，可以分为托盘仓储、容器仓储、单品仓储和其他仓储四种仓储系统。

托盘仓储系统的储存单元为托盘货物单元，是一种大批量储存方式，一般采用托盘平置、托盘货架、流动货架、自动仓库作为储存设备，采用叉车、高架叉车或堆垛机等完成存取作业，适用于大批量货物的储存。

容器仓储系统的储存单元为容器或包装箱，一般采用搁板货架、流利架、回转货架或箱单元自动仓库作为储存设备，采用人工、拣选车、拣货台车或箱负载堆垛机等完成存取作业，适用于小批量货物的储存和拣选。

单品仓储系统的储存单元为单品（单个最小包装），一般采用货柜、回转货架等作为储存设备，采用人工、拣货台车、输送机或自动分拣设备完成存取作业，适用于零星货物的储存和分拣。

其他仓储系统包括储存长料、板材或其他不规则形状的货品，可根据储存货品的形状等物理特征选择储存和作业设备。

三、仓储保管

1. 仓储保管的目标

（1）空间的最大化使用。

（2）劳力及设备的有效使用。

（3）储存货品特性的综合考虑。即对储存货品的体积、重量、包装单位等品项规格及腐蚀性、温湿度条件、气味影响等物性需求全面了解，从而按货品特性适当储存。

（4）所有品项能随时存取。

（5）货品的有效移动。在储区内进行的大部分活动是货品的搬运，需要人力及设备进行货品的搬进与搬出，因此人力与机械设备操作应达到经济和安全的统一。

（6）货品品质的保证。货品储存必须保持在良好条件下，以确保货品品质。

（7）良好的管理。良好的管理，如清楚的通道、干净的地板、适当且有次序的储存及安全的运行等，能够提高工作效率、激发员工工作积极性。

2. 仓储系统的评价指标

仓储系统的主要评价指标包括储区面积率、保管面积率、容积或面积使用率、平均每品项所占货位数、库存周转率、库存掌握程度、库存管理费率和呆废品率等，各指标的计算公式及应用目的如表7-1所示。

表 7-1　　仓储系统评价指标的计算公式及应用目的

评价指标	计算公式	应用目的
储区面积率	$储区面积率=\dfrac{储区面积}{配送中心建筑面积}$	衡量厂房空间的利用率是否合适
保管面积率	$保管面积率=\dfrac{可保管面积}{储区面积}$ $单位保管面积率=\dfrac{平均库存量}{可保管面积}$	判断货位内通道规划是否合理
容积或面积使用率	$面积使用率=\dfrac{存货总体积}{货位总容积}$	用以判断货位规划及使用的货架是否适当，以有效利用货位空间
平均每品项所占货位数	$平均每品项所占货位数=\dfrac{货架货位数}{总品项数}$	由每货位保管品项数的多少来判断货位管理策略是否应用得当
库存周转率	$库存周转率=\dfrac{出货量}{平均库存量}$或$\dfrac{营业额}{平均库存额}$	可用来考核仓库营运绩效，以及作为衡量目前货品存量是否适当的指标
库存掌握程度	$库存掌握程度=\dfrac{实际库存量}{标准库存量}$	作为设定产品库存的比率依据，以供存货管制参考

续　表

评价指标	计算公式	应用目的
库存管理费率	$库存管理费率 = \dfrac{库存管理费用}{平均库存量}$	衡量每单位存货的库存管理费用
呆废品率	$呆废品率 = \dfrac{呆废品件数}{平均库存量} 或 \dfrac{呆废品金额}{平均库存金额}$	用来测定货品损耗影响资金周转不灵的状况

四、仓储系统的储存策略

储存策略即决定货品在储存区域存放位置的方法或原则。良好的储存策略可以减少出入库移动的距离、缩短作业时间，还可以充分利用储存空间。

常见的储存策略有定位储存、随机储存、分类储存、分类随机储存和共同储存等。

1. 定位储存

每一项储存货品都有固定储位，货品不能互用储位，因此需规划每一项货品的储位容量，且储位容量不得小于其可能的最大在库量。

（1）定位储存的优缺点。

优点：

①每种货品都有固定储存位置，拣货人员容易熟悉货品储位。

②货品的储位可按周转率大小或出货频率安排，以缩短出入库搬运距离。

③可针对各种货品的特性作储位的安排调整，将不同货品间的相互影响减至最小。

缺点：储位必须按各项货品的最大在库量设计，因此储区空间平时的使用效率较低。

（2）定位储存的应用条件。

①不适于随机储存的场合。

②储存条件对货品储存非常重要。例如，有些品项必须控制温度。

③易燃物必须限制储存于一定高度以满足保险标准及防火法规。

④依商品物性，由管理或其他策略指出某些品项必须分开储存。例如，饼干和肥皂；化学原料和药品。

⑤保护重要货品。

⑥厂房空间大。

⑦多种少量商品的储存。

总之定位储存容易管理，所需的总搬运时间较少，但需较多的储存空间。

2. 随机储存

随机储存的每一个货品被指派储存的位置都是随机产生的，而且可以经常改变；也就是说，任何品项可以被存放在任何可利用的位置。随机储存原则：一般由储存人员按习惯储存，且通常按货品入库的时间顺序储存于靠近出入口的储位。

（1）随机储存的优缺点。

优点：由于储位可共用，因此只需按所有库存货品最大在库量设计即可，储区空间的使用效率较高。

缺点：

①货品的出入库管理及盘点工作的进行困难度较高。

②周转率高的货品可能被储存在离出入口较远的位置，增加了出入库的搬运距离。

③具有相互影响特性的货品可能相邻储存，造成货品的伤害或发生危险。

在一个良好的储存系统中，采用随机储存能使货架空间得到最有效的利用，因此储位数目得以减少。由模拟研究显示，随机仓储系统与定位储存比较，可节省 35% 的移动储存时间并增加 30% 的储存空间，但较不利于货品的拣取作业。

（2）适用场合。随机储存较适用以下两种情况：①厂房空间有限，需尽量利用储存空间；②种类少或体积较大的货品。

3. 分类储存

分类储存的原则：所有的储存货品按照一定特性加以分类，每一类货品都有固定存放的位置，而同属一类的不同货品又按一定的原则来指派储位。分类储存通常按产品相关性、流动性、产品尺寸或重量、产品特性来分类。

（1）分类储存的优缺点。

优点：

①便于畅销品的存取，具有定位储存的各项优点。

②各分类的储存区域可根据货品特性再作设计，有助于货品的储存管理。

缺点：分类储存较定位储存具有弹性，但也有与定位储存同样的缺点。

（2）适用场合。

①产品相关性大，经常被同时订购的场合。

②周转率差别大的场合。

③产品尺寸相差大的场合。

4. 分类随机储存

每一类货品有固定存放位置，但在各类的储区内，每个储位的指派是随机的。分类随机储存优缺点如下。

优点：有分类储存的部分优点，节省储位数量，提高储区利用率。

缺点：货品出入库管理及盘点工作的困难度较高。

分类随机储存兼具分类储存及随机储存的特点，需要的储存空间介于两者之间。

5. 共用储存

在确定知道各货品的进出仓库时间时，不同的货品可共用相同储位的方式称为共用储存。虽然共用储存在管理上较复杂，但能节省储存空间及搬运时间。

第二节　应急物流配送中心
仓储作业方法与策略

一、应急物流配送中心仓储作业（储存）方法

应急物流配送中心的仓储储存方法是非常重要的，它关系到物资的安全、整洁、高效和便捷。以下是常见的应急物流配送中心的仓储储存方法。

（1）货架储存法：货架储存法是将货物存放在货架上，可以充分利用空间，使物品的分类储存更加方便，同时可以避免货物的堆积，提高储存效率。

（2）地面储存法：地面储存法是将货物直接放置在地面上，适用于大型物品的储存，如机器、设备等。这种储存方法不够整洁，货品容易受潮湿、灰尘、污染等因素的影响。

（3）堆积储存法：堆积储存法是将货物堆积在一起，适用于散装物品的储存，如煤、矿石等。这种储存方法容易造成货物的压垮和混杂，不利于分类管理。

（4）包装储存法：包装储存法是将货物进行包装后再储存，可以保护货物不受外界环境的影响，同时也可以避免货物的损坏、丢失等问题。在应急物流中，包装储存法尤为重要，可以保障货物的完好无损。

（5）温湿度控制储存法：特定的应急物资需要对温度和湿度进行控制，以保障物品的质量。这种储存方法可以使用温度计和湿度计等设备，监控温度和湿度，以保障货物的质量。

不同的仓储储存方法有各自的优缺点，在实际应用中需要根据物资种类、储存需求和场地条件等因素选择合适的方法。同时，在仓储储存过程中，要注意货物的分类、包装、标记等问题，做好防潮防尘、防火防盗等措施，以保障物资的安全和整洁。

二、应急物流配送中心仓储储存策略

应急物流配送中心的仓储储存策略是指在突发事件等应急情况下，如何合理规划配送中心内货物的储存、布局和管理。合理的仓储储存策略可以有效提高应急物流配送中心的响应速度、减少仓库管理成本、保证物流配送的准时性和可靠性。以下是几个常见的应急物流配送中心仓储储存策略：

（1）ABC 分类法。ABC 分类法是一种常见的库存管理方法，它将库存物品按照价值进行划分，然后依照划分结果进行管理。其中 A 类物品价值最高，通常只占库存数量的 10% 左右，但是对物流配送的要求非常高；B 类物品价值适中，通常占库存数量的 20% 左右；C 类物品价值最低，但是占库存数量的 70% 左右。按照 ABC 分类法管理库存可以帮助应急物流配送中心更加高效地管理库存，减少库存过多或不足的情况发生。

（2）先进先出法。先进先出法是指先进库的物品应该先被使用，以保证库存物品的新鲜度和质量。在应急物流配送中心，往往需要及时配送物品，避免库存物品过期或者损坏导致配送失败，因此应采用先进先出法的仓储储存策略。

（3）按需储存法。按需储存法是指根据需求合理储存物品，而不是盲目地储存和管理。在应急物流配送中心，储存的物品往往是有特定需求的，根据需求进行储存可以更好地满足物流配送的要求，提高配送效率和准时性。

（4）区域储存法。区域储存法是指将物品按照不同区域进行储存，以便于管理和查找。在应急物流配送中心，不同区域的物品往往具有不同的特点和需求，通过区域储存可以更好地管理物品，减少物品丢失和误放的情况发生。

应急物流配送中心可以根据具体情况选择合适的仓储储存策略，合理规划和管理库存。在应急物流配送中心仓储储存策略中，最重要的是根据物品的属性进行分类、规划合理的储存空间，并采取合适的储存方法和技术手段，以保证物品安全、高效的储存和管理。随着数字技术的不断发展，各种智能化的仓储设备和系统也将得到广泛的应用，如智能化存储设备、自动化物流配送设备、物流信息化系统等，将进一步提升应急物流配送中心的仓储储存效率和服务水平，为应急救援和灾害应对提供更加有力的支持。

三、应急物流配送中心仓储储位指派原则

应急物流配送中心仓储储存策略是储区规划的大原则，当确定储存策略并进行储存区域规划后，还必须配合应急物流配送中心仓储储位指派原则才能决定储存作业实际运作的模式。应急物流配送中心常用的储位指派原则可归纳为以下几项。

（1）靠近出口原则。靠近出口原则是将刚到达的货品指派到离出口最近的空储位上。

（2）以周转率为基础原则。以周转率为基础原则是按照商品在仓库的周转率（销售量除以存货量）来排定储位。首先依周转率由大到小排序列，再将此序列分为若干段，通常分为 3~5 段。同属于一段中的货品列为同一级，依照定位或分类储存法的原则，指定储存区域给每一级的货品，周转率越高应离出入口越近。

（3）货品相关性原则。货品相关性大者在订购时经常被同时订购，所以应尽可能存放在相邻位置。货品按产品相关性原则储存的优点：①缩短提取路程，减少工作人员疲劳；②简化清点工作。货品相关性大小可以利用历史订单数据做分析。

（4）货品同一性原则。货品同一性的原则，是指把同一类货品储存于同一保管位置的原则。这种将同一类货品保管于同一场所加以管

理的管理方式，其效果是值得期待的。

仓库作业人员对于货品保管位置皆能熟知，且对同一货品的存取搬运时间最少是提高配送中心作业生产率的基本原则之一。当同一货品分布于仓库内多个位置时，对货品在储存、取出、盘点以及作业人员对货架货品掌握程度等方面都可能造成困难。因此产品同一性原则是配送中心应遵守的重点原则。

（5）货品类似性原则。货品类似性原则是指将类似品比邻保管的原则。

（6）货品互补性原则。互补性高的货品应存放于邻近位置，以便缺货时可迅速以另一品项替代。

（7）货品相容性原则。相容性低的货品不可放置在一起，以免损害品质，如烟、香皂、茶不可放在一起。

（8）先进先出原则。此原则一般适用于寿命周期短的商品，如感光纸、软片、食品等。若货品品规变化小，货品寿命周期长，保管不易产生损耗、破损等情况时，则需要考虑先进先出的管理费用及采用先进先出所得到的利益，比较后，再决定是否采用先进先出的原则。另外，对于食品或易腐败变味的货品，应考虑先到期先出货的原则，若先进货保存期限长，而后进货保存期限较短，应以保存期限快到期的货品先出库，且保存期限剩 3~6 个月的货品应考虑退货给原供应商或折扣处理，以免后续发生过期退货或品质变质的情况，影响整个作业进行。

（9）码高的原则。码高的原则，是像堆积木般将货品码高，以提高配送中心整体的保管效率，可利用托盘等工具将货品堆高提高容积效率。值得注意的是，在严格要求先进先出时，一味往上码高并非最佳选择，此时应考虑使用合适的货架或阁楼式货架等保管设备来保证出货效率。

（10）面对通道的原则。面对通道原则，是将货品面对通道来保管，其可识别的标号、名称利于作业人员辨识。为了使货品的储存、取出容易且有效率地进行，货品必须要面对通道保管，这也是配送中心流畅作业及活性化的基本原则。

（11）货品尺寸原则。货品尺寸原则指在仓库布置时，要同时考虑货品单位大小及由相同货品所形成的整批形状，以便供应适当的空间满足某一特定需要。在储存货品时，要有大小不同位置的变化，用以容纳大小不同的货品和不同的容积。此原则的优点在于：货品储存数量和位置适当，分拣发货迅速，搬运工作及时间都能减少。

仓储时若未考虑储存货品单位大小，可能造成储存空间太大而浪费空间，或储存空间太小导致货品无法存放；未考虑储存货品整批形状，可能造成整批太大无法同处存放（数量太多）或浪费储存空间（数量太少）。一般将体积大的货品存放于进出较方便的位置。

（12）重量特性原则。重量特性原则，是按照货品重量的不同来决定储存货品在保管场所的高低位置。

一般而言，重物应保管于地面上或货架的下层位置，而重量轻的货品则保管于货架的上层位置；若以人手进行搬运作业时，人的腰部以下的高度用于保管重物或大型货品，而腰部以上的高度则用来保管重量轻的货品或小型货品。这一原则对于货架的安全性及人手搬运作业有很大意义。

（13）货品特性原则。货品特性不仅涉及货品本身的危险及易腐性质，同时也可能影响其他的货品，因此在配送中心布置设计时必须考虑货品的特性。现列举 5 种有关货品特性的基本储存方法。

①易燃物的储存：易燃物须在具有高度防护作用的建筑物内且安装防火设备的空间储存，最好是独立区放置。

②易窃品的储存：易窃品须装在加锁的笼子、箱、柜或房间内。

③易腐品的储存：易腐品需要储存在冷冻、冷藏或其他特殊的设备内，且以专人作业与保管。

④易污损品的储存：易污损品可使用帆布套等覆盖。

⑤一般货品的储存：一般货品需要储存在干燥及管理良好的库房，以应客户需要随时提取。

另外，彼此易互相影响的货品应分开放置，如饼干和香皂，容易气味相混；危险的化学药剂、清洁剂，也应独立隔开放置，且作业时需戴上安全防护套。产品特性原则的优点在于：根据货品特性有适当的储存设备保护，且容易管理与维护。

（14）储位标识原则。储位标识原则，即把保管货品的位置给予明确标识，目的是将存取单纯化，并能减少其间的错误。尤其在临时人员、高龄作业人员较多的配送中心，此原则更为必要。

（15）明晰（表示）性原则。明晰性原则，是指利用视觉，使保管场所及保管物品容易识别的原则。此原则需与储位标识原则、同一性原则及码高原则相吻合，如通过设置颜色看板、布条、标识符号等，让作业人员一目了然，且能产生联想从而帮助记忆。

良好的储存策略与储位指派原则结合，可减少拣取商品所需移动的距离。越复杂的储位指派原则越需要功能强大的计算机管理系统配合，通过先进的计算机管理系统的导入可大大增加作业效率。

第三节 应急物流配送中心仓储系统规划

一、应急物流配送中心仓储能力规划

仓储能力常用的估算方法有周转率估算法和送货频率估算法。

1. 周转次数估算法

利用周转率进行储存区储存量的估算，是简便而快速的初估方法，适用于初步规划或储量概算的参考。其计算公式为：

$$库容量 = \frac{年仓储运转量}{周转次数} \times 安全系数$$

其计算步骤如下：

（1）年仓储运转量计算。将配送中心的各项进出产品依单元负载单位换算成相同单位计算运转总量（如托盘或标准箱等单位），此单位为现况或预期规划使用的仓储作业基本单位，经加总各品项全年的总量后，可得到配送中心的年仓储运转量。实际计算时如果产品物性差异较大（如干货与冷冻品）或基本储运单位不同（如箱出货与单品出货），可以分别加总计算。

（2）估算周转次数。定出配送中心未来仓储存量周转次数目标，一般食品零售业年周转次数为 20~25 次；制造业为 12~15 次。企业在设立配送中心时，可针对经营品项的特性、产品价值、附加利润、缺货成本等因素，决定仓储区的周转次数。

（3）估算库容量。以年仓储运转量除以周转次数计算库容量。

（4）估计安全系数。估计仓储运转的变动弹性，以估算的库容量乘以安全系数，求出规划库容量，以满足高峰时期的高运转量，如增加安全系数10%～25%。如果配送中心商品进出货有周期性的明显趋势时，则需探讨整个仓储运营策略是否涵盖最大需求，或者经由采购或接单流程的改善，达到需求标准化的程度，以避免因安全系数过高增加仓储空间造成投资浪费。

在规划仓储空间时，可按商品类别分类计算年仓储运转量，并按产品特性分别估计年周转次数及总库容量，然后加总得到规划库容量，见表7-2。

表 7-2   仓储区周转次数、库容量计算

商品名称	年仓储运转量	周转次数	总库容量	安全系数	规划库容量

2. 送货频率估算法

在缺乏足够的信息分析时，可利用送货频率估算法进行储存区储量的估计，如果能收集产品的年仓储运转量及年出货天数，针对上游厂商商品送货频率进行分析，并进一步制定送货间隔天数的上限，以此可估算库容量的需求。计算公式为：

$$库容量 = \frac{年仓储运转量}{年出货天数} \times 送货频率 \times 安全系数$$

其计算步骤如下。

（1）计算年仓储运转量：将各类产品依单元负载单位换算成相同单位计算年储运总量。

（2）估算出货天数：依各类产品类别估算年出货天数。

（3）计算平均单日出货量：将各产品年仓储运转量除以年出货天数。

（4）估算送货频率：依产品类别估算厂商送货频率。

（5）估算库容量：以平均单日储运量乘以送货频率。

（6）计算库容量：以估算的库容量乘以安全系数，求出规划库容量，以满足高峰时期的高运转需求。

按产品送货频率进行 ABC 分类，不同的产品群设定不同的送货频度水平，并分别计算所需的库容量，再予以加总求得总库存量。工作天数的计算可采用两种基准，一种为年工作天数；一种以各类别产品的实际出货天数为单位，若有足够的信息反映各类别产品的实际出货天数，则以此计算平均单日的储运需求量，但是当部分产品出货天数很少并集中于很少几天出货时，易造成仓储量计算偏高，致使储运空间闲置或库存积压。建议以平均每天出货量为依据进行 ABC 分析，再与实际年出货量进行交叉分析，对于年出货量小但是单日出货量大者，不适用上述估算法，建议将其归纳为少量机动类商品，以弹性储位规划，其订货时机采用机动形式，订单需求发生时再予以订货，以避免造成库存积压。

二、应急物流配送中心仓储作业空间规划

储存货品的空间叫作储存空间，储存是配送中心的核心功能和重要的作业环节，储存空间规划的合理与否直接影响配送中心的作业效率和储存能力。因此，储存空间的有效利用是配送中心的重要课题。

进行储存空间规划时，应先求出存货所需占用的空间大小，并考虑货品尺寸及数量、堆码方式、托盘尺寸、货架货位空间等因素。因为区域的规划与具体的储存策略密切相关，下面针对几种不同的储存

策略，分别介绍其空间计算的方法。

1. 托盘平置堆码

若公司货品多为大量出货，且以托盘平置堆码于地面上储存，则计算存货空间所需考虑到的因素有货品尺寸及数量、托盘尺寸、通道等。假设托盘尺寸为 $P×P$ 平方米，由货品尺寸及托盘尺寸算出每托盘平均可码放 N 箱货品，若公司平均存货量为 Q，则存货空间需求（D）为：

$$D = \frac{平均存货量}{平均每托盘堆码货品箱数} × 托盘尺寸 = \frac{Q}{N} × (P × P)$$

实际仓储需求空间还需考虑叉车存取作业所需的空间，若以一般中枢通道配合单位通道规划，通道占全部面积的 30%～35%，故实际仓储空间需求为：

$$A = D / (1-35\%) = D×1.5$$

2. 托盘堆码

若货品多为大量出货，并以托盘堆码于地面上，计算存货空间则需考虑货品尺寸及数量、托盘尺寸、可堆码高度等因素。

假设托盘尺寸为 $P×P$ 平方米，由货品尺寸及托盘尺寸算出每托盘平均可码放 N 箱货品，托盘在仓库内可堆码 L 层，若公司平均存货量约为 Q，则存货空间需求（D）为：

$$D = \frac{平均存货量}{平均每托盘堆码货品箱数 × 堆码层数} × 托盘尺寸$$

$$= \frac{Q}{L × N} × (P × P)$$

3. 托盘货架储存

若配送中心使用托盘货架来储存货品，则存货空间的计算除了考虑货品尺寸及数量、托盘尺寸、货架形式及货架层数外，还需考虑所需的巷道空间。假设货架为 L 层，平均每托盘约可码放 N 箱，若公司平均存货量为 Q，存货所需的面积 P 为：

$$P = \frac{\text{平均存货量}}{\text{平均每托盘堆码货品箱数} \times \text{货架层数}} = \frac{Q}{L \times N}$$

由于货架系统具有区特性，每区由两排货架及存取通道组成，因此基本托盘占地空间需换算成仓库区后再加上存取通道空间，才是实际所需的仓储工作空间，其中存取通道空间需视叉车是否作直角存取或仅是通行而异。各储存货架位内的空间计算，应以一个货格为计算基准，一般的货格通常可存放两个托盘。图 7-3 所示为储存空间示意。

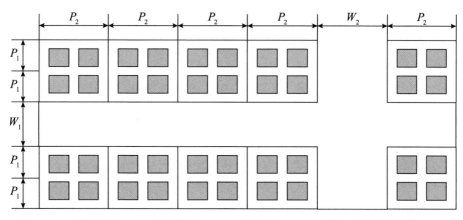

注：P_1——货格宽度；P_2——货格长度；W_1——通道宽度；W_2——货架区侧向通道宽度。

图 7-3　储存空间示意

则货架占地面积：

$$A = (P_1 \times 4) \times (P_2 \times 5) = 4P_1 \times 5P_2$$

总库存区平面面积：

$$S = 货架占地面积+叉车通道面积+侧通道面积$$

$$= A+\left[W_1\times(5P_2+W_2)\right]+(2P_1\times W_2\times2)$$

三、应急物流配送中心仓库高度规划

在储存空间中，库房的有效高度也称为梁下高度，理论上是越高越好，但实际上受货物所能堆码的高度、叉车的扬程、货架高度等因素的限制，库房太高反而会增加成本且降低了建筑物的楼层数，因此要合理设计库房的有效高度。在进行库房的有效高度设计时，应从以下三个方面考虑。

1. 保管货品的形态、保管设备的形式和堆码高度

所保管货品的形态及所采用的保管设备形式均和高度有关：采用托盘地面堆码或采用高层货架时，两者所需的堆码高度差距较大；耐压的坚硬货品及不耐压的货品在采用地面堆码时，其对梁下有效高度的需求也有很大差异，因此必须根据所采用的保管设备与堆码方式来决定库内的有效高度。

以下为采用地面堆码时梁下有效高度的计算方法。

【例】

货高 $HA = 1.3$（m），堆码层数 $N = 3$，货叉的抬货高度 $FA = 0.3$（m），梁下间隙尺寸 $a = 0.5$（m），求最大举升货高与梁下有效高度。

最大举升货高 $HL = 3\times1.3+0.3 = 4.2$（m）。

梁下有效高度 $He = 4.2+0.5 = 4.7$（m）。

2. 所使用堆垛搬运设备的种类

储存区内采用不同的作业设备，如各类叉车、吊车等，对梁下间隙有不同的要求，需要根据具体的堆垛搬运设备的起升参数和梁下间

隙进行计算。

【例】

货架高度 $Hr = 3.2$ （m），货高 $HA = 1.3$ （m），货叉的抬货高度 $FA = 0.3$ （m），梁下间隙尺寸 $a = 0.5$ （m），求最大举升货高与梁下有效高度。

最大举升货高 $HL = 3.2 + 1.3 + 0.3 = 4.8$ （m）。

梁下有效高度 $He = 4.8 + 0.5 = 5.3$ （m）。

3. 所采用的储存保管设备的高度

由于各种货架都有其基本设计高度，装设货架时必须达到此高度才有经济效益，因此库房有效高度的设计必须符合所采用储存保管设备的基本高度要求。

梁下间隙尺寸应考虑消防、空调、采光等因素，且必须为放置配线、风管、消防设备、灯光照明等预留装设空间，在所有梁下高度的计算中都必须把梁下间隙考虑进去：

$$梁下有效高度 = 最大举升时的货高 + 梁下间隙尺寸$$

【例】

货架高度 $Hr = 2.4$ （m），底层高度 $Hf = 0.4$ （m），梁下间隙尺寸 $a = 0.6$ （m），货高 $HA = 2$ （m），求最上层货架高度与梁下有效高度。

最上层货架高度 $HL = 2.4 \times 2 + 0.4 = 5.2$ （m）。

梁下有效高度 $He = 5.2 + 0.6 = 5.8$ （m）。

第四节 应急物流适用的自动化仓储系统

一、应急物流配送中心自动化仓储系统概述

（一）自动化仓储系统的发展概况

1. 自动化仓储系统的概念

自动化仓储系统的广义概念：可对集装单元货物实现自动化装卸车、自动化堆拆码、自动化存取并进行自动控制和信息管理的仓储系统，也称为自动仓库。随着托盘和集装单元的标准化与社会化，具有装卸、堆拆码、存取、控制和信息五个自动化系统并实现系统集成的大型自动仓储系统将越来越普遍。

自动仓库采用高层货架储存货物，用有轨巷道堆垛机自动完成货物出库或入库作业的仓储系统。由于这类仓库能充分利用空间进行储存，所以也被形象地称为立体仓库。

自动仓库在物流自动化流程中，作为货品的暂存系统，配合其周边设施，提供货品的自动收集、拣取、分类、输送的功能。自动仓储系统由于库位密集，且高架化，可在较小的面积提供高容量的储存功能，同时通过计算机管理与控制系统，实现物流与信息流的高度结合，提高管理和运作效率。

自动仓库被广泛运用在物流自动化的各个领域，包含原料的订购、收料、储存过程；半成品的暂存自动衔接不同生产活动单元，使其流程平衡流量顺畅；生产线末端成品自动分类、包装、堆码系统，

构成生产自动化的完整体系。

2. 自动仓库的发展

自动仓库的出现和发展是第二次世界大战以后生产发展的必然结果。第二次世界大战以后，随着经济的恢复和生产的发展，原材料、配套件、制成品的数量不断增加，对于物料搬运和储存提出了越来越高的要求，传统的仓储方式已不能适应生产和流通的要求；土地稀缺、地价上涨，促进仓储作业在空间上的发展，由简易仓库向高架仓库发展。

自 1959 年世界第一座自动化立体仓库在美国亚拉巴马州由美国国际纸业公司建成以来，此后自动仓库在美国和西欧得到迅速发展。至 20 世纪 80 年代中期，美国已拥有 2000 多座自动化立体仓库，英国有 500 多座，德国有 1200 多座。日本自 1969 年建成第一座自动化立体仓库以来，到 1982 年已拥有 3000 多座，年均增加 214 座。日本在 1989—2004 年共销售 19249 座，年均销售 1203 座，其中 90% 在其国内销售。在经历了 1991 年 1814 座的销售高峰后，在 2002 年跌至 849 座的低谷，但 2004 年又复苏到销售 1544 座。日本 1994—2004 年共销售巷道堆垛机 25487 台，年均销售 2317 台。

我国第一座全自动高架仓库于 1978 年研制成功，到 2005 年已建成自动化立体库 500 余座。已建成自动化立体库的数量按行业分布分别为：医药占 25%，烟草占 24%，机械占 22%，电器电子占 11%，食品占 6%，仓储服务占 5%，金融占 1%，出版等其他占 6%。

随着我国经济的持续快速发展，土地政策的收紧，工资成本的上升，以及自动化仓储技术的完善和物流装备价格的相对降低，对自动仓库数量和质量的需求将会越来越大。

（二）自动仓库的分类

自动仓库的种类是随着生产的不断发展和进步而变化的。物流系统的多样性，决定了自动仓库的多样性。自动仓库通常有以下几种分类方法。

1. 按建筑形式分类

自动仓库按建筑形式可分为整体式和分离式两种。整体式一般高度在 12m 以上；分离式高度在 12m 以下，但也有 15~20m 的。

整体式自动仓库的货架与仓库建筑物构成一个不可分割的整体，货架不仅承受货物载荷，还要承受建筑物屋顶和侧壁的载荷。这种仓库结构重量轻，整体性好，对抗震也特别有利。分离式自动仓库的货架和建筑物是独立的，适用于利用原有建筑物作库房，或者在厂房和仓库内单建一个高货架的场合。这种仓库可以先建库房后立货架，所以施工安装比较灵活方便。

2. 按仓库高度分类

按仓库高度不同，自动仓库可以分为高层（>12m）、中层（5~12m）和低层（<5m）自动仓库。

3. 按货架的形式分类

按库内货架形式的不同，自动仓库可以分为单元货格式货架仓库、贯通式货架仓库、旋转式货架仓库和移动式货架仓库。

4. 按仓库的作业方式分类

按仓库的作业方式可以分为单元式仓库和拣选式仓库。

单元式仓库的出入库作业都是以货物单元（托盘或货箱）为单位，中途不拆散，所用设备为叉车或带伸缩货叉的巷道堆垛机等。

拣选式仓库的出库是根据提货单的要求从货物单元（或货格）中拣选一部分出库。其拣选方式可分为两种：第一种方式是拣选人员乘拣选式堆垛机到货格前，从货格中拣选所需数量的货物出库，这种方式叫"人到货前拣选"；第二种方式是将存有所需货物的托盘或货箱由堆垛机搬运至拣选区，拣选人员按出库提货单的要求拣出所需的货物，然后再将剩余的货物送回原址，这种方式叫"货到人处拣选"。对整个仓库来说，当只有拣选作业，而不需要整单元出库时一般采用"人到货前拣选"作业方式；仓库作业中有相当一部分货物需要整单元出库，或者拣选出来的各种货物还需要按用户的要求进行组合选配时，一般采用"货到人处拣选"作业方式。

5. 按储存条件分类

根据储存条件的不同，自动仓库可分为常温型、低温型和特殊型。

（1）常温型自动仓库。常温型自动仓库的温湿度限制一般以堆垛机为主要考虑对象，其温度限制一般为40℃，相对湿度的要求则在90%以下，而某些地区室内相对湿度在90%以上，冬天凝露较严重地区，需特别防护。一般常温型自动仓库为防止夏天高温导致储存的货品变质，除必须要有排风系统外，其屋顶、墙壁都需覆盖玻璃纤维及铝箔等隔热材料，或者使用石膏板隔热。

（2）低温型自动仓库。

①低温恒温空调仓库：低温恒温空调仓库是对温、湿度有一定要求的仓库，要求温度均匀，故其空调配管的分布与其空间的利用，必须妥善规划。其一般用于储存精密仪器仪表、化学药品等。

②冷藏仓库：一般温度控制在0℃～5℃，主要做蔬菜、水果的

储存。

③冷冻仓库：一般温度控制在−20℃或−35℃，但由于钢材在−20℃以下会有脆化现象，机械性质急剧变化，所以冷冻自动仓库的钢架必须采用低温材料及低温焊材（焊接式钢架）。

（3）特殊型自动仓库。

①防爆型自动仓库：主要存放具挥发性或易爆性的货品，其系统中使用的电气电控照明等设备，必须考虑其性能，依不同的防爆等级（分三级）会有不同造价。

②无尘自动仓库：随着高科技产业的蓬勃发展，无尘自动仓库及搬运系统逐渐被业者采用，尤其投资半导体及 1C 生产线的产业，已将自动仓储及搬运系统规划为生产线的必要设备，其对无尘要求的等级，影响投资价格的高低。

（三）自动仓库的基本组成

自动仓库的结构和种类很多，一般由建筑物、货架、理货区、管理区、堆垛机械和配套设备等几部分组成。

（1）建筑物。低层自动仓库，多为一般建筑物；中、高层自动仓库，需要设计和建造新的专用建筑物。

（2）货架。货架的作用是存放货物，是自动仓库的中心部分。

（3）理货区。理货区是指整理货场或倒货区域，和高层货架区相衔接，在中、高层自动仓库中是和高层货架区域相邻的 1~2 层建筑物，由分货场、暂存站台和出入卡车停车场构成。

（4）管理区。管理区是出入库管理及库存管理区域。由计算机管理自动仓库，其管理区域是计算机控制管理室。

（5）堆垛机械。低层自动仓库一般使用叉车等；中、高层自动仓库一般使用有轨巷道堆垛机、无轨巷道堆垛机或桥式堆垛机等。

（6）配套设备。配套设备是指货架外的出入库搬运作业、理货作业以及卡车装卸作业所使用的主要机械，如入出库台车、托盘装载装置、叉车、输送机等，为了防止出入库时货物散垛，有的仓库备有压缩包装机；对于分拣仓库，还备有自动分拣、配货装置。

二、应急物流配送中心自动化仓库规划设计

应急物流配送中心自动化仓库规划设计是为了提高物流效率和降低人力成本而进行的。自动化仓库具有自动化程度高、操作精度高、运行稳定可靠等特点，可以满足物流配送中心对于快速、高效、准确、可靠的仓储服务需求。根据当前国内应急物流配送中心规划原则，自动化仓库规划设计应该从以下几个方面进行考虑。

（1）仓库内部结构设计。自动化仓库内部结构应该依据货物属性进行设计，如根据货物体积、重量、存储方式等确定货架类型和货架高度。同时，应考虑货物的进出流向、设计货物的运输路径，以及合理设置货物的集散点和取货口。

（2）自动化存储系统设计。自动化存储系统是自动化仓库的核心，其设计应基于仓库内部结构进行规划。自动化存储系统包括自动化货架、输送设备、拣选机器人等，其设计应考虑货物属性和业务需求，确定货架的布局和高度、输送设备的类型和数量、拣选机器人的数量和分布等。

（3）自动化设备的选型与配置。在自动化仓库规划设计中，自动化设备的选型与配置是关键环节。首先，需要根据物料的特性和仓库

的需求，确定自动化设备的类型和数量。例如，对于重量较大的物料，需要选用托盘式自动化存储系统；对于体积较大的物料，需要选用箱式自动化存储系统。其次，需要根据仓库的布局和自动化设备的特性，合理配置自动化设备的位置和数量，以保证仓库的运作效率和安全性。

（4）控制系统设计。自动化仓库的控制系统应能够实现对货物进出、货架移动、输送设备运行、拣选机器人操作等的控制和监控。控制系统应考虑实现自动化控制、智能化调度、实时监控等功能，以提高仓库的操作效率和运行稳定性。

（5）信息化系统设计。自动化仓库的信息化系统应能够实现对货物、设备和人员的实时监控和管理，以及对仓库业务的分析和优化。信息化系统应包括仓储管理系统（WMS）、制造执行系统（MES）、企业资源计划（ERP）等多个系统的集成，以实现对仓库业务的全面管理。

（6）安全防护系统设计。自动化仓库的安全防护系统设计是自动化仓库规划设计的重要环节。自动化仓库在运作过程中，会涉及多种安全问题，如设备安全、工人安全、货物安全等。在自动化仓库规划设计中，需要充分考虑这些安全问题，并采取相应的措施。例如，需要设计设备安全保护措施，如设备安全门、紧急停止按钮等；需要制定工作安全操作规程，加强工人培训和管理；需要采用多重安全措施，如防火、防爆、防盗等，确保货物的安全性。

自动化仓库规划设计需要充分考虑物料特性、仓库需求、自动化设备选型与配置、自动化仓库管理系统和安全性等问题，以实现自动化仓库的高效运作和安全管理。未来应急物流配送中心自动化仓库规划设计需要综合考虑仓库内部结构和自动化存储系统、控制系统、安全防护系统和信息化系统各个模块的紧密融合。

三、应急物流配送中心仓储管理控制系统

应急物流配送中心仓储管理控制系统是指通过计算机技术和物联网技术实现对配送中心仓库内物品的管理和控制的系统。它是实现物流配送中心信息化、数字化、智能化的重要组成部分，对提高配送中心的运营效率和管理水平具有重要作用。该系统主要包括以下几个方面的功能。

（1）仓库进出库管理功能。可以实时记录仓库内物品的进出情况，包括物品的名称、数量、型号、规格等信息，并能够根据需求进行查询和统计。

（2）库存管理功能。可以实时监控仓库内各种物品的库存情况，并能够根据需求进行库存预警和物品分类管理。

（3）仓库布局和库位管理功能。可以根据物品的特性和需求，对仓库进行布局和库位规划，以便实现最佳的存储效果。

（4）物品追溯和溯源功能。可以对物品进行全生命周期的追溯和溯源，保证物品的安全性和质量，以及对物品的流向进行跟踪。

（5）仓库自动化控制功能。可以通过自动化设备，如自动化输送机、自动化堆垛机等，实现仓库内物品的自动化存储，提高运作效率，减少人工干预。

（6）数据分析和决策支持功能。可以根据仓库的运作数据进行分析和统计，并给出仓库运作的优化建议，为仓库管理人员提供决策支持。

在应急物流中，仓储管理系统的作用非常重要。通过该系统，可以实现仓库内物品的全面掌控，提高仓库的安全性、可靠性和配送效率，确保应急物资的快速调配。应急物流配送中心仓储管理控制系统是一种基于数字技术的应急物流管理系统，可以提高物流配送中心的仓储管理效率和准确性，降低运营成本。在应急物流配送中心中，应急物流配送中心仓储管理控制系统可以协助管理员完成订单管理、库存管理、进出库管理等任务，从而提高物流配送效率，满足应急物资的紧急需求。应急物流配送中心仓储管理系统的应用可以大大提高物流配送中心的运营效率和准确性，减少人工操作的错误率和重复劳动，提高管理效率和服务质量。应急物流配送中心仓储管理系统的应用还可以降低运营成本，提高资源利用效率，为应急物资的快速配送提供有力支持。

第五节　基于数字技术的应急物流仓储作业系统规划

应急物流是指在突发事件或紧急情况下，为满足人民群众基本生活和安全需求，采取一系列行动和措施，对物资、设备、人员等进行有效组织和协调，及时保障应急救援和灾后重建需要的物资和服务的供应链过程。应急物流在保障灾害时期的物资储备和快速响应方面发挥着重要作用。为了提高应急物流的配送效率和响应速度，数字技术可以应用于仓储作业系统规划，实现数字化立体仓库、单元化立体仓库以及基于数字技术的仓储系统总体设计，以下将从这些方面进行详细阐述。

一、数字化立体仓库的设计

数字化立体仓库是一种基于数字技术的仓储系统，它能够将物流信息化、自动化和智能化。数字化立体仓库采用自动化设备，如输送带、机械手臂、自动堆垛机等，可以实现货物的快速、高效搬运和储存。数字化立体仓库的主要特点是空间利用率高、物流效率高、仓储管理精细化、仓库环境控制高效化。数字化立体仓库的设计需要考虑以下几个方面。

（1）设计仓库结构和布局。仓库的结构和布局应该符合货物的储存特点和工作流程，设计合理的货架结构和储存区域，以便于货物的高效储存。

（2）选择自动化设备。数字化立体仓库需要配备自动化设备，如自动堆垛机、输送带、机械手臂等，以提高物流效率和仓储管理精度。

（3）设计智能化的管理系统。数字化立体仓库需要配备智能化管理系统，通过物流信息系统和传感器网络等技术，实现对仓库运营、货物储存、运输和配送等环节的实时监控和管理。

（4）保障仓库安全和环境控制。数字化立体仓库需要采用先进的安全措施和环境控制技术，如防火、防盗、防潮、防尘等设施，可以保障货物的安全和环境的良好控制。

（5）进行数字化转型。数字化立体仓库需要将传统的人工管理方式转变为数字化的管理模式，采用物流信息系统、ERP 系统等技术，实现数据的自动化采集、处理和分析，提高仓储管理水平和效率。

（6）注重人才培养。数字化立体仓库需要配备专业的技术人员和管理人员，因此应注重人才培养和管理，提高团队的综合素质和运营水平。

总的来说，数字化立体仓库是未来仓储的发展趋势，可以提高仓储效率和管理水平，满足物流行业的数字化转型和智能化需求。数字化立体仓库在应急物流领域也有广泛的应用场景。数字化立体仓库在应急物流领域的应用可以提高应急物资的储备和分配效率，缩短响应时间，为应急救援提供重要的支撑和保障。以下是几个应用场景的举例。

（1）疫情防控。数字化立体仓库可以作为疫情防控的重要支撑，储备医疗、防疫用品等物资，并通过智能化管理系统，实现物资的准确、快速分配，提高防疫物资的供应效率和精准度。

（2）自然灾害。数字化立体仓库可以储备应急物资，如食品、药品、帐篷、毛毯等，为受灾地区居民提供必要的帮助和支持，通过智能化管理系统，实现物资的快速调配，提升应急救援的响应速度。

（3）交通事故。在交通事故等突发事件中，数字化立体仓库可以储备救援物资和器材，如急救药品、担架、呼吸机等，并通过智能化管理系统，实现快速响应和分配，提高救援的效率和准确性。

二、单元化立体仓库的设计

单元化立体仓库是一种新型的仓储系统，它将整个仓库分成多个独立的单元，每个单元都可以单独运作，实现货物的独立储存和取出。单元化立体仓库能够实现快速、高效的货物储存和取出，同时更加适合应急物流场景下的仓储需求。

单元化立体仓库的基本设计要素包括仓库平面布局、仓库高度、货架结构、货架尺寸、货架承重等。在应急物流场景下，单元化立体仓库的设计要素需要更加注重实用性和高效性。

（1）仓库平面布局。根据应急物流需求，单元化立体仓库的平面布局应该具有灵活性和高效性，能够满足快速储存和取出货物的要求，可以采用流线型的布局，避免出现货物堆积的情况。

（2）仓库高度。应急物流单元化立体仓库的高度一般不宜过高，以便于货物的快速储存和取出。同时，考虑到安全性和稳定性，仓库高度不宜超过安全高度。

（3）货架结构。应急物流单元化立体仓库的货架结构需要考虑到可调性和可重组性，以适应不同种类和规格的货物。同时，也需要考虑到货架的承重能力和稳定性，确保货物的安全储存。

（4）货架尺寸。应急物流单元化立体仓库的货架尺寸应该根据货物的规格和数量进行定制，以最大限度地利用仓库空间，提高仓库储存效率。

（5）货架承重。应急物流单元化立体仓库的货架承重能力需要考虑到货物的重量和体积，以确保货物的安全储存。

相比传统的仓储系统，应急物流单元化立体仓库具有以下特点和优势。

（1）高效储存。应急物流单元化立体仓库能够快速、高效地储存货物，提高货物的储存效率和货物周转率。

（2）灵活性。应急物流单元化立体仓库将整个仓库分成多个独立的单元，每个单元都可以单独运作，具有较强的灵活性和可调性。

（3）节省空间。应急物流单元化立体仓库采用立体式储存方式，最大限度地利用仓库空间，节省了仓库面积。

（4）安全性。应急物流单元化立体仓库采用现代化的货架结构和自动化储存系统，能够保证货物的安全性和稳定性，避免货物损失和损坏。

（5）提高效率。应急物流单元化立体仓库配备自动化仓储设备和信息管理系统，能够提高仓库作业效率和管理水平，减少人力成本和物流时间，提高物流服务水平。

（6）适应性强。应急物流单元化立体仓库能够灵活适应不同的货物储存需求和仓库管理要求，满足不同行业和企业的物流需求，提高物流的适应性和灵活性。

（7）可持续性。应急物流单元化立体仓库采用节能环保的设计和设备，能够减少能源消耗和环境污染，提高物流的可持续性和社会责任感。

单元化立体仓库的设计旨在最大限度地提高空间利用效率和操作效率，通过采用可调节货架系统、自动堆垛机和其他高效垂直运输设备，充分利用垂直空间，将仓库储存容量优化到极致。模块化货架设计赋予仓库更大的灵活性，能够适应不同规格和形状的货物；自动化设备的引入，如自动堆垛机和 AGV（自动导向车），不仅减少了人工搬运，还提高了货物处理速度，降低了运营成本；智能仓储系统，包括先进的 WMS（仓储管理系统）、RFID 技术和人工智能，为仓库提供了实时监测和智能管理的能力，进一步提升了库存可视性和管理效率；在安全设计方面，火警系统、防护装置和紧急出口等措施确保仓库运营的安全性；通道和道路规划的合理性既满足了自动化设备的需要，也考虑了人工操作和巡检的要求；照明和通风系统的良好设计保障了工作环境的舒适性，而环保考量和可持续发展的推动通过采用节能设备和环保材料，使仓库运营更加绿色；防尘和湿度控制等因素的综合考虑确保了对不同类型货物的妥善保护。这种整合设计理念以创建高效、灵活、安全且环保的单元化立体仓库为目标，满足不同行业和企业的多样化需求。

三、基于数字技术的仓储系统总体设计

基于数字技术的仓储系统是一种新兴的仓储管理方式，它通过数字化技术，实现了仓储环节的信息化、自动化和智能化，大大提高了物流效率和仓储管理的精度。以下将从仓库结构设计、自动化设备选择、智能化管理系统等方面，对基于数字技术的仓储系统进行总体设计和探讨。

1. 仓库结构设计

数字化仓储系统的仓库结构应该符合物流流程和货物储存特点，同时也需要充分考虑仓库的空间利用率和运营效率。因此，在仓库结构设计中，需要考虑以下几个方面。

（1）货架结构。货架是数字化仓储系统中重要的储存设备，因此，在货架结构设计中，需要考虑货架的高度、载重能力、尺寸等因素，以便于货物的快速、高效储存和取出。

（2）储存区域。储存区域的设计需要充分考虑货物种类、数量、体积等因素，根据不同的储存需求，将仓库划分为不同的储存区域，如普通储存区、危险品储存区、冷藏储存区等。

（3）通道设计。为了提高仓库的运作效率，通道设计需要考虑通道的宽度、长度、数量等因素，以便于货物的快速、高效搬运和

储存。

2. 自动化设备选择

数字化仓储系统需要配备一系列自动化设备，以提高物流效率和仓储管理精度。在选择自动化设备时，需要考虑以下几个方面。

（1）输送设备。输送设备是数字化仓储系统中重要的搬运设备，可以通过输送带、轨道车等设备，实现货物的快速、高效搬运。

（2）堆垛机。堆垛机是数字化仓储系统中重要的储存设备，可以通过自动堆垛机、升降机等设备，实现货物的高效储存和取出。

（3）机器人。机器人是数字化仓储系统中重要的搬运和储存设备，可以通过机械手臂、AGV 等设备，实现货物的自动化搬运和储存。

3. 智能化管理系统

数字化仓储系统需要配备智能化管理系统，通过物流信息系统和传感器网络等技术，实现对仓库运营、货物储存、运输和配送等环节的实时监控和管理。智能化管理系统应具有以下功能。

（1）实时监控。通过传感器网络和物流信息系统，实时监控仓库内货物的存储情况和温湿度、气体浓度等环境参数，以及自动化设备的运行状态和故障情况，及时发现和处理异常情况，保障仓库运营的稳定性和安全性。

（2）数据分析。智能化管理系统应具备数据采集、处理和分析功能，通过对仓库运营数据、货物流动数据、设备运行数据等进行采集、分析和挖掘，为仓库运营决策提供科学依据和支持。

（3）智能调度。智能化管理系统应具备智能调度功能，根据货物的种类、存储时间和出库需求等因素，自动调度自动化设备和人力资源，提高货物的储存效率和周转率。

（4）信息共享。智能化管理系统应支持信息共享和协同工作，与供应链、物流公司和客户等相关方进行数据共享和信息交流，提高运营效率和服务水平。

（5）精细化管理。智能化管理系统应具备精细化管理功能，对货物进行分类、定位和管理，实现对货物的精细化管理和追溯。

在智能化管理系统的设计过程中，需要考虑以下几个方面。

（1）数据安全。智能化管理系统涉及大量敏感数据，需要采取多层次的数据安全保障措施，以保障数据的安全性和保密性。

（2）系统兼容性。智能化管理系统需要与其他软件系统和设备进行兼容，保证信息共享和数据传输的无缝连接。

（3）可扩展性。智能化管理系统需要具备可扩展性，随着仓库规模的扩大和运营模式的变化，能够灵活地进行功能扩展和升级。

（4）人机交互。智能化管理系统需要具备友好的人机交互界面，方便操作人员对仓库运营和货物管理进行监控。

数字化立体仓库智能化管理系统的设计应根据仓库的规模和运营模式进行量身定制，通过智能化技术和信息化手段，实现仓库运营的高效、智能、精细和安全。

基于数字技术的仓储系统呈现出智能化和自动化的发展趋势。物联网技术广泛应用，通过传感器和连接设备实现仓储环节的实时监测和远程控制，提高运营可见性。大数据分析和预测技术使仓储系统更好地适应市场需求，优化库存管理和提高货物周转率。数字孪生技术用于虚拟建模和仿真，优化仓库运营，预测问题并提前干预。区块链技术用于提高系统的可追溯性和透明性，确保货物流通过程的真实性。增强现实（AR）和虚拟现实技术通过 AR 头盔等工具提高操作效率，而无人技术则在货物运输和仓库操作中扮演着重要的角色。同时，数字技术用于实现绿色可持续发展，通过优化运输路径、降低能源消耗和减少废物，推动仓库运营向更环保的方向发展。这些趋势共同塑造了一个更高效、更可持续、更数字化的仓储系统未来。

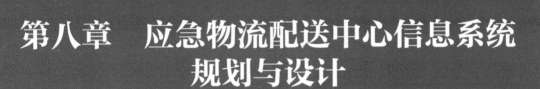

第八章　应急物流配送中心信息系统规划与设计

第一节　信息系统开发技术

一、物流信息系统的开发过程

物流信息系统的开发过程包括系统开发准备、系统调查、系统分析、系统设计、系统实施与转换、系统维护和评价等步骤。根据开发系统的大小、复杂程度、投入成本、开发方式方法等因素的不同，各步骤的要求和内容也不同，用户需要根据实际情况进行取舍和计划。

1. 系统开发准备

系统开发准备主要包括提出系统开发要求、成立系统开发小组、制订系统开发计划等工作。

2. 系统调查

新系统的系统分析与系统设计工作要建立在对现行系统进行调查的基础上，即必须调查现行系统的运行情况、问题等，明确用户的需求，特别是开发方式。

3. 系统分析

系统分析（又称逻辑设计）是管理信息系统开发的关键环节，要求在系统调查的基础上，对新系统的功能进行细致分析，并建立一个新系统的逻辑模型。

新系统的逻辑模型由系统数据流程图、概况表、数据字典、逻辑表达式及有关说明组成，系统分析报告，即系统逻辑设计说明书，最

291

后完成。系统逻辑模型在系统设计阶段要做认真、细致的分析和研究工作，避免新系统在功能上存在先天不足。

因为新系统模型是建立在对现行系统进行分析的基础上的，所以系统调查工作要进行得深入、细致、全面。用户可以对新系统的逻辑模型提出意见，双方经过讨论、修改，最后达成共识，并完成系统分析报告（系统逻辑设计说明书），经审批通过之后，转入系统设计阶段。

4. 系统设计

系统设计又称系统物理设计，要根据系统分析报告中的系统逻辑模型综合考虑各种约束，利用技术手段和方法进行具体设计，确定新系统的实施方案，解决"系统怎么做"的问题。

结构化系统设计是指利用一组标准的图表工具和准则，确定系统有哪些模块、用什么方法连接、如何构成良好的系统结构，并进行系统输入、输出、数据处理、数据存储等环节的详细设计。这一阶段的重点是设计好系统的总体结构，选择最经济合理的技术手段。系统设计阶段的文件是系统设计报告。

管理信息系统的开发是一项系统工程，为了保证系统的质量，设计人员必须遵守共同的设计原则，优化系统的各项指标（系统可变性、可靠性、工作质量、工作效率、经济性等）。

5. 系统实施与转换

系统实施阶段的主要工作包括系统硬件的购置与安装、程序的编写（购买）与调试、系统操作人员的培训、系统有关数据的准备和录入、系统调试和转换。

在系统实施阶段要成立系统实施工作小组，组织各专业小组组长和有关部门的领导共同编制新系统实施计划，可以应用各种项目管理软件和方法进行管理，实行项目经理负责制，保证系统实施工作的顺利进行。

硬件的购置和安装包括计算机硬件、外设、网络、电源、机房、环境等有关设备的购买、验收、安装与调试等工作，这些工作主要由专业技术人员完成。

数据的准备与录入工作主要是指由手工操作转入计算机处理所需的各种数据的整理、录入及计算机系统中新系统数据的转换工作。数据的准备与录入工作要注意数据的准确性，在整理、录入、校验等各个环节把好关，为系统的顺利转换打好基础。

在进行以上各个环节的同时展开人员培训工作，包括管理信息系统的普及教育、新制度的学习、计算机操作训练等，使所有人员了解新系统的基本功能、新系统对使用人员的要求、建立管理信息系统的目的、管理信息系统的建立可以为组织和个人带来的帮助和便利、个人在新系统中应该承担的工作等，使用户关心、支持新系统的实现。

6. 系统维护和评价

管理信息系统是一个复杂的人机系统。系统外部环境与内部因素的变化，不断影响系统的运行，因此需要不断地完善系统，以提高系统运行的效率与服务水平。

系统评价是指系统建成后，经一段时间的运行后，要对系统目标与功能的实现情况进行检查，并与系统开发中设立的系统预期目标进行对比，及时写出系统评价报告。

系统维护与评价阶段是系统生命周期的最后一个阶段，也是时间最长的一个重要阶段，就像汽车的维护工作做得好可以延长汽车的使用寿命和提高其使用效率一样，系统维护工作决定了系统的生命周期和使用效果。

二、物流信息需求调查方法

（一）调查内容

（1）现行系统概况。现行系统概况包括组织的发展历史、目前组织的规模、工作状况、管理水平、与外界的主要联系等，调查该项内容的目的是划分系统界限、系统与外界的输入输出接口等。

（2）组织机构。画出组织结构图，弄清组织的行政关系、人员编制、工作范围、地理位置等，便于及时发现不合理问题及新系统启动后可能对现有组织的影响。

（3）业务流程。按照业务种类的不同和处理时间的先后，深入了解现行系统的业务流程，画出现行系统业务流程图，并与业务人员反复讨论，得到认可。调查中要注意定性与定量方法相结合，注意人、财、物、信息流向、规格、频率、要求以及需要解决的问题等。

（4）报表、数据处理。了解各种统计报表和相关数据的格式、内容、处理时间及上报时间、频率、规律、存在的问题以及对新系统的要求、希望等。

（5）问题。现行系统中存在的主要问题和薄弱环节，可以按照严重程度分成不同的等级。新系统的建立应能解决大部分问题，并改善薄弱环节。

（6）新系统的功能和目标。了解各级领导和各类业务工作人员对新系统功能的要求，为进一步完善新系统的目标做准备。

（7）其他。如对新系统的各种约束条件、需要说明的其他问题等。

（二）需求信息获取

在项目中，业务、用户和功能在不同的时间有着不同的目标和对象，需以不同的方式编写成文档。

1. 确定需求开发过程

确定需求的收集、分析、细化并核实的步骤，并编写成文档。对重要的步骤要给予一定指导，这有助于分析人员的工作，使收集需求活动的计划更容易进行。

2. 编写项目视图和范围文档

项目视图和范围文档应该包括高层的产品业务目标，所有的使用实例和功能需求在编写文档时都必须遵从业务需求。项目视图说明的作用是使所有项目参与者对项目的目标达成共识；而范围文档的作用是作为评估需求或潜在特性的参考。

3. 将用户群分类并归纳各自特点

为避免出现疏忽某一用户群需求的情况，要将可能使用产品的客户分成不同组别。他们在使用频率、使用特性、优先等级或熟练程度等方面有所差异，详细描述出这些个性特点及具体状况，将有助于产品设计。

4. 选择每类用户的产品代表

为每类用户至少选择一位能真正代表他们需求的人作为该类用户的代表并能做出决策，这对于内部信息系统的开发来说是容易实现的，因为此时，用户就是身边的职员。而对于商业开发，需要和主要的客户或测试者建立起良好的合作关系，并确定合适的产品代表，他们必须一直参与项目的开发且有权做出决策。

5. 建立起典型用户的核心队伍

把同类产品或先前版本的用户代表召集起来，从他们那里收集目前产品的功能需求和非功能需求。这样的核心队伍对于商业开发尤为有用，因为你拥有一个庞大且多样的客户基础。

6. 让用户代表确定使用实例

从用户代表处收集他们使用系统完成任务的描述，讨论用户与系统间的交互方式和对话要求，在编写使用实例的文档时可采用标准模板，在使用实例的基础上可得到功能需求。

7. 召开应用程序开发联席会议

应用程序开发联席会议是讨论范围广且操作简便的专题讨论会，也是分析人员与客户代表进行沟通和合作的好办法，并能由此拟出需求文档的底稿。该会议通过紧密而集中的讨论将客户与开发人员间的合作伙伴关系付诸实践。

8. 分析用户工作流程

观察用户执行业务任务的过程，画一张简单的示意图（最好用数据流程图）描绘出用户什么时候获得什么样的数据，并怎样使用这些数据。编制业务过程流程文档将有助于明确产品的使用实例和功能需求。

9. 确定质量属性和其他非功能需求

在功能需求之外再考虑非功能需求的质量特点，这些特点包括性能和有效性、可靠性、可用性等，在这些质量属性上，客户提供的信息相对来说非常重要。

10. 通过检查当前系统的问题报告进一步完善需求

客户的问题报告及补充需求为新产品或新版本提供了大量改进及增加特性的想法，负责提供用户支持及帮助的人能为收集需求的过程提供极有价值的信息。

（三）需求分析

需求分析包括提炼、分析和仔细审查已收集到的需求，以确保所有的风险承担者都明白其含义并找出其中的错误、遗漏或其他不足的地方。分析员通过评价来确定是否所有的需求都达到了需求说明的要求。分析的目的在于开发出高质量和具体的需求，这样就能做出实用的项目估算并进行设计、构造和测试。

通常，把需求中的一部分用多种形式来描述，如同时用文本和图形来描述。分析这些不同的视图将揭示出一些更深的问题，这是单一视图无法提供的。分析还包括与客户的交流以澄清某些易混淆的问题，并明确哪些需求更为重要，其目的是确保所有风险承担者尽早地对项目达成共识并对将来的产品有相同而清晰的认识。

1. 绘制系统关联图

这种关联图是用于定义系统与系统外部实体间的界限和接口的简单模型。同时，它也明确了通过接口的信息流和物质流。

2. 创建用户接口原型

当开发人员或用户不能确定需求时，可以开发一个用户接口原型，即一个可能的局部实现，这样就能使许多概念和可能发生的事更为直观明了。用户通过评价原型让项目参与者能够更好地理解所要解决的问题。另外，注意找出需求文档与原型之间所有的冲突之处。

3. 分析需求可行性

在成本、性能的要求下，分析每项需求实施的可行性，明确与每项需求实现相联系的风险，包括与其他需求的冲突、对外界因素的依赖和技术障碍等。

4. 确定需求的优先级别

应用分析方法来确定使用实例、产品特性或单项需求实现的优先级别。以优先级为基础确定产品版本将包括哪些特性或哪类需求。当允许需求变更时，在特定的版本中加入变更，并在版本计划中列出。

5. 为需求建立模型

需求的图形分析模型是软件需求规格说明的补充说明，能提供不同的信息与关系，有助于找到不正确的、不一致的、遗漏的和冗余的需求。这样的模型包括数据流程图、实体关系图、状态变换图、对话框图、对象类及交互作用图。

6. 创建数据字典

数据字典是对系统用到的所有数据项和结构的定义，以确保开发人员使用统一的数据定义。在需求阶段，数据字典至少应定义客户数据项以确保客户与开发小组是使用一致的定义和术语。分析和设计工具通常包括数据字典组件。

（四）需求验证

需求验证是为了确保需求说明准确、完整地表达必要的用户需求。当以需求说明为依据编写测试用例时，可能会发现需求说明中的二义性，而所有这些都必须改善，因为需求说明要作为设计和最终系统验证的依据。客户的参与在需求验证中占有重要的地位。

（1）审查需求文档。对需求文档进行正式审查是保证软件质量的有效方法。组织一个由不同代表（如分析人员、客户、设计人员、测试人员）组成的小组，对 SRS（软件需求规格说明书）及相关模型进行检查。

（2）以需求为依据编写测试用例。根据用户需求中所要求的产品特性写出黑盒功能测试用例。客户通过使用测试用例以确认是否达到了期望的要求，再从测试用例追溯回功能需求以确保没有需求被疏忽，并且确保所有测试结果与测试用例相一致。同时，要使用测试用例来验证需求模型的正确性，如对话框图和原型等。

（3）编写用户手册。在需求开发早期即可起草一份用户手册，作为需求说明的参考并辅助需求分析。优秀的用户手册要用浅显易懂的语言描述出所有对用户可见的功能，而辅助需求，如质量属性、性能需求及对用户不可见的功能等，则在 SRS 中予以说明。

（4）确定合格的标准。让用户描述什么样的产品才算满足他们的要求和适合他们使用，将合格的测试用例建立在使用情景描述或使用实例的基础之上。

（五）需求管理

完成需求说明之后，不可避免地还会遇到项目需求的变更。有效的变更管理需要对变更带来的潜在影响及可能的成本费用进行评估。变更控制委员会与项目风险承担者要进行协商，以确定哪些需求可以变更。同时，无论是在开发阶段还是在系统测试阶段，都应跟踪每项需求的状态。

建立起良好的配置管理方法是进行有效需求管理的先决条件。许多开发组织使用版本控制和其他配置管理技术来管理代码，需求管理的改进就是将全新的配置管理方法引入项目组织。

（1）确定需求变更控制过程。确定一个选择、分析和决策需求变更的过程。所有的需求变更都需遵循此过程，而且商业化的问题跟踪工具也都能支持需求变更控制过程。

（2）建立变更控制委员会。由项目风险承担者组成小组作为变更控制委员会，由他们来确定进行哪些需求变更，此变更是否在项目范围内，对此进行评估，并对此评估做出决策以确定选择哪些、放弃哪些，并设置实现的优先顺序，制定目标版本。

（3）进行需求变更。评估每项需求变更，以确定其对项目计划安排和其他需求的影响。明确与需求变更相关的任务并评估完成这些任务需要的工作量。这些分析将有助于变更控制委员会做出更好的决策。

（4）跟踪所有受需求变更影响的工作产品。当进行某项需求变更时，参照需求跟踪能力矩阵找到相关的其他需求、设计模板、源代码和测试用例，这些相关部分也需要修改。这样能防止因疏忽而不得不变更产品的情况发生，这种修改在变更需求的情况下是必须进行的。

（5）建立需求基准版本和需求控制版本。利用文档确定一个需求基准，这是一致性需求在特定时刻的"快照"，之后的需求变更遵循需求变更控制过程即可。每个版本的需求说明都必须是独立说明，避免将新旧版本相混淆。最好的办法是使用合适的配置管理工具在版本控制的基础上为需求文档定位。

（6）维护需求变更的历史记录。记录变更需求文档版本的日期以及所做的变更、原因，还包括由谁负责更新和更新的新版本号等，版本控制工具能自动完成这些任务。

（7）跟踪每项需求的状态。建立一个数据库，每一条记录保存一项功能需求。要保存每项功能需求的重要属性，包括状态（如已推荐的、已通过的、已实施的或已验证的），这样在任何时候都能得到每个状态类的需求数量。

（8）衡量需求稳定性。记录基准需求的数量和每周或每月的变更（添加、修改、删除）数量。过多的需求变更"是一个报警信号"，意味着问题并未真正弄清楚，项目范围并未很好地确定下来或是政策变化较大。

（9）使用需求管理工具。商业化的需求管理工具能帮助开发者在数据库中存储不同类型的需求，为每项需求确定属性，跟踪其状态，并在需求与其他软件开发产品间建立跟踪能力联系链。

三、物流信息系统分析方法

（一）结构化分析概述

结构化分析方法有以下几个要点：①分解和抽象；②图表描述；③模型转换。

在软件工程中，控制复杂性的两个基本策略是分解和抽象。对于一个复杂的问题，由于人的理解力、记忆力所限，不可能一下子触及问题的所有方面以及全部细节。为了将复杂性降低到人可以掌握的程度，可以把大问题分割成若干个小问题，然后分别解决，这就是"分解"。分解也可以分层进行，即先考虑问题最本质的属性，暂时把具体细节略去，以后再逐层添加细节，直至涉及最详细的内容，这就是"抽象"。

结构化分析方法自上向下层层分解（在每层分解中也都用到抽象），找出各部分之间的数据接口，用这个分解与抽象的方法来剖析一个系统，实质上就是传统的"化整为零，各个击破"。图8-1中系统S很复杂，为了理解它，将它分解成子系统1、2、3，如果子系统2、子系统3仍很复杂，再将它们分解成子系统2.1、2.2、2.3、3.1……如此一层一层地分解下去，直到子系统足够简单为止。

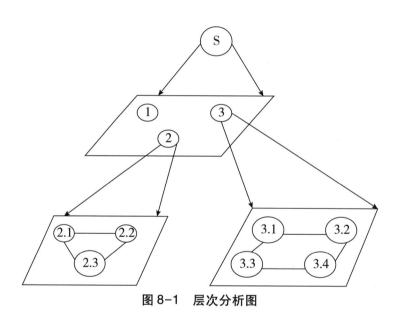

图8-1　层次分析图

图8-1的顶层抽象地描述了整个系统，底层具体画出了系统的每一个细节，而中间层则是从抽象到具体的逐步过渡。

按照这一思想，无论系统多么庞大、多么复杂，分析工作都可以有条不紊地进行下去，系统功能都可以清晰地表达出来，系统规模的大小，只是分解层数的多少而已。所以，结构化分析方法有效地控制了复杂性，后面的内容将结合具体例子介绍分解与抽象的控制策略。

结构化分析方法在描述系统时，采用了一系列的工具，主要有以下五种。

（1）数据流程图。

（2）数据字典。

（3）数据存储结构规范化法。

（4）数据立即存取图。

（5）处理逻辑的表达方法（决策树、判定表、结构式语言）。

其中前四种工具主要是数据分析工具，第五种是功能分析工具。数据流程图描述系统由哪些部分组成，以及各部分之间的联系。数据字典则为数据流程图中的每一个成分给出精确的定义，它们是结构系统分析中最主要的工具。数据流程图中每个处理（加工）都通过决策树、判定表及结构式语言加以描述。数据流程图中的每一个数据存储要力求简单规范，以保证数据的一致性，对于特定的数据存取要求，要用数据立即存取图加以表达。

图 8-2 描述了这些分析工具之间的关系。

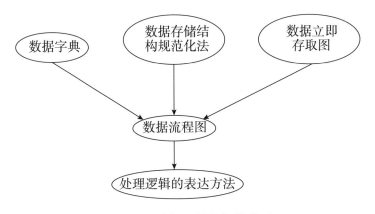

图 8-2　分析工具之间的关系

（二）数据流程图

分析一个系统，常采用数据流程图进行描述，说明系统由哪些部分组成，以及各部分之间的联系，它描绘了系统的整体框架，是理解和表达系统的关键工具。数据流程图描述数据流动、存储、处理的逻辑关系，也称为逻辑数据流程图。

数据流程图一般由外部实体（数据源点/终点）、数据处理（加工）、数据流和数据存储（文件）四种基本成分组成。

1. 外部实体

大多数情况下，人或组织表达系统数据的外部来源和去向，如顾客、职工、供货单位等。外部实体也可以是另一个信息系统。

用一个正方形并在其左上角外边加一个直角来表示外部实体，在正方形内写上外部实体的名称，为了区分不同的外部实体，可以在左上角用一个字符表示。为了减少线条交叉，同一个外部实体可在一张DFD中多次出现，这时在该外部实体右下角画小斜线，表示重复，若重复的外部实体有多个，则相同的外部实体画数目相同的小斜线，如图8-3所示。

图8-3 外部实体

2. 数据处理

数据处理指对数据的逻辑处理，也就是数据的变换。用带圆角的长方形表示数据处理，如图8-4（a）所示。其中标识部分是用来标识一个功能，一般用字符串表示，如 P1；功能描述部分表达处理的逻辑功能；功能执行部分表示功能的执行者，可以是一个人、某个部门，也可以是一个计算机程序或软件系统。

3. 数据流

数据流用带有箭头的线段表示：——→，即数据从线段的尾端流向箭头所指的目标。每个数据流可作为一个"管子"传送相同结构的数据。在线段的旁边写上数据流的名称。如：

$$水电费 \longrightarrow$$

分析中，如果发现了一组有意义的数据，而且用户把它作为一个整体来处理（一起到达，一起被加工），那么这组数据就是一个数据流。例如，会计信息系统中的凭证、单据等。

4. 数据存储

数据存储表示数据保存的地方，这里"地方"指数据存储的逻辑描述，用右边开口的长方形表示，为区别和引用方便，再加一个标识，用字母和数字组成，如图 8-4（b）所示。

（a）数据处理　　　　　　　　　　　（b）数据存储

图 8-4　数据处理和数据存储

图 8-5 所示为银行活期存取款的数据流程图。

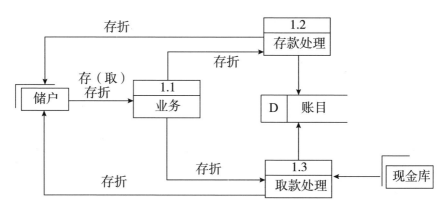

图 8-5　银行活期存取款数据流程图

（三）数据字典

数据流程图描述了一个系统的业务，但它还只是系统的框架，图中没有表达也很难表达出许多具体的细节。数据字典就是为描述这些细节而建立的，它是数据流程图的辅助资料，对数据流程图起注解作用。显然，单独的数据流程图或单独的数据字典都无法表达系统的功能。

对数据流程图中的每个成分一一给出精确的定义，所有这些成分的定义按一定次序排列起来，便组成了数据字典。简单地说，数据字典是所有数据流、文件、加工定义的总和。

数据流程图的数据源点/终点一般不在系统内，所以不描述。另外，数据流和数据存储都是由数据项组成的，对数据项的有关特性须做专门描述。所以，数据字典的条目可以分成四大类：数据流条目；文件条目；数据项条目；加工条目。

1. 数据流条目

数据流条目主要说明数据流是由哪些数据项组成的，数据在单位时间内的流量以及它的来源、去向等。使用符号规定："+"表示"和"；"［｜］"表示"选择"；"｛｝"表示"重复"，有时"｛｝"旁可加注重复次数。条目的格式包括数据流名、组成、流量、来源、去向。例如：

数据流名：银行对账单；

组成：月份+日期+银行支票号+金额；

流量：2 张/3 天，每张约 40 笔数据；

来源：开户银行；

去向：资金管理组。

通常，数据流是一种组合项，由若干基本数据项组成。但有些数据流较复杂，它的某些组合项还是一个数据流，这样，仍需对它进行分解，直到数据流被分解成若干个基本数据项为止。

例如，数据流"记账凭证"的组成如下：

记账凭证=收、付凭证+转账凭证；

收、付凭证=收款凭证+付款凭证；

收款凭证=现金收款凭证+银行收款凭证；

付款凭证=现金付款凭证+银行付款凭证；

现金付款凭证=日期+凭证号+摘要+贷方科目+金额+结算方式+借方科目+金额合计。

记账凭证是一个复杂数据流，经分解，转化为 5 个简单数据流，即转账凭证、现金收款凭证、银行收款凭证、现金付款凭证和银行付款凭证。然后再将简单数据流分解成若干个基本数据项，如前面的现金付款凭证。

2. 文件条目

文件条目主要说明文件由哪些数据项组成，如存储方式和存取频率等，有关符号的使用规则与数据流条目相同。条目的格式包括文件名、组成、存储方式和存取频率，如文件"现金日记账"条目：

文件名：现金日记账；

组成：月份+日期+摘要+收入+支出+结存；

存储方式：顺序；

存取频率：20笔/天。

3. 数据项条目

数据项条目主要说明数据项名称、类型、长度、取值范围等。

数据项名称用来标识出某个数据项，如职工号、职工名、产品名，都是数据项的名称。数据项的名称应尽量反映该数据项的具体含义，以便容易理解和记忆。在多种场合下使用同一数据项名称时，还需对数据项的别名加以说明。

数据项类型是指取值的数据类型。基本类型有数值型（包括整数和实数）、字符型（包括汉字的使用）、逻辑型等。例如，职工的"基本工资"数据项为数值型、"文化程度"为字符型。

数据项的长度规定该数据项所占的字符或数字的个数。

对于数据项的取值范围，如果数据类型是字符型，则指每一个值的确切含义；如果是数值，则常指一个区间。

数据项条目的格式包括数据项名、类型、长度、取值范围，如数据项"职工号"条目：

数据项名：职工号；

类型：数值；

长度：4；

取值范围：0000～9999。

4. 加工条目

加工也称数据处理，它主要说明加工的输入数据、输出数据及其加工逻辑等。加工条目格式包括加工名、输入数据、输出数据、加工逻辑，如加工"工资分配"条目：

加工名：工资分配；

输入数据：工资结算表（汇总表）；

输出数据：工资分配表；

加工逻辑：各车间根据工资结算表，按产品种类或批别，分别分配管理人员工资和生产工人工资，并按比例提取福利基金。

数据流程图中的每一个基本加工（不再被进一步分解的加工）都必须用一个加工条目给出这个加工的精确描述；非基本加工则可以没有加工条目，因为如果它的每一个基本加工及加工间的数据流和文件都给出了描述，实际上也就给出了它的描述。

数据字典的内容是随着数据流程图自上向下，逐层扩展而不断充实的。随着数据流程图的修改与完善，数据字典也要修改，这样才能保证数据字典的一致性和完整性。数据字典的建立可以有两种方式：一是由人工将有关内容随时建立在一叠卡片上，对卡片进行分类、排序，从而得到数据字典；二是使用自动化数据字典系统，由计算机代替人工登记、分类等工作。对于中小规模的管理信息系统来说，人工建立数据字典是较为合适的，但对于大型的管理信息系统，必须建立一部自动化的数据字典，以提高工作效率。

数据字典的建立，对于系统分析人员、用户和系统设计人员均有很大好处，他们可以从不同的角度在数据字典中得到有关信息，便于认识整个系统和随时查询系统中的部分信息。随着系统开发工作的不断深入，数据字典所带来的效益也将越来越明显。

四、物流信息系统设计方法

系统设计是信息系统开发过程的一个重要阶段，它在系统分析阶段确定基本逻辑方案的基础上，解决了新系统的物理设计问题。系统设计以系统分析报告和开发者的知识与经验为主要依据，进行各种具体设计，确定系统的实施方案，并最终给出详细的设计方案，为系统实施制订合理计划。

（一）系统设计概述

1. 系统设计的主要工作

系统设计的任务是依据系统分析报告等文档资料，采用正确的方法确定新系统在计算机内应该由哪些程序模块组成，它们之间用什么方式连接在一起以构成一个最好的系统机内结构，同时使用一定的工具将所设计的成果表达出来。另外，考虑到实现系统功能的需要，还要进行数据库的详细设计、编码设计、输入/输出界面设计等。

系统设计主要包括新系统总体设计、代码设计和设计规范的制定、物理配置方案设计、数据存储设计、计算机处理过程设计等。

（1）总体设计：包括信息系统流程图设计、功能结构图设计和功能模块图设计等。

（2）代码设计和设计规范的制定。

（3）物理配置方案设计：包括设备配置、通信网络的选择和设计以及数据库管理系统的选择等。

（4）数据存储设计：包括数据库设计、数据库的安全保密设计等。

（5）计算机处理过程设计：包括输出设计、输入设计、处理流程图设计及编写程序设计说明书等。

2. 系统设计应遵循的原则

（1）系统性原则。系统是作为统一整体而存在的，在系统设计时，应始终从总体目标出发，服从总体要求，系统的代码要统一，设计规范要标准，传递语言要尽可能一致，对系统的数据采集要做到数出一处、全局共享，使一次输入得到多次利用。

（2）灵活性原则。无论是设备还是组织机构、管理制度或管理人员，在一定时间内只能是相对稳定的，而变化是经常的。因此，要求系统具有很强的环境适应性、较好的开放性和结构的可变性。在系统设计中，应尽量采用模块化结构，提高各模块的独立性，尽可能减少模块间的数据耦合，使各子系统间的数据依赖降至最低。这样，既便于模块的修改，又便于增加新的内容，提高系统适应环境变化的能力。

（3）可靠性原则。可靠性是指系统硬件和软件在运行过程中抵抗异常情况的干扰及保证系统正常工作的能力。衡量系统可靠性的指标是平均无故障时间和平均维护时间。前者指平均前后两次发生故障的时间，反映了系统安全运行的时间；后者指平均每次所用的修复时间，反映系统可维护性的好坏。一个成功的管理信息系统必须具有较高的可靠性，如安全保密性和检错及纠错能力、抗病毒能力等。

（4）经济性原则。在满足需求的情况下，尽可能选择性价比高的、相对成熟的产品，不要贪大求新。一方面，在硬件投资上从实际出发，满足应用需要即可；另一方面，在系统设计中各模块应尽量简单，以便缩短处理流程、减少处理费用。

（5）简单性原则。简单性要求在达到预定的目标、具备所需要的功能的前提下，系统应当尽量简单。这样可以减少处理费用，提高系统效率，同时也便于管理。

（6）系统的运行效率原则。系统的运行效率主要包括：处理能力，即在单位时间内处理的事务个数；处理速度，即处理单个事务的平均时间；响应时间，即从发出处理要求到给出响应所需的时间。

3. 系统设计方法

系统设计所使用的主要方法是自上而下的结构化设计方法，但是在局部环节上（或针对某些规模较小的系统）可以使用原型方法、面向对象的方法。

（1）结构化设计方法的特点。在系统设计中采用结构化设计的特点是：对于一个复杂的系统，用分解的方法自顶而下予以简化；采用图形表达工具；有一组基本的设计原则与方法；有一组评价标准和质量优化技术。

（2）结构化设计的基本内容。系统设计中，结构化设计的内容主要包括：合理地进行模块分解和定义；有效地将模块组织成一个整体。

（3）结构化设计原理。系统设计中所涉及和使用的结构化原理主要有：层次化、模块化原理，信息隐蔽原理和时空等价原理。层次化、模块化原理是指将系统根据实际结构关系分解成不同的层次，在不同的层次上再划分成多个相对独立的模块；信息隐蔽原理是指在一定规模和条件的限制下，把功能相关度大的模块划分在一个模块内，减少信息交换量，同时便于模块功能的更新；时空等价原理是指按时空关系划分子系统或模块。

（二）系统划分

系统总体设计的一个主要任务是划分管理信息系统的子系统。系统划分就是将实际对象按其管理要求、环境条件和开发工作等方面划分为若干相互独立的子系统，子系统又划分为若干模块，大模块划分为小模块。它是一种宏观的、总体的设计和规划，系统划分实例如图8-6所示。

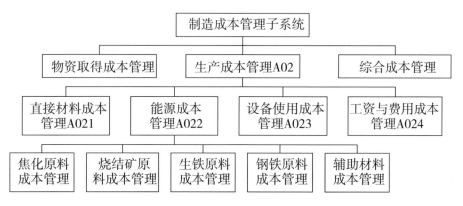

图 8-6 某企业制造成本管理子系统的系统划分

1. 系统划分的方法

常用的系统划分方法是一种利用功能数据分析结构，面向数据流的设计方法，这种方法首先要复查和确认系统分析阶段的数据流程图，而后对其进行细化，最终把数据流程图转换成模块层次结构。在系统分析阶段已经用逻辑结构概括、抽象出描述整个系统的逻辑功能，这里采用自上而下的方法将其逐步扩展，使其具体化。扩展出的数据流程图，能使系统设计员在看到数据流程图中的处理逻辑后，在头脑中形成一个简单明确的印象和概念。

系统划分方法主要有以下六种。

（1）功能划分法，即按业务处理功能划分。

（2）顺序划分法，即按业务先后顺序划分。

（3）数据拟合法，即按数据拟合的程度来划分。

（4）过程划分法，即按业务处理过程划分。

（5）时间划分法，即按业务处理时间划分。

（6）环境划分法，即按实际环境和网络分布划分。

在实际应用中，一般采用混合划分法，即以功能和数据分析结果为主，兼顾组织环境的实际情况。在使用该方法时，应主要考虑以下三方面的内容。

（1）功能分析结果。功能分析结果是指在系统分析阶段得到的业务功能一览表。

（2）数据分析结果。数据分析结果是指在系统分析阶段得到的系统功能划分与数据资源分布情况，通常采用 U/C 矩阵来表示。

（3）组织环境。组织环境是指企业组织的其他情况，例如，办公室、厂区的物理环境；开发工作的分段实施情况；设备和人力资源的限制等。

2. 系统划分的原则

为了便于系统开发和系统运行，系统的划分应遵循以下原则。

（1）独立性原则。系统的划分必须使系统内部功能和信息等方面具有较好的内聚性，每个子系统或模块之间应相互独立，尽量减少不必要的数据和控制联系，并将联系比较密切、功能近似的模块相对集中，便于以后的搜索、查询、调试、调用。

（2）数据依赖尽可能小原则。子系统之间的联系应尽量少，接口简单明确。一个内部联系强的子系统对外部的联系必然很少，所以划分时，应将联系较多者列入子系统内部。相对集中的部分均已划入各子系统的内部，剩余的一些分散、跨度比较大的联系，就成为这些子系统之间的联系和接口。

（3）数据冗余最小原则。数据冗余就是在不同模块中重复定义某一部分数据，造成经常且大量调用原始数据，重复计算、传递、保存中间结果，从而导致程序结构紊乱、效率降低、软件编制工作困难。因此，系统划分应尽可能地减少系统之间的数据冗余。

（4）前瞻性原则。系统的划分不能完全取决于系统分析阶段的结果，因为现存系统由于这样或那样的原因，很有可能没有考虑到一些高层次管理决策的要求，而这些要求可能会在今后提出，因此，系统的划分应充分考虑发展的需要。

（5）阶段性实现原则。信息系统的开发是一项较大的工程，它的实现一般要分期分步进行，所以系统的划分应能适应这种分期分步的实施。

（6）资源充分利用原则。系统的划分应考虑到对各类资源的充分利用。合理的系统划分既要考虑到各种设备资源在开发过程中的配合使用，又要考虑到各类信息资源的合理分布和充分使用，以减少系统对某些特定资源的过分依赖。

（三）系统处理流程设计

系统处理流程设计主要是通过系统处理流程图来描述数据在计算

机存储介质之间的流动、转换和存储情况，以便为模块设计提供输入、输出依据。

系统处理流程图关于新系统处理过程的基本描述是非常直观和有效的。但它既不是对具体处理或管理分析模型细节的描述，也不是对模块调用关系或具体功能的描述，只是关于信息在计算机内部的大致处理过程，而且可以随着后续设计过程而改变。

系统处理流程图是用一系列类似计算机内部物理部件的图形符号来表示信息在计算机内部的处理流程。常用的系统处理流程图符号如图 8-7 所示。

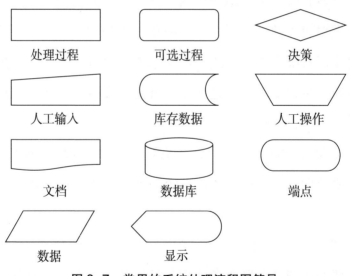

图 8-7　常用的系统处理流程图符号

（四）信息编码

1. 信息编码设计原则

进行信息编码设计时应该遵循以下基本原则。

（1）唯一性。为了避免二义性，必须唯一地标识每一个对象。一个对象可能有不同的名称，可以按不同方式进行描述，但是在一个编码体系中，一个对象只能对应唯一的代码，一个代码只唯一表示一个编码对象。

（2）标准化。在代码设计时应该采用标准通用代码，如国际、国家、行业或部门及企业规定的标准代码。这些标准是代码设计的重要依据，必须严格遵循。在一个代码体系中，所有的代码结构、类型、编写格式必须保持一致，以便于信息交换和共享，并有利于系统的纠错、更新和维护工作。

（3）合理性。代码结构必须与编码对象的分类体系相对应。

（4）简单性。代码的长度影响其所占的存储空间，输入、输出、处理速度以及输入时的出错概率，因此，代码结构要简单，尽可能短。

（5）适用性。代码要尽可能地反映对象的特点，有助于识别和记忆，便于填写。

（6）可扩充性。编码时要留有足够的备用容量，以满足今后扩充的需要。

2. 编码种类

目前常用的编码种类有如下五种。

（1）顺序码。顺序码是用连续数字或有序字母代表编码对象的代码，如业务流水号、各种票据的编号等。

顺序码的优点是代码短，简单明了；缺点是不易于分类处理，增加数据时只能排在最后，删除则造成空码。

（2）区间码。区间码是把数据项分成若干组，每一个区间代表一个组，区间码中数字的值和位置都代表一定意义，如邮政编码、学号等。

区间码的优点是分类基准明确，信息处理比较可靠，排序、分类、检索等操作易于进行；缺点是有时造成代码过长。

（3）助记码。将编码对象的名称、规格等用汉语拼音或英文缩写等形式形成编码，帮助记忆，所以称为助记码，如用 TV-C-21 代表 21 英寸彩色电视机。助记码适用于数据较少的情况，否则容易引起联想错误。

（4）缩写码。缩写码是助记码的特例，从编码对象名称中找出几个关键字母作为代码。例如，Amt 是总额（Amount）的缩写码；Cont 是合同（Contract）的缩写码；Inv. No 是发票号（Invoice Number）的缩写码。

（5）校验码。校验码又称编码结构中的校验位，为了保证正确的输入，有意识地在编码设计结构中原代码的基础上，通过事先规定的数学方法计算出校验码，附加在源代码的后面使它成为代码的一个组成部分，使用时与源代码一起输入，此时计算机会用同样的数学运算方法按输入的代码数字计算出校验位，并将它与输入校验位进行比较，以便检验输入是否有错。

（五）输入/输出设计

输入/输出设计是系统设计中的一个重要环节。信息系统输入/输出是系统与用户的接口，用户对系统的评价内容除了有运行效率、可靠性、可修改性外，很大程度是针对输入和输出进行的。输入/输出及用户界面设计对于用户和今后系统使用的方便性、安全性和可靠性来说都是十分重要的。一个好的输出设计可以为管理者提供简洁、有效、实用的管理和控制信息，而好的输入设计可以为用户和系统双方带来良好的工作环境。

输入/输出设计中必须遵循的基本原则是以输出确定输入和处理方式。尽管有些用户可能直接使用系统或从系统输入数据，但都要使用系统的输出信息，输出设计的目的是使系统能够输出满足用户需求的有用信息。所以，输入/输出设计过程是从输出设计到输入设计。

1. 输出设计的主要内容

（1）用户使用信息方面的内容。用户使用信息方面的内容包括使用目的、输出量、输出速度、使用周期、有效期、安全性等要求。

（2）输出信息的内容。输出信息的内容包括输出项目、位数、数据结构、数据类型、取值范围及精度等。

（3）输出格式，如表格、图形或文字。

（4）输出设备，如打印机、显示器、绘图仪、多媒体设备等。

（5）输出介质，如纸张、磁带、多媒体介质等。

2. 输入设计

信息系统输入所完成的功能是将机外或外地机的信息转换成机内信息。输入设计包括输入方式、校对方式等项设计内容，在系统开发过程中所占的比重较大。一个好的输入设计能为系统运行带来很多便利。

输入设计的基本原则是：在满足处理要求的前提下，尽量减少输入，输入越少，出错的概率也就越小。

输入方式的设计主要是依据具体的管理需求确定数据的录入方式。常用的输入方式有以下四种：①键盘输入；②数/模（D/A）、模/数（A/D）转换方式，如条码输入、扫描仪输入；③网络传送数据；④移动存储器传送数据。

3. 用户界面设计

用户界面是系统与用户之间的接口，也是控制和选择信息输入、输出的主要途径。用户界面设计应坚持友好、简便、实用、易于操作的原则，尽量避免过于烦琐和花哨。

常用的界面设计包括菜单方式、会话方式、操作提示方式以及操作权限管理方式等。与操作方式有关的另一个内容是对数据操作权限的管理。权限管理一般是通过把入网口令和建网时定义的该结点级别相结合来实现的。

图形用户界面是一种界面设计技术，它具有易操作、直观、形象、生动、表达方式灵活等特点，是物流信息系统界面设计的主流。

图形用户界面设计应注意的问题有以下三个。

（1）整体性。用户界面的各个画面设计在整体上应保持相同或相似的外观，如按钮和选择项的位置，尽可能安排在同样的地方，便于用户掌握屏幕上的信息。

（2）效果。用户界面使用的词汇、图示、颜色、选取方式、交流顺序，其意义与效果应前后一致，正确使用表达方式。

（3）使用环境。要根据实际应用环境和要求进行设计。

（六）功能模块设计

模块功能与处理过程设计是系统设计的最后一步，也是涉及具体业务处理过程的一步。它是下一步编程实现系统的基础。

功能模块设计的目的是建立一套完整的功能模块处理体系，作为系统实施阶段的依据，即以系统分析阶段和系统总体设计阶段的有关结果为依据，制定出详细的、具体的系统实施方案。

1. 功能模块设计的内容

功能模块设计的内容可以分为以下两个部分。

（1）总控系统部分。总控系统部分的设计内容主要包括系统主控程序的处理方式，各子系统的接口、人机接口以及各种校验、保护、后备手段接口的确定。根据总体结构和子系统划分以及功能模块的设置情况，进行总体界面设计。

（2）子系统部分。子系统部分的设计主要是对子系统的主控程序和交互界面、各功能模块和子模块的处理过程的设计。主要有数据的输入、运算、处理和输出，其中对数据的处理部分应给出相应的符号和公式。

2. 功能模块设计的原则

为了确保设计工作的顺利进行，功能模块设计一般应遵循以下原则。

（1）模块的内聚性要强，模块具有相对的独立性，减少模块间的联系。

（2）模块之间的耦合只能有上下级之间的调用关系，不能有同级之间的横向关联。

（3）连接调用关系应只有上下级之间的调用。

（4）整个系统呈树状结构，不允许有网状结构或交叉调用关系出现。

（5）所有模块都必须严格分类编码并建立归档文件，以利于系统模块的实现。

（6）适当采用通用模块，将有助于减少设计工作量。

（7）模块的层次不能过多，一般使用6~7层。

3. 模块的连接方式

模块连接方式有数据连接、特征连接、控制连接、公共连接和内容连接，其中按数据连接，是目前常用的方法。

4. 功能模块设计工具

（1）结构图。系统功能设计的主要任务是采用"自顶向下"的原则将系统分解为若干个功能模块，运用组设计原则和策略对这些功能模块进行优化，使其成为良好的机内结构。表达这种结构的工具是结构图。

结构图是指描述系统功能层次和功能模块关系的图，通常为树形结构。结构图可以用来表示系统设计的结果，但没有给出得到这个结果的方法，也就是说，结构图主要关心的是模块的外部属性，即上下级模块、同级模块之间的数据传递和调用关系，而不关心模块的内部。

（2）输入—处理—输出图（IPO图）。输入—处理—输出图描述了某个特定模块内部的处理过程和输入、输出关系。IPO图必须包含输入、处理、输出及与之相应的数据库和数据文件在总体结构中的位置信息等。

（3）模块处理流程设计。模块处理流程设计是指用统一的标准符号来描述模块内部的具体运行步骤，即设计出一个个模块和它们之间的连接方式以及每个模块内部的功能与处理过程。模块处理流程设计是在系统处理流程图的基础上，借助于输入—处理—输出图来实现的。模块处理流程设计通过对输入、输出数据的详细分析，将处理模块在系统中的具体运行步骤标识出来，形成模块处理流程图，作为程序设计的基本依据。

模块处理流程设计通常采用结构化程序设计方法来描述模块的处理过程，主要应用以下五种处理结构：顺序处理结构；选择处理结构；先判断后执行的循环结构；先执行后判断的循环结构；多种选择处理结构。

（七）系统设计报告

系统设计阶段的最终结果是系统设计报告，系统设计报告是下一步系统实施的基础。其具体内容包括以下几个方面。

（1）系统总体结构图，包括总体结构图、子系统结构图、计算机流程图等。

（2）系统设备配置图，包括设备在各生产岗位的分布图，包括主机、网络和终端联系图等。

（3）系统分类编码方案，包括分类方案、编码和校对方式。

（4）输入/输出（I/O）设计方案。

（5）文件或数据库的设计说明。

（6）HIPO 图，包括层次化模块控制图、输入—处理—输出图等。

（7）系统详细设计方案说明书。

第二节　应急供应链信息管理

一、供应链环境下的物流管理

供应链是围绕核心企业，通过对信息流、物流、资金流的控制，从采购原材料开始，到制成中间产品以及最终产品，最后由销售网络把产品送到消费者手中的模式，这其中的供应商、制造商、分销商、零售商和最终用户连成一个整体网络。供应链管理是对生产和流通过程中的商品、信息和资金在供应链中流动时进行的跨行业的管理，涉及各种企业及企业管理的方方面面，并且企业之间作为贸易伙伴，也会为追求共同经济利益的最大化而共同努力。供应链管理采用集成的思想和方法，并应用先进的信息技术支撑实现其管理目标。

物流是供应链的重要组成部分，它贯穿于整个供应链。在传统的物流系统中，物流活动被分散在不同的经济部门，或者是一个企业内部不同的职能部门，物流信息也被分散在不同的环节和不同的职能部门之中，有关物流运作的信息主要在供应链相邻的上下游环节，在整个供应链上是逐级分开传递的，物流信息的交流与共享，是非常缓慢的，且滞后于许多管理活动。而在供应链环境中，除了供应链相邻环节的信息交换，整个供应链都有共享信息，信息的传递不再是呈逐级的链状结构，而是呈纵横交错的网状结构。这就使物流信息不再局限于某一个物流环节上，整个供应链上的任何节点都能透明地看到这些信息，同时根据这些信息进行必要的管理、协调和组织工作，使供应链上的物流信息保持同步，且更为精确和迅速，从而能够及时掌握市场需求和供应链运作情况。

与传统的物流系统相比，供应链环境下的物流信息具有信息来源广、动态性强和信息量大、种类多的特点，供应链环境中的物流信息管理更为复杂，为支撑供应链管理而进行的物流信息化建设的任务更为艰巨。

二、供应链环境下的物流管理特征

在供应链环境下的物流管理具有以下几个方面的特征。

1. 整体性

一般环境下的物流管理，其信息传递在企业间是逐级进行的，信息偏差会沿着传递方向逐级变大，信息扭曲现象在所难免，信息的利用率也很低。一般环境下的物流管理缺乏整体观念，供应链上的每个组织只关心自己的资源（如库存），相互之间很少沟通和合作，经常出现的现象是：一方面库存不断增加；另一方面，当市场需求出现时又无法满足，因而企业库存成本很高，企业容易因为物流管理系统不完善而错失市场机遇。供应链环境下的物流管理应将供应链视为一个整体，从供应商到最终用户的所有环节都应纳入考虑。

2. 快捷性

通过快捷的交通运输以及科学的物流事前管理和事中管理来实现快捷的物流。在供应链管理中，快捷的物流是供应链的基本要求，是保证高效供应链的基础。

3. 动态性

通过动态互联网络获得信息共享与知识支持，让企业在相对的时间范围内进行沟通、合作，并形成供应链。随着供应链的形成，物流及物流管理也在其中形成，随着供应链的消失，存在其中的物流及物流管理也随之消失。另外，其动态性也体现在每次物流活动都有事前管理、事中管理和事后管理三个阶段。

4. 多样性

在供应链管理中，物流的多样性体现在物流形式的多样性和物品的多样性。物流形式的多样性主要是指物流运输方式、运输工具等多样性。由于运输工具的多样化，物流活动往往会运用多种运输方式来进行。物品的多样性是指在供应链中各环节需要的物品不是单一的，而是丰富多样的，包括同一企业同类产品的不同型号，不同企业不同产品以及不同企业同类产品的多样性。

5. 人性化

物流是根据用户的要求，以多样化产品、可靠的质量来实现对客户的亲和式服务。在供应链管理中，物流既需要科学的方法进行管理，又要实时适应客户需求变化，体现人性化的特点。

三、供应链环境下的物流管理信息

供应链环境下的物流管理和传统的纵向一体化物流管理模式相比，信息的流量大大增加，需求信息和反馈信息不是逐级传递，而是网络式传递，企业通过 EDI 和互联网可以快速掌握供应链上不同环节的供求信息和市场信息。因此在供应链环境下的物流系统有三种信息在系统中运行：①需求信息；②供应信息；③共享信息。

需求信息是买方信息，这种信息在物流管理中主要表现为物流活动中物品接收方的相关信息。它是动态的，具有时效性。准确及时的需求信息对于物流管理事前计划和物流活动的进行具有十分重要的意义。供应信息是指卖方信息，相对于需求信息而言，供应信息主要表现为物品发源地的相关信息，包括物品生产企业、物流中心等。共享信息是相对静态的信息，包括物流基础信息、物流标准、物流技术、物流政策等信息，通过网络数据库可以实现这类信息的共享，是物流管理中重要的信息资源。另外，共享信息还包括对需求信息与供应信息的共享。在供应链环境下的物流系统中，信息的流量大大增加，不论是供求信息（包括反馈信息）还是共享信息都主要依赖互联网传递。

共享信息的增加对供应链管理来说是非常重要的，能够让供应链上任何节点的企业都能及时地掌握到市场的需求信息和整个供应链的运行情况，每个环节的物流信息都能透明地与其他环节进行交流与共享，从而避免了需求信息的失真现象。

四、系统集成

系统集成是为了达到系统目标将可利用的资源有效地组织起来的过程和结果。在信息系统领域，系统集成就是根据应用的需要，将硬件平台、网络设备、系统软件、工具软件及应用软件等组织成能够满足一定功能、具有优良性能的信息系统的过程。

系统集成的概念不只是联通，而是有效地组织，这意味着系统中每个部件都能得到有效的利用，或者说，为了达到系统的目标所耗的资源最少，包括开始的设备最少和以后的运行消耗最少。系统集成是要达到系统的目标，而且这个目标要"1+1>2"，即系统的总效益大于各个部件效益的总和。事实上对于信息系统而言，集成的系统所完成的效益是每个分系统单独无法完成的。

系统集成是非常重要的，如果没有系统集成，各部件的效益将无法充分发挥，它是系统上的系统，是复杂的系统，是关系全局的系统。我国现在大多数企业的信息系统没有发挥应有的效益，企业的软件、硬件没有发挥相应的作用，有的只是把它当成一个大的打字机使用，这都是因为集成不够。

系统集成技术是近年来系统开发人员及用户普遍重视的一个新概念。过去的管理信息系统多为使用某一家软件公司生产的产品或使用某个专用的软件系统，如企业的财务部门使用的是某个公司的财务软件，人力资源部门使用的是另一家公司的档案管理软件；产品设计部门使用的是自己开发的软件。企业信息系统的构成五花八门，没有统一的标准。随着系统朝着复杂化、大型化、网络化的不断发展，这种传统的系统模式已经不能满足需要。因此出现了以适合用户需要为原则的对多个产品的系统集成。所以，系统集成不是若干个软件系统及硬件平台的简单堆砌，也不是用同一种软件工具构造所有系统。

五、系统集成的分类

从不同的角度可以把系统集成分为不同的类型，按系统优化的程度可将系统集成分为联通集成、共享集成和最优集成；按系统集成涉及的范围可将系统集成分为技术集成、信息集成、组织和人员集成；按照系统集成具体程度，可将系统集成分为概念集成、逻辑集成和物理集成。

1. 按优化程度分类

按优化程度可将系统集成分为联通集成、共享集成和最优集成。

（1）联通集成。

联通集成就是首先保障设备能互相联通。尽管微机桌面处理、用户友好的软件以及一些通信设备能很好地工作，但联通的目标仍然是很难实现的。联通性是指计算机和计算机基础设备在无人干涉的情况下能相互通信和共享信息等性能，联通性不只是联网，也具有其他的一些性能，如应用程序兼容性，同样的软件可应用于不同的机器上；

移植性，软件由旧版本移植到新一代软件上；合作处理，利用不同部门/组织的计算机联网解决同一个问题；信息兼容，在不同的硬件平台和软件应用程序间共享计算机文档；互用性，软件应用程序应用于不同的硬件平台，而保持相同的用户界面和功能。

（2）共享集成。

共享集成是指整个系统的信息能为系统中所有的用户共享。一般来说，系统应当有共享的数据库，记录的内容为全组织共享，而且维护到最新状态。除此之外，所有用户的数据在必要时，要容易接受其他用户的访问。共享集成还包括应用软件的共享，网络上提供的软件，用户应容易应用和下载，或者可以通过网络使用，而不必在每台机器中安装许多同样的应用软件。

（3）最优集成。

最优集成是最高水平的集成，理想的集成，一般只有在新建系统时才能达成。在新建系统时，对系统目标有很好的理解，从局部到全面合理地确定系统的结构；从全局考虑各种设备和软件的配置，达到总经费最少、性能最好。但是随着时间的推移和环境的改变，原来最优的系统可能已不是最优的，所以最优系统是相对的。

2. 按范围分类

按范围分类，可分为技术集成、信息集成、组织人员集成。

（1）技术集成。

技术集成主要是要达到技术上的联通，解决技术上的问题，如合用性、可取性以及容易操作等。

（2）信息集成。

信息集成要达到数据共享，解决数据上的问题，如不正确性、过时、不合适的单位、没有索引、不够合用和难以获得等。

（3）组织人员集成。

组织人员集成是将系统融合于组织中，形成相互依赖的关系，要解决人的问题，如系统难用、系统难学、系统总出错、系统难以预料等。系统难用，对组织来说，表现为不能解决实际问题、不能和组织或人员配合解决问题、不能适应变化等。

3. 按具体程度分类

按具体程度可将系统集成分为概念集成、逻辑集成和物理集成。形象地说，概念集成是看不见摸不着的；逻辑集成是看得见摸不着的；而物理集成是看得见摸得着的。它们一个比一个具体，但从重要性来说，概念集成是最重要的，是决定一切的。

概念集成是最高层抽象思维的集成。一般来说，它是定性的、艺术的，它确定了解决问题的总体思路。例如，某公司想实现本公司的办公自动化，有的人说应照搬国际商业机器公司（IBM）的，有的说照搬惠普（HP）公司的，到底仿照哪家企业最好，很难用科学公式证明。这与该公司的环境关系很大，甚至与非技术环境关系也很大，例如，这两家公司关系好、相互信任等。所以构成概念集成的依据是经验和知识。

现实问题总要经过人的表达，根据这种表达提取经验与知识，接着就要进行概念的集成。首先是定性地给出解决问题的思路，有可能的话，给出定量的边界，勾画出系统集成的模型或框架；然后再利用深入的知识，包括规则和公式，将其深化成逻辑集成模型，利用逻辑集成模型和状况表达比较，以确定集成方案能否很好地解决这个问题；最后再进行物理集成和实现。只有由概念集成到逻辑集成，再到物理集成，才能真正做到最优集成。

六、信息系统集成的过程

管理信息系统开发的成功率并不高。成功的 MIS 应该服务于企业生产和经营管理的四个层次，即作业层、综合管理层、战术管理层和战略管理层。但大多数企业开发使用的 MIS 只是一些分散的事务处理系统（TPS），尚不具备集成化的特征，特别是真正具有联机事务处理（OLTP）和联机分析处理（OLAP）功能的系统更是少见。目前 MIS 正由分散开发走向集成开发，充分了解和掌握系统集成的过程和特点是推进企业信息化进程的关键。

信息系统集成分为三个阶段进行。

1. 系统培训

系统培训是系统集成的重要阶段。开发者和用户沟通，可让开发者了解和熟悉用户，让用户了解系统知识和信息技术。培训过程是建立概念集成共识的过程。

2. 集成设计

集成设计包括硬件集成、软件集成和信息集成三方面，不仅要实现系统的硬件连接和软件联通，而且要实现系统的信息共享。这里既有总体上的问题，也有技术细节问题。

3. 系统应用

系统应用是做到组织和系统的无缝结合。这个阶段一般要规定一些评价指标，通过这些指标可以检验是否达到系统集成的目标。这种衡量要涉及系统、用户、环境和问题。例如，系统对企业管理观念的改变、系统对企业运营过程的改变、系统对企业生产率的改善，以及系统本身的一些指标（如响应时间、运行成本的改善等）等。

七、电子数据交换接口

电子数据交换（EDI）是指按照统一规定的通用标准格式，将标准的经济信息，通过网络传输，在贸易伙伴的信息系统之间进行数据交换和自动处理，是一种在公司之间传输订单、发票等作业文件的电子化手段。电子数据交换通过计算机网络将贸易、运输、保险、银行和海关等行业信息，用一种国际公认的标准格式，实现各有关部门之间的数据交换与处理。

EDI 是以确定的形式进行数据传输和信息交换，因此，制定统一的 EDI 标准非常重要。EDI 标准有基础标准、代码标准、报文标准、单证标准、管理标准、应用标准、通信标准和安全保密标准等几类，其中首先要实现单证标准，包括格式、所记载的信息以及信息描述的标准化。目前，我国已制定的单证标准有进出口许可证、原产地证书、装箱单和装运声明等。

EDI 的目的是通过建立企业间的数据交换网络来实现票据处理、数据处理等事务作业的自动化和信息共享。在 EDI 中，传统贸易中使用的各种单据、票证全部被计算机数据取代，原来由人工进行的单据处理，票证核对，入账、结算及收发等，全部由计算机进行。由于数据的处理和传送全部依靠计算机和网络来进行，减少甚至消除了贸易过程中的纸面文件，因此，EDI 常被称作电子贸易或无纸贸易。EDI 作为电子商务的一种信息沟通方式，对于提高贸易活动的效率、降低成本和提高经济效益具有非常重要的作用。

构成 EDI 系统的三个要素是 EDI 软硬件、通信网络以及数据标准化。一个部门或企业若要实现 EDI，首先，必须有一套计算机数据处理系统；其次，企业内部数据须采用 EDI 标准并转换为 EDI 标准格式；最后，通信环境的优劣也是关系到 EDI 成败的重要因素之一。

（一）EDI 的分类

根据功能，EDI 可分为四类。

第一类常用的 EDI 系统是贸易数据互换系统，它用电子数据文件来传输订单、发货票和各类通知。

第二类常用的 EDI 系统是电子金融汇兑系统，即在银行和其他组织之间实行电子费用汇兑。电子金融汇兑系统已使用多年，但仍在不断改进，最大的改进是同订货系统联系起来，形成一个自动化水平更高的系统。

第三类常见的 EDI 系统是交互式应答系统，如应用在旅行社或航空公司作为机票预订系统，这种 EDI 系统在应用时要询问到达某一目的地的航班，要求显示航班的时间、票价或其他信息，然后根据旅客的要求确定所要的航班，并打印机票。

第四类是带有图形资料自动传输的 EDI，最常见的是计算机辅助设计图形的自动传输。比如，设计公司完成一个厂房的平面布置图，并将其传输给厂房的所有者，以提出修改意见，一旦该设计被认可，系统将自动输出订单，发出购买建筑材料的报告，在收到这些建筑材料后，自动开出收据。

（二）EDI 系统功能

EDI 参与者所交换的信息客体称为邮包，在交换过程中，如果接收者从发送者得到的全部信息包括在所交换的邮包中，则认为语义完整，并称该邮包为完整语义单元，完整语义单元的生产者和使用者统称为 EDI 的终端用户。

在 EDI 工作过程中，所交换的报文都是结构化的数据，整个过程都是由 EDI 系统完成的，EDI 系统功能主要包括以下几个基本模块。

（1）用户接口模块。

业务管理人员可用此模块进行输入、查询、统计、中断、打印等，以及时地了解市场变化，调整策略。

（2）内部接口模块。

这是 EDI 系统和本单位内部其他信息系统及数据库的接口，一份来自外部的 EDI 报文，经过 EDI 系统处理之后，大部分相关内容都需要经内部接口模块送往其他信息系统，或查询其他信息系统才能给对方 EDI 报文以确认的答复。

（3）报文生成及处理模块。

该模块有两个功能，一个功能是接受来自用户接口模块和内部接口模块的命令和信息，按照 EDI 标准生成订单、发票等各种 EDI 报文和单证，经格式转换模块处理之后，由通信模块经 EDI 网络发给其他EDI 用户。另一个功能是自动处理由其他 EDI 系统发来的报文，在处理过程中要与本单位信息系统联通，以获取必要信息并给其他 EDI 系统答复，同时将有关信息送给本单位其他信息系统，如因特殊情况不能满足对方的要求，并经双方 EDI 系统多次交涉后不能妥善解决的，则把这一类事件提交用户接口模块，由人工干预决策。

（4）格式转换模块。

所有的 EDI 单证必须转换成标准的交换格式，转换过程包括语法上的压缩、嵌套、代码的替换以及必要的 EDI 语法控制字符，在格式转换过程中要进行语法检查，对于语法出错的 EDI 报文应拒收并通知对方重发。

（5）通信模块。

该模块包括执行呼叫、自动重发、合法性和完整性检查、出错报警、自动应答、通信记录、报文拼装和拆卸等功能。

除以上这些基本模块外，EDI 系统还必须具备以下基本功能。

（1）命名和寻址功能。

EDI 的终端用户在共享的名字当中必须是唯一可标识的，命名和寻址功能包括通信和鉴别两个方面。在通信方面，EDI 是利用地址而不是名字进行通信的，因而要提供按名字寻址的方法，这种方法应建立在开放系统目录服务信息技术基础上；在鉴别方面，有通信实体鉴别、发送者与接收者之间的相互鉴别等。

（2）安全功能。

EDI 的安全功能应包含在所有模块中，具体包括以下内容。

①终端用户以及所有 EDI 参与方之间的相互验证。

②数据完整性。

③EDI 参与方之间的电子（数字）签名。

④否定 EDI 操作活动的可能性。

⑤密钥管理。

（3）语义数据管理功能。

完整语义单元是由多个信息单元组成的，其管理服务功能具体体现在以下几个方面。

①信息单元应该是可标识和可区分的。

②信息单元必须支持可靠的全局参考。

③信息单元应能够存取指明信息单元属性的内容，如语法、结构语义、字符集和编码等。

④信息单元应能够跟踪和定位信息单元。

⑤信息单元对终端用户提供方便和始终如一的访问方式。

（三）EDI 的应用

EDI 已经广泛应用于各个行业。

（1）制造业：利用准时生产（Just In Time，JIT）减少库存量及生产线待料时间，降低生产成本。

（2）贸易运输业：通过快速通关报检、经济使用运输资源，降低贸易运输空间、成本与时间的浪费。

（3）流通业：通过快速响应（QR）减少商场库存量并降低空架率，以加速商品资金周转，降低成本；建立物资配送体系，以完成产、存、运、销一体化的供应链管理。

（4）金融业：通过电子金融汇兑系统减少了金融单位与其用户间交通往返的时间与现金流动风险，缩短了资金流动所需的处理时间，提高了用户资金调度的弹性；在跨行服务方面，使用户享受到不同金融单位提供的服务，提高了金融业的服务品质。

EDI 应用获益最大的是零售业、制造业和配送业，在这些行业应用 EDI 技术提高了发票传输、订单完成的效率，因此 EDI 在密切贸易伙伴关系方面有潜在的优势。

下面介绍几种典型的物流领域的应用。

1. 配送中心的 EDI 应用

配送中心是供应商与零售店铺之间的桥梁，它对调节产品供需、缩短流通渠道、改善不经济的配送模式及降低流通成本等有很大的作用。图 8-8 所示为配送中心的交易流程。

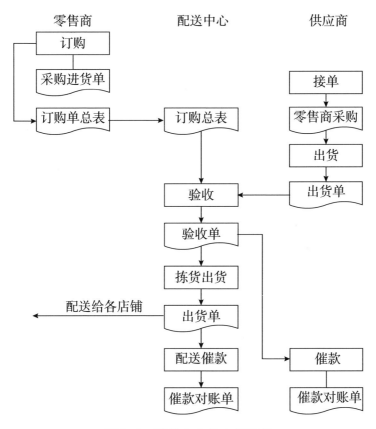

图 8-8　配送中心的交易流程

如果配送中心引入 EDI 是为了传输数据，则可以选择低成本引入出货单。

如果配送中心引入 EDI 是为了改善作业流程，则可依次引入各单证，并与企业内部信息系统集成，逐步改善接单、配送、催款的作业流程。

（1）引入出货单。对配送中心来说，出货单就是"配送通知"，是客户发出的出货指示。配送中心引入 EDI 出货单后，可以与自己的拣货系统集成，生成拣货单，这样就可以加快内部作业速度，从而缩短配货时间；在出货完成后，可将出货结果用 EDI 通知客户，使客户及时知道出货情况，同样可以用于处理缺货的情况。

（2）引入催款对账单。对于每月的出货配送业务，配送中心可引入 EDI 催款对账单，同时开发对账系统，并与出货配送系统集成，生成对账单，减轻财务部门每月的对账工作量，降低对账的错误率，并可减少业务部门的催款人力。

2. 运输企业的 EDI 应用

运输企业以其强大的运输能力和遍布各地的营业点在流通业中扮演着重要的角色。图 8-9 所示为运输企业的交易流程。

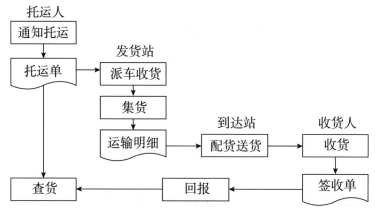

图 8-9　运输企业的交易流程

运输企业若为数据传输而引入 EDI，可选择低成本引入方式。可先引入托运单，接收托运人传来的 EDI 托运单报文，将其转换成企业内部的托运单格式。其优点是：事先得知托运货物的详情，包括箱数、重量等，以便调配车辆；不需重新输入托运单数据，节省人力和时间，减少人为错误。

若企业引入 EDI 是为改善作业流程，可逐步引入各项单证，再进行企业内部信息系统集成，逐步改善托运、收货、送货、回报、对账、收款等作业流程。

（1）引入托运单。企业事先得知托运货物的详情，可调配车辆前往收货。托运人传来的 EDI 托运数据可与发送系统集成，自动生成发货明细单。

（2）引入送货回报单。托运数据可与送货回报作业集成，将送货结果及时回报给托运人，提高客户服务质量。此外，对已完成送货的交易，也可回报运费，供客户核对。

（3）引入催款对账单。企业可用回报作业通知每笔托运交易的运费，同时运用 EDI 催款对账单向客户催款。

（4）引入转账系统。企业对托运量大且频繁的托运客户，可与其建立 EDI 转账作业，通过银行进行 EDI 转账。

3. 制造商的 EDI 应用

制造商与其交易伙伴间的商业行为大致可分为接单、出货、催款及收款作业，其间往来的单据包括采购进货单、出货单、催款对账单及付款凭证等。

制造商引入 EDI 是为数据传输时，可选择低成本的引入方式，引入采购进货单，接收客户传来的 EDI 订购单报文，并将其转换成企业内部的订单形式。其优点是：不需要为配合不同供应商而使用不同的电子订货系统；不需重新输入订单数据，节省人力和时间，同时减少人为错误。

如果制造商应用EDI的目的是为改善作业，可以同客户合作，依次引入采购进货单、出货单及催款对账单，并与企业内部的信息系统集成，逐渐改善接单、出货、对账及收款作业。

（1）引入采购进货单。采购进货单是整个交易流程的开始，接到EDI订单不需要再重新输入，节省了人力，同时保证了数据的正确性；开发核查程序，核查收到订单是否与客户的交易条件相符，节省了核查订单的人力，同时降低了核查的错误率；与库存系统、拣货系统集成，自动生成拣货单，加快拣货与出货速度，提高服务质量。

（2）引入出货单。企业在出货前事先用EDI发送出货单，通知客户出货的商品及数量，以便客户事先打印验货单并安排储位，从而加快验收速度，节省双方交货、收货的时间；EDI出货单也可供零售商与内部订购数据进行比较，缩短零售商验收后人工确认数据的时间，减少日后对账的困难；零售商可用出货单验货，出货单成为日后双方催款对账的凭证。

（3）引入催款对账单。企业引入催款对账单，开发对账系统，并与出货系统集成，从而减轻财务部门每月对账的工作量，降低对账错误率以及减少业务部门催款的人力和时间。

（4）引入转账系统。企业可考虑引入与银行对接的EDI转账系统，由银行直接接收EDI汇款再转入制造商的账户内，这样可加快收款作业，提高资金运用的效率；转账系统与对账系统、会计系统集成后，除实现自动转账外，还可将后续的会计作业自动化，节省人力。

企业为改善作业流程而引入EDI时，必须有相关业务主管积极参与，才可能获得成效。例如，对制造商来说，退货处理非常麻烦，退货原因可能是商品瑕疵或商品下架，对有瑕疵的商品，退货只会增加处理成本；对下架商品，及时处理，还有机会再次销售。因此，引入EDI退货单并与客户重新拟定退货策略，对双方都有好处。

4. 零售商的 EDI 应用

零售商的交易流程如图 8-10 所示。

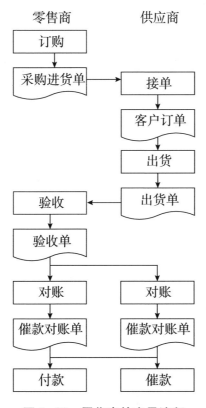

图 8-10　零售商的交易流程

零售商引入 EDI 时，如果选择低成本引入，且主要目的是数据传输，可先引入订购单，将订购单转换成 EDI 报文传送给供应商。其优点主要体现在两个方面：一方面，不需要为配合不同供应商而使用不同的电子订货系统；另一方面，使供应商能够提早收到订单，及早处理，加快送货速度。

如果零售商除了数据传输外，使用 EDI 还有改善作业的目的，可与供应商合作，依次引入采购进货单、出货单、催款对账单及付款明细表，并与企业内部信息系统集成，逐渐改善订购、进货、对账及付款作业。

（1）引入采购进货单。采购进货单是整个交易流程的开始，供应商接收 EDI 订单后，不需重新输入，可保证数据的正确性。

（2）引入出货单。供应商在出货前事先发送 EDI 出货单通知零售商，零售商可事先安排储位，并比较出货单与内部的订购数据，这缩短了验收后人工确认的时间，也减低了日后对账的困难。

（3）引入催款对账单。零售商可在引入 EDI 对账报文后开发对账系统，并与订购及验收系统集成，生成对账单，这样既减轻了财务部门每月对账工作量，又降低了对账的错误率。

（4）引入付款明细表。引入对账系统后，零售商可将日常的付款作业计算机化，开发转账系统，并与银行进行 EDI 连接，引入付款明细表 EDI 报文。转账系统可与对账系统、会计系统集成，除实现自动转账外，也使后续的会计作业实现了自动化，节省了人力，降低了人工错误率。

零售商引入 EDI 改善作业流程，必须有相关业务主管的积极参与，才可能获得成功。例如，使用 EDI 的订购报文前，零售商是以传真方式向供应商订购，验收部门在进货验收时，需要供应商出示订单作为验货凭据；使用 EDI 订购报文后，供应商可在出货前通知零售商出货商品及数量，零售商利用预先得知的出货数据，事先通知验收部门验货，加快了验收速度。

总之，企业引入 EDI 必须要有相关业务部门的人员参与，协同信息人员共同制定新的作业流程，并由信息人员修改管理信息系统，才能使 EDI 发挥最大效用，达到改善作业流程的目的。由于需要整合不同部门的作业，因此，参与的业务主管层次越高，应用的层面就越广。

除数据传输和改善作业外，企业还可以 EDI 为工具进行企业再造。企业再造的目的是为客户提供更好的产品与服务，因此作业流程的革新是非常重要的目标。另外，企业实施 EDI，可先改变与供应商间的作业流程，再配合外部流程的改造革新企业的内部流程。

第三节　决策支持系统

一、决策支持系统概述

管理信息系统实现了信息的系统管理和综合处理，可以为各级管理决策者准确、及时地提供所需的各种信息。但是，对于复杂多变环境中的许多决策问题，MIS 往往也无法给予人们所期望的支持。

对于那些目标明确，具有确定的规则、程序及信息需求的决策问题，即结构化决策问题，MIS 可以有效地支持决策者的各个阶段的活动。在各单位管理决策中也经常面临目标含混不清，多个目标相互冲突，方案的比较和选择没有固定规则或程序可循，信息不全或比较模糊的问题，这类决策问题，称为半结构化决策问题。

决策支持系统（DSS）的概念是针对传统的 MIS 提出的，是支持决策者对半结构问题进行决策的系统。后来有学者提出了更具体的看法，强调 DSS 是支持而不是代替管理者进行决策，是改善决策工作的效益而不是效率。

尽管 DSS 目前还没有严格的定义，人们对它的理解也存在着差异，但是这些看法有很多共同之处，如 DSS 是支持而不是代替决策者；DSS 主要支持上层管理的半结构化决策问题；DSS 是交互的计算机系统，具有适用的人机交互界面等。所以我们可以认为：广义地说，DSS 是以管理科学、计算机科学、行为科学和控制论为基础，以计算机技术、人工智能技术、信息技术和经济数学方法为手段，主要面对半结构化的决策问题，支持中高级决策者的决策活动的一种人机交互系统。它能为决策者迅速而准确地提供决策需要的数据、信息和背景材料，帮助决策者明确目标，建立和修改模型，提供备选方案，评价和优选各种方案，通过人机对话进行分析、比较和判断，为正确决策提供有力支持。

二、决策支持系统的功能与定义

决策是人们在改造客观世界的过程中为实现主观目的而进行策略或方案选择的一种行为，它必然带有决策者的主观因素。方案代价与后果能定量计算，方案的优劣有明确的分析比较，规则的结构化决策可较容易地借助计算机来实现，但这些情况毕竟是少数。现实世界中更多的决策问题，如维系企业生存与发展的战略规划的制定、投资方向的选择等是无法用明确表达的规则来解决的，这些半结构化或非结构化决策问题的解决主要依赖于决策者经验分析与判断。因此所选的方案往往因人而异，反映个人的风格和意志。

DSS 的目标就是要在人的分析与判断能力的基础上借助计算机与科学方法支持决策者对半结构化和非结构化问题进行有序的决策，以获得尽可能令人满意的解决方案。DSS 的目标要通过所提供的功能来实现，系统的功能由系统结构所决定，不同结构的 DSS 功能不尽相同，在总体上，DSS 的功能可归纳为以下几项。

（1）管理并随时提供与决策问题有关的组织内部信息，如订单要求、库存状况、生产能力与财务报表等。

（2）收集、管理并提供与决策问题有关的组织外部信息，如政策法规、经济统计、市场行情、同行动态与科技进展等。

（3）收集、管理并提供各项决策方案执行情况的反馈信息，如订单或合同执行进程、物料供应计划落实情况、生产计划完成情况等。

（4）能以一定的方式存储和管理与决策问题有关的各种数学模型，如定价模型、库存控制模型与生产调度模型等。

（5）能够存储并提供常用的数学方法及算法，如回归分析方法、线性规划、最短路径算法等。

（6）能灵活地运用模型与方法对数据进行加工、汇总、分析、预测，得出所需的综合信息与预测信息。

（7）具有方便的人机对话和图像输出功能，能满足随机的数据查询要求，回答"如果……则……"之类的问题。

（8）提供良好的数据通信功能，以保证及时收集所需数据并将加工结果传送给使用者。

（9）具有使用者能忍受的加工速度与响应时间，不影响使用者的情绪。

DSS 发展至今，有关它的定义始终存在着不同的观点，一种观点认为对一个迅速发展尚未完全成熟的领域过早地追求一个完善的定义并非明智之举，因此只要把握住这个领域的基本特征和基本构成就可以了，这样做的好处是能给该领域的扩充和改变方向提供足够的灵活性；另一种观点认为事物都处于不断发展变化之中，定义，尤其是描述性的定义，也是可以不断修改和完善的，为使从事 DSS 研究与开发的人员的工作有一个大致的方向与范围，为使要了解 DSS 的人能简捷清晰地明确 DSS 到底是什么，应给出 DSS 的定义。

实际上，上述两种观点也有共同之处，那就是定义必须建立在对象的基本特征与结构特征之上。DSS 的基本特征一般可归纳为以下五个方面。

（1）对准上层管理人员经常面临的结构化程度不高、说明不够充分的问题。

（2）把模型或分析技术与传统的数据存取技术及检索技术结合起来。

（3）非计算机专业人员可以以交互会话的方式使用。

（4）强调对环境及用户决策方法改变的灵活性及适应性。

（5）支持但不是代替高层决策者进行决策。

DSS 的结构特征包括以下五个方面。

（1）模型库及其管理系统。

（2）数据库及其管理系统。

（3）方法库及其管理系统。

（4）交互式计算机硬件及软件。

（5）对用户友好的建模语言。

根据 DSS 应具备的功能及特征，有关的专家学者先后为 DSS 给出了多种定义，这些定义可综合为：DSS 是一种以计算机为工具，应用决策科学及有关学科的理论与方法，以人机交互方式辅助决策者解决半结构化和非结构化决策问题的信息系统。

从以上关于 DSS 功能及特征的描述及定义中，我们能较全面地认识到，DSS 就是要组织与管理好所有能供决策使用的数据或信息、计算模型、分析方法与判断规则，在决策者与机器的交互过程中针对不同的问题通过各种数据、模型与方法的组合作用来引导决策者完成一系列的判断而获得问题的解。以下的例子简单地说明了 DSS 的运作过程。

有一制造厂为确定它的生产规模和合适的库存量，建立了一个决策支持系统，它的模型库由生产计划、库存模拟模型（如预测、库存控制模型）等组成，在数据库中存有历年销售量、资金流动情况、成本等原始数据。决策者通过计算机终端屏幕，根据 DSS 提供的最佳订货量和重新订货时间，以及相应的生产成本、库存成本等信息，进行"如果……将会怎样？"的询问，对所提方案进行灵敏度分析，或者以新的参数进行模拟，得到一个新的方案。决策支持系统并不强调寻找最优解，也不意味着提供最后结果，而是为决策者做判断提供支持，由决策者在一系列选择中，综合其他不适宜进入模型的因素，得出最后的合理的决策方案。

三、决策支持系统的基本概念模式

DSS 由若干部件按一定的结构组成，部件不同或结构不同，构成 DSS 的功能也略有差异。但各种 DSS 的结构都必须建立在某种概念模式之上。DSS 的概念模式反映 DSS 的形式及其与"真实系统"、人和外部环境的关系。DSS 概念模式的建立是开发最初阶段的工作，它通过对决策问题与决策过程的系统分析来描述。DSS 的基本概念模式如图 8-11 所示。

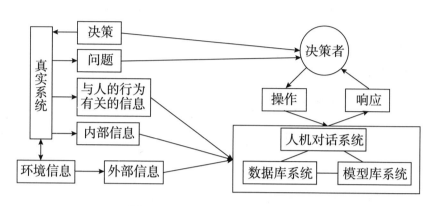

图 8-11　DSS 的基本概念模式

由图 8-11 可见，决策者运用自己的知识，把它和 DSS 的响应输出结合起来对所管理的真实系统进行决策。对真实系统而言，提出的问题和操作的数据是输出信息流，而人们的决策则是输入信息流。图 8-11 中表示了与 DSS 有关的基础数据，它包括来自真实系统并经过处理的内部信息、环境信息、与人的行为有关的信息等；图 8-11 的右边是最基本的 DSS，由模型库系统、数据库系统和人机对话系统等组成。

决策者在决策过程中处于中心地位，因此其在基本概念模式中占据着核心位置。由于面临的决策规则与步骤不完全确定，决策过程难以明晰表达，决策者的素质、解决问题的风格、所采用的方法都有较大差异，因此 DSS 的概念模式在专用与通用、自动化程度的高低这两对矛盾中进行折中。一般情况下，我们应倾向于采用在求解过程、用户环境、适应性等方面具有较高柔性的，更多地强调决策者主观能动性的通用模式。

四、决策支持系统的系统结构

DSS 部件之间的关系构成了 DSS 的系统结构，系统的功能主要由系统结构决定，具有不同功能特色的 DSS，其系统结构也不同。系统结构是 DSS 最主要的研究内容之一，目前 DSS 的系统结构大致有两类：一类是以数据库、模型库、方法库、知识库及对话管理等子系统为基本部件构成的多库系统结构；另一类是以自然语言、问题处理、知识库等子系统为基本部件构成的系统结构。

下面介绍多库系统结构。

1. 三角式结构

三角式结构是由数据库、模型库等子系统与对话子系统呈三角形分布的结构，也是 DSS 最基本的结构，如图 8-12 所示。

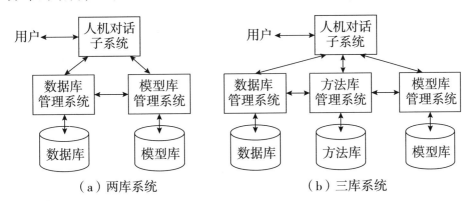

（a）两库系统　　　　　　　（b）三库系统

图 8-12　DSS 的三角式结构

人机对话子系统是 DSS 人机接口界面，决策者作为 DSS 的用户通过该子系统提出信息查询的请求或决策支持的请求；对话管理子系统对接收到的请求进行检验，形成命令，为信息查询的请求进行数据库操作，提取信息，所得信息传送给用户；对决策支持的请求将识别问题与构建模型，从方法库中选择算法，从数据库读取数据，运行模型库中的模型，运行结果通过人机对话子系统传送给用户或暂存数据库待用。

应用 DSS 做决策的过程是一个人机交互的启发式过程，因此问题的解决过程往往要分解成若干阶段，一个阶段完成后用户获得阶段的结果及某些启示，然后进入下一阶段的人机对话，如此反复，直至用户形成决策意见，确定问题的解。三角式系统结构以对话管理子系统为中介，它与数据库、模型库及方法库两两之间都有互相通信的接口和直接的联系。

2. 其他结构

除三角式结构外，DSS 的系统结构还有以对话管理子系统牵头，将模型库与数据库以直线方式连接的串联结构；将数据库子系统与模型库子系统融为一体的融合式系统结构等。串联结构的特点是人机对话子系统不直接与数据库子系统联系，而是通过模型库子系统转达操作请求，因此模型库子系统必须设有用户操作数据库的转接功能。串联结构由于省去了人机对话子系统与数据库子系统之间的接口而使系统结构较为简单。

融合式系统结构的特点是其数据库子系统与模型库子系统互不独立，既可以说是模型库子系统建立在数据库子系统的基础上，也可以说是数据库子系统被嵌入模型库子系统之中，模型库中的模型运行时直接调用数据库中的数据。该系统结构的缺点是更换数据库子系统时，模型库子系统会有较大的改动，即系统的移植性较差。为了克服这一不足，人们于融合式结构的基础上在数据库子系统与模型库子系统之间增设了统一的模型管理标准接口，提出了一种以数据库为中心的系统结构，这种结构间接调用数据库中的数据，避免了模型对数据库结构的依赖，使模型库子系统与数据库子系统相对独立。

五、决策支持系统的组成

（一）人机对话子系统

人机对话子系统是 DSS 中用户和计算机的接口，在操作者、模型库、数据库和方法库之间起着传送（包括转换）命令和数据的重要作用，其核心是人机界面。在实际工作中，由于系统经常是由那些从系统输出中得到益处，且又对系统内部了解甚少的人直接使用，所以用户接口设计的好坏对系统的成败有举足轻重的作用。如果系统需要使用的人懂得很多的计算机技术，或者花费大量时间去编程序，那么这种系统实际上将无人使用，更谈不上发挥作用。即使对 DSS 的维护人员来说，如果数据库模式的任何一点变动都要自己动手一点一点去做，工作也是十分繁重的。因此，对使用人员来说，需要有一个良好的对话接口，对维护人员来说需要有一个方便的软件工作环境。所以人机对话子系统是 DSS 的一个窗口，它的好坏标志着该系统的实用水平。

（二）数据库子系统

数据或信息能减少决策问题的不确定性，是分析判断的依据。DSS 主要支持半结构化或非结构化的问题决策，其特点是数据面广且具概括性，除了组织内部数据外，更多的是组织外部数据，如政策法规、经济统计数据、市场行情、同行动向及科技情报等。这些数据大都经过加工、浓缩或汇总，例如，历月销售额、利润增长率、市场占有率等。这也是其与 MIS 数据的主要区别，而在对数据的共享性与唯一性方面，要求与 MIS 是相同的。

数据库子系统的作用是存储、管理、提供与维护用于决策支持的数据，是 DSS 基本部件，是支撑模型库子系统及方法库子系统的基础。数据库子系统由数据库、数据析取模块、数据字典、数据库管理系统及数据查询模块等部件组成。

1. 数据库

DSS 数据库中存放的数据大都来源于 MIS 等信息系统的数据库，这些数据库被称为源数据库。源数据库和 DSS 数据库的区别在于用途与层次的不同。

2. 数据析取模块

数据析取模块负责从源数据库提取能用于决策支持的数据，析取过程是对源数据进行加工的过程，也是选择、浓缩与转换数据的过程。由于源数据量大、渠道多、变化频繁，格式与口径也不统一，数据的析取既复杂又费时，因此一般将其作为一项日常操作处理。

3. 数据字典

数据字典用于描述与维护各数据项的属性、来龙去脉及相互关系。数据字典也被看作数据库的一部分。

4. 数据库管理系统

数据库管理系统用于管理、提供与维护数据库中的数据，也是与其他子系统的接口。

5. 数据查询模块

数据查询模块用来解释来自人机对话及模型库等子系统的数据请求，通过查阅数据字典确定如何满足这些请求，并详细阐述向数据库管理系统提出的数据请求，最后将结果返回人机对话子系统或直接用于模型的构建与计算。

（三）模型库子系统

模型是以某种形式反映客观事物本质属性，揭示其运动规律的描述。为了把握客观事物的发展变化，人们需要一种能普遍适用于表示和认识事物内在联系及与外部关系的手段，而模型就是能较好地满足这一需要的重要手段之一。决策或问题的求解首先需要表达问题的内外特征与变化规律，DSS 设立模型库子系统是为了在不同的条件下通过模型来实现对问题的动态描述，以便探索或选择令人满意的问题解。

模型库子系统是构建和管理模型的计算机软件系统，它是 DSS 中最复杂、最难实现的部分。DSS 用户是依靠模型库中的模型进行决策的，因此我们认为 DSS 是由"模型驱动的"。应用模型获得的输出结果有以下三种作用：①直接用于制定决策；②对决策的制定提出建议；③用来估计决策实施后可能产生的后果。

实际上，可直接用于制定决策的模型对应那些结构性比较好的问题，其处理算法是明确规定了的，其参数值是已知的。对于非结构化的决策问题，有些参数值并不知道，需要使用数理统计等方法估计这些参数的值。由于不确定因素的影响，参数值估计的非真实性，以及变量之间的制约关系，用这些模型计算得出的输出结果一般只能辅助决策或对决策的制定提出建议，对于战略性决策，由于决策模型涉及的范围很广，其参数有高度的不确定性，所以模型的输出结果一般用于估计决策实施后可能产生的后果。

模型库子系统主要由模型库与模型库管理系统两大部分组成。

1. 模型库

模型库是模型库子系统的核心部件，用于存储决策模型。客观世界中的问题对象是千差万别、数不胜数的，我们不可能为每一个问题创建一个对应的模型，因此模型库中主要存储的是能让各种决策问题共享或专门用于某特定决策问题的模型的基本模块或单元模型，以及它们间的关系。使用 DSS 支持决策时，根据具体问题构造或生成决策支持模型，这些决策支持模型如有再用的可能性则也可存储于模型库。

如果将模型库比作一个成品库的话，则该仓库中存放的是成品的零部件、成品组装说明、某些已组装好的半成品或成品。从理论上讲，利用模型库中的"元件"可以构造出任意形式且无穷多的模型，可以解决任何所能表述的问题。用单元模型构造的模型或决策支持模型可分为模拟方法类、规划方法类、计量经济方法类、投入产出方法类等，其中每一类又可分为若干子类，如规划方法类又可分为线性规划或非线性规划、单目标规划或多目标规划等。

模型按照经济内容可分类为以下四类。

（1）预测类模型：如产量预测模型、消费预测模型等。

（2）综合平衡模型：如生产计划模型、投入产出模型等。

（3）结构优化模型：如能源结构优化模型、工业结构优化模型等。

（4）经济控制类模型：如财政税收、信贷、物价、工资、汇率等综合控制模型。

2. 模型库管理系统

模型库管理系统的主要功能是模型的利用与维护。模型的利用包括决策问题的定义和概念模型化，从模型库中选择恰当的模型或单元模型构造具体问题的决策支持模型，以及运行模型；模型的维护包括模型的结合、修改与增删等。模型库子系统是在与 DSS 其他部件的交互过程中发挥作用的。例如，与数据库子系统的交互可获得各种模型所需的数据，实现模型输入、输出和中间结果存取自动化；与方法库子系统的交互可实行目标搜索、灵敏度分析和仿真运行自动化等。

（四）方法库子系统

方法库子系统是存储、管理、调用及维护 DSS 各部件要用到的通用算法、标准函数等方法的部件，方法库中的方法一般用程序方式存储。它的计算过程实行交互式的数据存取，从数据库选择数据，从方法库中选择算法，然后将数据和算法结合起来进行计算，并以直观清晰的方式呈现输出结果，供决策者使用。

方法库子系统由方法库与方法库管理系统组成，方法库内存储的方法程序一般有：排序算法、分类算法、最小生成树算法、最短路径算法、计划评审技术、线性规划、整数规划、动态规划以及各种统计算法、各种组合算法等。

参考文献

［1］桂华明，马士华，谢磊. 基于寄售和需求预测准确度可提高的供应链协调策略研究［J］. 机械工程学报，2013，49（18）：190-198.

［2］肖群，马士华. 信息不对称对闭环供应链 MTO 和 MTS 模式的影响研究［J］. 中国管理科学，2016，24（5）：139-148.

［3］李勇，屈亚琴，黄仁存，等. 供应链环境下的区域物流网络库存需求预测模型［J］. 统计与决策，2011（11）：43-46.

［4］赵宁，董绍华，王国华，等. 基于三阶段仿真法的 AS/RS 物流系统规划［J］. 北京科技大学学报，2007，29（10）：1054-1058.

［5］汤希峰，毛海军，李旭宏. 物流配送中心选址的多目标优化模型［J］. 东南大学学报（自然科学版），2009，39（2）：404-407.

［6］吴清一，吴菁芃. 数字物流开拓物流科学新纪元［J］. 中国物流与采购，2018（2）：61-63.

［7］吴清一，吴菁芃. 数字物流系统的构建［J］. 中国物流与采购，2018（3）：62-63.

［8］吴菁芃，吴清一. 数字物流中的数字技术［J］. 中国物流与采购，2018（7）：66-67.

［9］吴菁芃. 现代物流配送中心分类与规划分析［J］. 物流技术与应用，2020，25（7）：159-163.

［10］王勇，韦俊，姜涛，等. 物流配送中心选址数学模型的研究和优化［J］. 科技资讯，2020，18（3）：214-215.

［11］宁浪，张宏斌，张斌. 面向 JIT 制造的零部件配送中心货位优化研究［J］. 管理科学学报，2014，17（11）：10-19.

［12］关菲，张强. 模糊多目标物流配送中心选址模型及其求解算法［J］. 中国管理科学，2013，21（S1）：57-62.

［13］孙磊，吴耀华，张冠女. 动态 EIQ-ABC 分析在配送中心规划中的应用［J］. 山东大学学报（工学版），2007，37（3）：81-85，113.

［14］段刚，陈莉，李引珍，等. 物流配送中心选址双层规划模型与算法［J］. 交通运输系统工程与信息，2011，11（1）：126-129.

［15］崔荣升. 运筹学在物流配送中心优化布局的应用综述［J］. 物流工程与管理，2015，37（11）：58-59.

［16］胡燕祝，吕宏义. 物流配送中心的规划与管理［J］. 包装工程，2007（5）：24-27.

［17］仝凌云，刘志帅，李娜，等. EIQM 分析法：基于 EIQ 分析法的扩展分析方法［J］. 物流技术，2014，33（2）：171-173，182.

［18］张玲，陈涛，黄钧. 基于最小最大后悔值的应急救灾网络构建鲁棒优化模型与算法［J］. 中国管理科学，2014，22（7）：131-139.

［19］王梦楠，厍倩芳. 基于 EIQ 方法的仓储货物 ABC 分类研究［J］. 价值工程，2013，32（25）：17-19.

［20］郭勇，井向波，郑明华. EIQ 物流特性数据与物流设备选型［J］. 物流技术与应用，2010，15（10）：116-120.

［21］吴清一. 物流系统工程［M］. 2 版. 北京：中国物资出版

社，2004.

［22］程国全. 物流系统规划概论［M］. 北京：清华大学出版社，2018.

［23］王道平. 物流管理信息系统［M］. 北京：机械工业出版社，2015.

［24］鲍尔索克斯，克劳斯. 物流管理：供应链过程的一体化［M］. 林国龙，宋柏，沙梅，译. 北京：机械工业出版社，1999.

［25］刘明，曹杰，章定. 数据驱动的疫情应急物流网络动态调整优化［J］. 系统工程理论与实践，2020，40（2）：437-448.

［26］何珊珊，朱文海，任晴晴. 不确定需求下应急物流系统多目标鲁棒优化模型［J］. 辽宁工程技术大学学报（自然科学版），2013，32（7）：998-1003.

［27］孙华丽，王循庆，薛耀锋. 随机需求应急物流多阶段定位-路径鲁棒优化研究［J］. 运筹与管理，2013，22（6）：45-51

［28］李创. 国内外应急物流研究综述［J］. 华东经济管理，2013，27（6）：160-165.

［29］王成林，吴雪莲，孙彦标，等. 区域应急物流服务模式构建研究［J］. 全国流通经济，2020（5）：25-26.

［30］刘莉娟. 中国应急物流现状与对策分析［J］. 中国物流与采购，2020（7）：65-67.

［31］梁佳琪. 突发事件对改进应急物流体系的启示［J］. 物流工程与管理，2020，42（5）：100-101.

［32］李从东，刘艺，廖灿. 应急物流管理体系与信息系统构建研究［J］. 商业研究，2012（1）：197-201.

［33］符瑜，吕业清．基于 Flexsim 的应急物流配送中心仓储作业流程优化研究［J］．物流工程与管理，2017，39（6）：62-64．

［34］赵振亚，贺国先．基于模拟退火算法的应急物流仓库选址优化［J］．大连交通大学学报，2010，31（3）：102-106．

［35］孟参，王长琼．应急物流系统运作流程分析及其管理［J］．物流技术，2006（9）：15-17．

［36］方静，陈建校．我国应急物流现状及系统优化［J］．铁道运输与经济，2008，30（8）：75-78．

［37］詹沙磊，刘南．基于模糊目标规划的应急物流多目标随机规划模型［J］．中国机械工程，2011，22（23）：2858-2862．

［38］王晶，张玲，黄钧，等．基于不确定需求的鲁棒应急物流系统［J］．数学的实践与认识，2009，39（20）：53-60．

［39］蒋杰辉，马良．多目标应急物资路径优化及其改进智能水滴算法［J］．计算机应用研究，2016，33（12）：3602-3605．

［40］朱丹．供应链应急物流系统构建研究［J］．北京交通大学学报（社会科学版），2011，10（2）：59-64．

［41］霍玉蓉．区块链与应急物流系统的契合度分析［J］．现代经济信息，2019（11）：162．

［42］钟利军．应急物流系统绩效评价［J］．物流工程与管理，2009，31（3）：68-69．

［43］邹学慧．基于公共突发事件的应急物流系统构建［J］．苏州大学学报（哲学社会科学版），2010（2）：34-36．

［44］彭杨，刘伟，李文娟．区域应急物流系统综合平台构建及运行机制研究［J］．物流技术，2015，34（15）：261-264．

［45］王思语. 我国应急物流系统存在的问题及对策［J］. 中国物流与采购，2012（7）：58-59.

［46］黄运夏，秦华. 层级应急物流系统及其运行的研究［J］. 物流工程与管理，2012，34（12）：81-82.

［47］郭子雪，齐美然. 带有模糊参数的应急物资筹集问题决策模型［J］. 计算机工程与应用，2011，47（23）：217-219.

［48］卢美丽. 制造企业应急物流系统模式的构建［J］. 物流工程与管理，2009，31（12）：107-109.

［49］陈砚桥，魏曙寰，金家善. 允许横向供应单级多点库存系统器材配置研究［J］. 系统工程与电子技术，2013，35（7）：1451-1454.

［50］刘少伟，关娇，王洁，等. 具有横向供应策略的可维修备件两级库存模型［J］. 兵工学报，2015，36（7）：1334-1339.

［51］戚聿东，肖旭，蔡呈伟. 产业组织的数字化重构［J］. 北京师范大学学报（社会科学版），2020（2）：130-147.

［52］王帅，林坦. 智慧物流发展的动因、架构和建议［J］. 中国流通经济，2019，33（1）：35-42.

［53］郭茜，蒲云，郑斌. 基于故障贝叶斯网的冷链物流系统可靠性分析［J］. 控制与决策，2015，30（5）：911-916.

［54］施文，刘志学，刘丹. 零部件循环取货越库物流系统关键因子研究——仿真实验设计与分析方法［J］. 管理科学学报，2013，16（6）：22-34.

［55］郭荣佐，冯朝胜，秦志光. 物联网智能物流系统容错服务组合建模与分析［J］. 计算机应用，2019，39（2）：589-597.

［56］陈一村，陈志龙，郭东军，等. 城市地下物流系统研究现

状［J］. 管理现代化，2019（3）：91-97.

［57］崔飞易，陈宏文. 医用物流系统在现代化医院中的应用分析［J］. 中国医疗设备，2017，32（2）：137-140.

［58］王旭坪，傅克俊，胡祥培. 应急物流系统及其快速反应机制研究［J］. 中国软科学，2005（6）：127-131.

［59］NAKANDALA D，LAU H C W，ZHAO L. A hybrid optimisation model for pallet loading［J］. International Journal of Production Research，2015，53（19）：5725-5741.

［60］PHAM A T，MOUREH J，FLICK D. Experimental characterization of heat transfer within a pallet of product generating heat［J］. Journal of Food Engineering，2018，247：115-125.

［61］ELIA V，GNONI M G. Designing an effective closed loop system for pallet management［J］. International Journal of Production Economics，2015，170：730-740.

［62］ZHEN L，HUANG L F，WANG W C. Green and sustainable closed-loop supply chain network design under uncertainty［J］. Journal of Cleaner Production，2019，227：1195-1209.

［63］ZHU H B，GAO Y，HOU Y，et al. Real-time pricing considering different type of smart home appliances based on Markov decision process［J］. International Journal of Electrical Power and Energy Systems，2019，107：486-495.

［64］CARRANO A L，PAZOUR J A，ROY D，et al. Selection of pallet management strategies based on carbon emissions impact［J］. International Journal of Production Economics，2015，164：258-270.

［65］ PAPETTI A, MARCONI M, ROSSI M, et al. Web‒based platform for eco‒sustainable supply chain management ［J］. Sustainable Production and Consumption, 2018, 17: 215‒228.

［66］ BHATTACHARYA R, KAUR A, AMIT R K. Price optimization of multi‒stage remanufacturing in a closed loop supply chain ［J］. Journal of Cleaner Production, 2018, 186: 943‒962.

［67］ NGUYEN T, ZHOU L, SPIEGLER V, et al. Big data analytics in supply chain management: A state‒of‒the‒art literature review ［J］. Computers and Operations Research, 2017, 98: 254‒264.

［68］ GLOCK C H . Decision support models for managing returnable transport items in supply chains: A systematic literature review ［J］. International Journal of Production Economics, 2017, 183: 561‒569.

［69］ DE NIJS R. Behavior‒based price discrimination and customer information sharing ［J］. International Journal of Industrial Organization, 2017, 50: 319‒334.

［70］ RAHMANI D, MAHOODIAN V. Strategic and operational supply chain network design to reduce carbon emission considering reliability and robustness ［J］. Journal of Cleaner Production, 2017, 149: 607‒620.

［71］ SAHEBJAMNIA N , FATHOLLAHI‒FARD A M , HAJIAGHAEI‒KESHTELI M . Sustainable tire closed‒loop supply chain network design: Hybrid metaheuristic algorithms for large‒scale networks ［J］. Journal of Cleaner Production, 2018, 196: 273‒296.

［72］ JADIDI O, JABER M Y, ZOLFAGHARI S. Joint pricing and inventory problem with price dependent stochastic demand and price discounts［J］. Computers & Industrial Engineering, 2017, 114: 45-53.

［73］CHOI T M , WEN X , SUN X T, et al. The mean-variance approach for global supply chain risk analysis with air logistics in the blockchain technology era［J］. Transportation Research Part E: Logistics and Transportation Review, 2019, 127: 178-191.

［74］HUGHES L, DWIVEDI Y K, MISRA S K, et al. Blockchain research, practice and policy: Applications, benefits, limitations, emerging research themes and research agenda［J］. International Journal of Information Management, 2019, 49: 114-129.

［75］SINGH A, SHUKLA N, MISHRA N. Social media data analytics to improve supply chain management in food industries［J］. Transportation Research Part E: Logistics and Transportation Review, 2018, 114: 398-415.

［76］KAUR H, SINGH S P. Heuristic modeling for sustainable procurement and logistics in a supply chain using big data［J］. Computers and Operations Research, 2017, 98: 301-321.

［77］TORNESE F, PAZOUR J A, THORN B K, et al. Investigating the environmental and economic impact of loading conditions and repositioning strategies for pallet pooling providers［J］. Journal of Cleaner Production, 2018, 172: 155-168.

［78］TALEIZADEH A A, HAGHIGHI F, NIAKI S T A. Modeling and solving a sustainable closed loop supply chain problem with pricing decisions and discounts on returned products［J］. Journal of Cleaner Production, 2018, 207: 163-181.

［79］ CHERAGHALIPOUR A, PAYDAR M M, HAJIAGHAEI－KESHTELI M. A bi－objective optimization for citrus closed－loop supply chain using Pareto－based algorithms ［J］. Applied Soft Computing, 2018, 69: 33-59.

［80］ GLOCK C H, GROSSE E H, ABEDINNIA H, et al. An integrated model to improve ergonomic and economic performance in order picking by rotating pallets ［J］. European Journal of Operational Research, 2018, 273 (2): 516-534.

［81］ YADEGARI E, ALEM－TABRIZ A, ZANDIEH M. A memetic algorithm with a novel neighborhood search and modified solution representation for closed － loop supply chain network design ［J］. Computers & Industrial Engineering, 2019, 128: 418-436.

［82］ GHAHREMANI－NAHR J, KIAN R, SABET E. A robust fuzzy mathematical programming model for the closed－loop supply chain network design and a whale optimization solution algorithm ［J］. Expert Systems with Applications, 2019, 116: 454-471.

［83］ SCHUETZ S, VENKATESH V. Blockchain, adoption, and financial inclusion in India: Research opportunities ［J］. International Journal of Information Management, 2020, 52: 101936.

［84］ PEREIRA M M, MACHADO R L, PIRES S R L, et al. Forecasting scrap tires returns in closed－loop supply chains in Brazil ［J］. Journal of Cleaner Production, 2018, 188: 741-750.

［85］ HASANOV P, JABER M Y, TAHIROV N. Four－level closed loop supply chain with remanufacturing ［J］. Applied Mathematical

Modelling, 2018, 66: 141-155.

[86] BAUMUNG W, FOMIN V. Framework for enabling order management process in a decentralized production network based on the blockchain-technology [J]. Procedia CIRP, 2019, 79: 456-460.

[87] PELLEGRINELLI S, CENATI C, CEVASCO L, et al. Configuration and inspection of multi - fixturing pallets in flexible manufacturing systems [J]. Robotics and Computer Integrated Manufacturing, 2018, 52: 65-75.

[88] KAMBLE S S, GUNASEKARAN A, GAWANKAR S A. Achieving sustainable performance in a data - driven agriculture supply chain: A review for research and applications [J]. International Journal of Production Economics, 2020, 219: 179-194.

[89] JABBARZADEH A, HAUGHTON M, KHOSROJERDI A. Closed-loop supply chain network design under disruption risks: A robust approach with real world application [J]. Computers & Industrial Engineering, 2018, 116: 178-191.

[90] SODERO A, JIN Y H, BARRATT M. The social process of Big Data and predictive analytics use for logistics and supply chain management [J]. International Journal of Physical Distribution & Logistics Management, 2019, 49 (7): 706-726.